팀장혁명

NEW NORMAL

뉴노멀 시대, 리더는 무엇을 바꾸고 무엇을 지켜야 하는가

팀장혁명

이동배·이호건 지음

LEADERSHIP

REVOLUTION

"팀장에게 더 이상의 선택지는 없다!"
대전환 시대 팀장의 새로운 상식, 뉴노멀 리더십

월요일의꿈

뉴노멀 시대 팀장을 위한 새로운 상식

13세 나이로 진(秦)나라의 36대 왕으로 즉위한 정(政, 진시황의 본명이다)은 강력한 리더십을 발휘하여 전국시대 말기의 혼란을 잠재우고, 기원전 221년 마침내 천하통일을 이루었다. 대업을 이룬 그는 자신의 업적이 신화적 성군인 삼황오제(三皇五帝)와 견줄 만하다고 생각하여 '황제(皇帝)'라는 새로운 칭호를 제정하고 스스로를 최초의 황제란 의미의 '시황제(始皇帝)'라 칭했다. 남들이 보기에는 다소 낯간지러운 행동처럼 비칠 수 있겠지만 천하를 손에 쥔 그였기에 별 문제될 것은 없었다.

천하통일의 대업을 달성한 이후 진시황의 관심은 어디로 향했을까? 큰 성공은 때때로 지나친 자신감이라는 부작용을 낳는 법이다. 그는 자신이 이룩한 통일왕국이 영원불멸할 것이라 믿었다. 거기에 한술 더 떠 자신 또한 불로불사하기를 염원했다. 이를 위해 이린 남녀 수천 명을 전국 각지로 보내서 불로장생의 영약을 구해오라는 지시를 내렸다. 천하를 통일할 정도로 절대 권력을 가진 그였기에 그 정도는 과욕이 아니라고 생각했을지 모른다. 그의 꿈은 실현되었을까? 당연히 실패했다. 아무리 황제의 지위에 올랐기로서니 인간의 신분으로 영원불멸을 꿈꾼다는 것 자체가 터무니없는 일이기 때문이다. 그래서 진시황의 불로불사의 꿈은 오늘날 허황된 꿈을 꾸고 신기루를 좇는 일장춘몽의 사례로 회자될 뿐이다.

그런데 진시황과 같은 허무맹랑한 꿈을 꾸는 일은 완전히 사라졌을까? 영생(永生)을 핵심 교리로 내세우는 일부 사이비종교를 제외하면 불로불사를 믿는 경우는 거의 찾아보기 어렵다. 하지만 여전히 영원불멸을 꿈꾸는 대상은 존재한다. 대표적인 곳이 기업 조직이다. 오늘날 많은 기업이 이른바 '지속가능한 경영'을 표방하고 있는데, 이는 조직이 영원불멸하기를 바라는 소망이자 현대판 '진시황 현상'이라 불러도 크게 틀리지 않는다. 이를 보면, 인간이건 조직이건 영생불멸의 욕망은 좀처럼 억제하기 힘든 것인지도 모르겠다.

조직이라면, 인간과 달리 불로불사를 꿈꾸는 일이 실현 가능할까? 흔히 사람들은 조직(기업)도 '유기체(有機體)'라고 말한다. 기업도 여느 생명체와 마찬가지로 태어나서 살다가 죽는 '생주멸(生住滅)'의 과정을 거친다. 특히 동일한 시장이나 고객을 두고 시도 때도 없이 경쟁을 해야 하는 상황에서 죽지 않고 영원히 생존한다는 것은 거의 불가능에 가깝다. 하지만 기업은 이러한 진실을 외면하기 일쑤다. 유기체임에도 불로불사의 삶을 꿈꾸는 인간이 있는 것처럼 기업 또한 자신의 존재가 영원하리라 믿고 그렇게 되기를 희망한다. 그렇다고 영원불멸을 꿈꾸는 것 자체를 나쁘게 볼 일은 아니다. 불가능한 꿈을 꾸고 그것에 기꺼이 도전하는 것은 충분히 박수받을 만한 행위다. 무엇이 되었건 꿈꾸는 것은 당사자의 자유다. 불가능을 꿈꾸는 기업, 다시 말해 영원히 죽지 않고 지속가능한 경영을 이어가려는 기업은 자신의 소망을 실현하기 위해 어떻게 해야 할까?

니체는《아침놀》에서 이렇게 주장했다. "허물을 벗을 수 없는 뱀은 파멸한다." 철학자의 말이라고 해서 비유적으로만 해석할 필요는 없다. 그의 말은 실제로도 관찰 가능한 과학적인 주장이다. 뱀은 성장하면서 수차례 허물을 벗는다. 몸은 계속 성장하는데 껍질(허물)은 그에 맞게 늘어나지 않기 때문이다. 만약 성장단계에 걸맞게 허물을 벗지 못하면 어떻게 될까? 죽을 수밖에 없다. 몸의 변화에 맞추어 허물을 벗어야만 생을 유지할 수 있고 더욱 튼튼하게 자랄 수 있다. 뱀에게 허물을 벗는 일은 삶의 필연적 단계이자 성장의 계기다. 선택이 아니라 필수다.

이러한 논리는 개인이나 조직에도 적용된다. 뱀이 허물을 벗듯이, 인간도 수많은 변신의 과정을 통해 성장해 나간다. 가령, 성인이 되면 어린 시절의 허물을 벗어버려야 한다. 더 이상 아이의 태(態)를 찾아볼 수 없어야 제대로 된 성인으로 성장한 것이다. 만약 나이를 먹어도 여전히 어린아이의 생각과 행동에 머물러 있다면 성인이라 부르기조차 민망하다. 조직(기업)도 마찬가지다. 조직도 성장의 단계에 따라서, 그리고 변화하는 외부 환경에 맞추어서 수없이 많은 허물을 벗어야 한다. 끊임없이 혁신해야 한다. 그렇지 못하면 허물을 벗을 수 없는 뱀이 파멸하듯이, 혁신을 외면한 기업은 파산을 피할 수 없다. 지속가능한 경영이라는 불가능한 꿈에 조금이라도 도달하기 위해서는 쉼 없이 변신을 거듭해야 한다.

루이스 캐럴의 소설《거울 나라의 앨리스》에는 나무 아래에서 붉은 여왕의 손을 잡고 계속해서 달리던 앨리스가 "계속 뛰어도 제자리인 것이 이상하다"며 묻는 장면이 나온다. 이에 여왕은 "제자리에 있고 싶으면 계속 뛰어야 한다"고 답한다. 여왕의 말은 오늘날 기업에도 그대로 적용된다. 급변하는 경영환경과 극심한 경쟁상황에서 하루하루 생존을 이어가고 있는 기업은 필사적으로 계속 뛰어야 한다. 경쟁자를 이기기 위해서도 뛰어야 하겠지만 그보다 앞서 살아남기 위해서 뛰어야 한다. 잠시도 멈출 수 없다. 혁신을 멈출 수 없는 이유도 바로 여기에 있다. 변화를 잠시 멈추면 제자리에 서 있는 것이 아니라 후퇴하고 만다. 아니 경쟁자에게 잡아먹히고 만다. 양육강식의 논리가 지배하는 정글에서 움직임을 멈춘 기업은 포식자의 좋은 먹잇감이 될 수밖에 없다.

오늘날의 조직 리더 역시 "제자리에 있고 싶으면 계속 뛰어야 한다"는 붉은 여왕의 말을 외면해서는 곤란하다. 모름지기 리더는 조직의 성과를 책임져야 하며, 조직과 운명을 같이해야 하는 존재다. 리더가 뛰기를 멈추면 조직도 따라 움직임을 멈추고 만다. 그렇게 되면 조직은 경쟁에서 살아남지 못하게 되고 그 여파는 고스란히 리더 자신에게 미치게 된다. 따라서 리더는 조직을 위해서뿐만 아니라 자신을 위해서도 열심히 뛰어야 한다. 끊임없이 변신해야 한다. 이렇듯 조직과 리더는 운명공동체라 할 수 있다. 리더의 행동에 따라 조직의 운명이 결정되지만 리더의 생존도 조직의 운명에 외해 좌우되기 때문이다.

조직과 리더가 운명공동체라고 해서 절박함의 정도도 같다고 생각해서는 곤란하다. 생존의 관점으로 보자면, 조직보다는 리더가 더 필사적이어야 한다. 왜 그럴까? 앞서 언급했듯이, 조직도 유기체의 운명을 타고났다. 유기체인 조직은 생존을 이어가기 위해 끊임없이 변신을 해야 한다. 이때 가장 손쉬운 변신은 내부자원의 경쟁력을 높이는 일이다. 기업이 경쟁자와 싸워 이기기 위해서는 휘하 병력의 전투력을 높이고 최적화하는 일이 병행되어야 한다. 주요 전선에 실력 있는 사단을 배치하고 최신 무기와 화력을 증강해야 한다. 이때 유능한 지휘관을 파견하는 것은 무엇보다 중요하다. 지휘관의 작전 수행 능력이 승패에 결정적인 영향을 미치기 때문이다.

만약 지휘관의 능력이 의심스럽거나 미숙한 것으로 판명되면 어떻게 될까? 유기체인 조직은 즉각 조치에 들어간다. 미숙한 지휘관을 퇴출시키고 그 자리에 새로운 능력자를 파견한다. 이때 퇴출 명령을 받은 지휘관은 기분이 좋을 리 없다. 하지만 조직은 전임자의 기분을 살필 여유가 없다. 조직에게는 무엇보다 자신의 생존이 우선이기 때문이다. 오늘날 기업에서 수시로 시행되는 구조조정이나 명예퇴직도 이러한 조치의 일환이다. 이는 치열한 경쟁 상황에 내몰린 조직이 생존을 위해 내린 불가피한 선택인 경우가 많다. 이처럼 조직과 리더는 분명 운명공동체지만, 때로는 조직의 생존을 위해 리더가 버려지는 경우도 종종(어쩌면 빈번하게) 발생한다. 조직을 위해 '헌신'했던 리더가 더 이상 쓰임새가 없다고 판단되어 '헌신짝'처럼 버려지는 경우다. 참으로 야박한 상황이 아닐 수 없는데, 생존을 위한 조직의 극약처방이라는 관점으로 보면 도무지 이해하지 못할 일도 아니다. 이렇듯 오늘날 조직의 리더는 침몰하는 배에서 뛰어내릴 수는 없지만 침몰을 막기 위해 쫓겨날 수는 있는 존재다. 그래서 오늘날의 리더는 조직의 성과뿐만 아니라, 오히려 그에 앞서 자신의 생존과 안위를 위해서 필사적으로 뛰어야 한다.

더욱 심각한 문제가 있다. 상황이 점점 나빠지고 있다는 점이다. 지금 우리는 역사상 처음 경험하는 새로운 변화에 직면해 있다. 2008년 글로벌 금융위기가 가져온 새로운 경제 질서와 2020년 코로나 팬데믹이라는 두 태풍이 동시에 불어닥치는 일촉즉발의 사태를 맞고 있다. 이로 인해 사회 전반에 뉴노멀(new normal)이라는 거대한 파도가 몰려오고 있다. 2차 세계대전 이후 60여 년간 지속되던 고도성장의 시대가 막을 내리고, 저성장·고위험·불확실성이 일상화된 새로운 질서의 시대가 시작되었다. 이러한 변화는 사회 전반에 엄청난 영향을 미치고 있다. 저성장의 여파는 청년실업·양극화·저출산 등으로 이어졌고, 이로 인해 기업은 수익률 악화, 성장률 둔화는 물론 신규투자 감소, 구조조정의 일상화 등 막다른 생존경쟁으로 내몰렸다. 엎친 데 덮친 격으로 2020년 전 세계를 강타한 코로나19는 우리의 일상을 완전히 바꾸어 놓았다. 이제 재택근무가 보편화되고 비대면 커뮤니케이션이 일상화되었다. 구성원들의 가치관도 변했다. 특히 MZ세대(밀레니얼 세대와 Z세대)라 불리는 젊은 세대는 기성세대와 전혀 다른 생각과 가치관으로 무장했다. 모든 것이 변해버렸고, 더 이상 과거로 되돌아갈 수 없는 상황이 되고 말았다. 이제 우리는 어떻게 해야 할까?

아무리 세상이 변했다 해도 우리가 해야 할 일은 변하지 않았다. 인간은 일상을 유지해야 하고 기업도 경영을 지속해야 한다. 다만 새로운 질서와 표준에 적응해야 하는 문제가 과제로 주어져 있을 뿐이다. 이 과제를 해결하기 위해서는 변화하는 세상에 발맞추어 계속해서 뛰어야 한다. 뉴노멀 시대는 조직의 성과를 책임지는 리더에게 더욱 힘든 과제를 부여했다. 리더는 상황이 어떻든 간에 조직의 목표를 달성하고 성과를 책임져야 한다. 성과 부진의 원인이 저성장과 전염병에 있다 해도 조직이 그것을 이유로 인정해줄 리 만무하다. 따라서 리더는 스스로의 힘으로 뉴노멀이라는 거친 파도를 헤쳐나가야 한다. 그것이 오늘날 리더에게 새롭게 주어진 특명이다.

어떻게 대처해야 할까? 새롭게 닥쳐오는 뉴노멀의 파도를 넘어서기 위해서는 과거보다 열심히 뛰어야 한다. 하지만 리더 혼자 뛰는 것만으로는 부족하다. 조직 구성원이 함께 뛰어야 한다. 결국 해답은 리더십에서 찾아야 한다. 리더란 본인만이 아니라 구성원을 뛰게 만듦으로써 성과를 창출하는 사람이다. 하지만 재래식 무기로는 현대전에서 싸우기 어렵다. 뉴노멀 시대에는 리더 또한 최신 무기로 무장해야 한다. 20세기 리더십으로 21세기 구성원을 제대로 이끌 수 없다. 뉴노멀 시대가 되면서 리더십에도 새로운 표준이 필요해졌다. 따라서 먼저 리더십에 대한 패러다임과 접근 방법을 새롭게 바꾸어야 한다. 요컨대, 리더십의 혁명이 필요하다.

이 책은 글로벌 금융위기로 인한 저성장과 코로나 팬데믹이 불러온 새로운 질서에 맞추어 조직의 성과를 책임져야 할 리더에게 새로운 리더십 방법을 제안하기 위해 쓰였다. 책은 총 3부로 구성되어 있는데, 총론에 해당하는 1부에서는 뉴노멀 시대에 달라진 경영환경과 구성원의 가치관 변화, 리더십 위기의 원인 등을 다루면서 새로운 리더십의 방향을 제시한다. 2부와 3부는 각론에 해당하는데 '뉴노멀 리더십'에 대한 구체적인 이론과 방법론을 소개하고 있다. 2부에서는 부하직원과의 바람직한 인간관계의 기술을 다루고, 동기부여·소통·협업·코칭·주도성 강화 등의 주제에 대해 논했다. 3부는 리더가 발휘해야 할 효과적인 업무관리의 기술에 대한 것으로, 스마트워크·시간관리·리스크관리·성과관리·회의 운영 등의 개별 주제에 대한 이론과 실천 방법을 다루고 있다. 2부와 3부의 각 장은 개별 주제에 대한 리더의 고민, 리더십 솔루션, 구체적인 리더십 실천과제 순으로 구성하여 소개한다.

뉴노멀 시대가 되면서 기업을 둘러싼 외부환경, 조직의 운영방식, 구성원의 가치관 등 모든 것이 바뀌었다. 이러한 변화는 분명 조직 리더에게는 위기 요소일 것이다. 하지만 위기가 반드시 나쁜 것만은 아니다. 그것은 위협이면서 동시에 기회이기도 하니까 말이다. 현대 경영학의 아버지라 불리는 피터 드러커는 "미래는 예측하는 것이 아니라 창조하는 것"이라고 말한 바 있다. 지금 우리에게 도래한 뉴노멀 시대 또한 마찬가지가 아닐까? 우리가 어떻게 대응하는가에 따라 충분히 기회로 활용할 수 있다. 중요한 것은 우리가 얼마나 새롭게 혁신하고 창조하는가에 달렸다. 새로운 표준이 요구되는 상황에서 과거의 낡은 리더십 방법론으로는 더 이상 영향력을 발휘할 수 없다. 새 술은 새 부대에 담아야 한다는 말처럼, 뉴노멀 시대에는 새로운 리더십이 필요하다. 《팀장 혁명》이 뉴노멀 시대를 맞아 고군분투하고 있는 수많은 리더에게 한 줄기 빛과 희망이 되기를 기대해본다.

저자 일동

차례

3부 뉴노멀을 대하는 팀장의 혁명적 태도 2 : 업무관리를 위한 새로운 표준

1부

LEADERSHIP

**뉴노멀 대혁명의 시대,
팀장의 새로운
표준을 세워야 할 시간**

REVOLUTION

1장

21세기, 거대한 전환의 시대가 왔다

뉴노멀이라는 피할 수 없는 소용돌이

"폭풍은 지나갈 것이고 인류 대부분은 살아남을 테지만, 그러나 우리는 다른 세상에서 살고 있을 것이다."

《사피엔스》,《호모 데우스》라는 책으로 널리 알려진 역사학자 유발 하라리가 2020년 3월 영국의 〈파이낸셜타임스(Financial Times)〉에 기고한 '코로나바이러스 이후의 세계(Yuval Noah Harari: the world after coronavirus)'라는 제목의 글에서 주장한 말이다. 전 세계를 강타한 코로나 팬데믹 사태가 종식되더라도 이제 과거로는 돌아갈 수 없다는 경고이자 불길한 예측이다. 기원전 6세기 말 그리스 사상가 헤라클레이토스는 "우리는 같은 강물에 두 번 발을 담글 수 없다"는 말로 세상이 끊임없이 변화한다고 역설한 바있는데, 그가 무려 2,500년 만에 재림한 것 같다.

시인 정지용은 〈향수〉라는 시에서 "그곳이 차마 꿈엔들 잊힐리야" 하며 고향을 차마 잊을 수 없다고 말했다. 인간에게 고향은 어머니의 품과 같다. 아무리 싫으니 좋으니 해도 고향은 없는 것보다 있는 게 백배 낫다. 6·25 전쟁으로 인해 고향 땅을 밟을 수 없는 실향민의 신세를 부러워하는 사람은 없을 것이다. 그런데 이제우리에게는 고향이 없어졌다. 정확히 말하면, 돌아갈 과거가 없다. 이제 우리는 모두 노마드(nomad)이자 디아스포라(diaspora)가되어버렸다.

이처럼 고향을 잃어버린 상태, 돌아갈 과거가 사라져버린 상황을 요즘 말로 고상하게 '뉴노멀(new normal)'이라 부른다. 뉴노멀이란 '새로운 표준'이란 의미로 2008년 글로벌 금융위기 이후 새롭게 등장한 세계 경제 질서를 일컫는 말이다. 이 표현은 세계 최대 채권운용사인 핌코(PIMCO)의 최고경영자 모하메드 엘-에리언(Mohamed El-Erian)이 그의 저서 《새로운 부의 탄생》에서 언급한 뒤 널리 알려진 말이다. 뉴노멀 시대에는 과거와 달리 저성장, 저물가, 저금리, 높은 실업률, 고위험, 규제 강화, 미국 경제의 역할 축소 등 기존과는 다른 새로운 흐름이 시장의 표준이 되어가고있다. 2차 세계대전 이후 60여 년간 세계 경제가 고도성장을 지속해온 시대를 오래된 표준, 즉 '올드노멀(old normal)'이라고 한다면이제 세계 경제는 뉴노멀 시대로 접어들었다.

한국 역시 뉴노멀이라는 세계적 변화를 피해갈 수 없다. 한국은 광복 이후 '한강의 기적'으로 대변되는 눈부신 경제성장을 이루어 왔는데, 이제 그러한 고성장의 시대는 막을 내렸다. 1970~80년대에는 연평균 9% 이상이던 경제성장률이 2011년 이후에는 3% 수준으로 낮아졌다. 우리가 특별히 잘못해서 그런 게 아니다. 2008년 금융위기 이후 세계 경제성장률도 3%대로 낮아졌다. 즉 전 세계가 저성장이 일상화되는 뉴노멀 시대로 접어든 것이다.

저성장의 여파는 단지 숫자에 그치지 않는다. 저성장은 청년실업, 양극화, 저출산 등 여러 사회문제를 낳았고, 개인의 삶의 방식마저 근본적으로 바뀌어 놓았다. 기업도 예외는 아니다. 전반적인 소비 여력의 감소와 글로벌 경쟁으로 인해 기업의 수익은 갈수록 악화되었고, 불확실성이 증가하면서 생존마저 장담하기 어려워졌다. 그 결과는 신규투자 감소와 구조조정의 일상화로 이어졌다. 경제성장 둔화와 기업상황의 악화는 신규 일자리 감소를 낳았고, 이는 또 청년실업 문제를 악화시켰다. 젊은 세대의 경제적 어려움이 가중되면서 저출산 문제도 심화되는 등 저성장의 여파는 사회 곳곳에서 악순환의 연쇄로 이어졌다. 4차 산업혁명 시대가 도래하면서 자본과 인력 중심의 요소투입형 성장이 한계에 도달하고 있으며, 저출산, 고령화, 기후변화 대응 등 여러 사회문제가 경제에 부담을 주면서 저성장의 기조는 앞으로도 계속될 전망이다.

그런데 유발 하라리가 말하는 뉴노멀은 이러한 경제적 관점을 넘어선다. 그가 말하는 "코로나바이러스 이후(after coronavirus)"

는 코로나19(COVID-19)의 영향으로 인해 달라질 세계를 의미한다. 전문가들은 코로나19 사태를 기점으로 세상이 완전히 달라질 것이라고 전망하면서 기원 전과 후를 뜻하는 'BC(Before Christ)-AD(Anno Domini)'에 빗대어 새로운 'BC-AC'로 나누기도 한다. 즉 코로나19 사태를 기준으로 전혀 다른 두 세상, BC(Before Corona)와 AC(After Corona)로 구분한 것이다. 그만큼 이번 사태가 중요한 변곡점이라는 뜻이다.

아닌 게 아니라, 우리는 지금껏 경험해보지 못한 새로운 사건을 하루가 멀다 하고 목도하고 있다. 코로나19의 확산으로 인해 국경은 폐쇄되었고, 항공기는 운항을 중단했고, 일부 도시에는 이동금지 명령이 내려졌다. 코로나바이러스는 글로벌 리더십에도 큰 타격을 입혔다. 그동안 G2, G7이라며 선진국임을 자랑하던 나라들의 민낯을 고스란히 드러냈다. 초기에는 중국을 제외한 여러 국가들이 강 건너 불 구경하듯 하다가 확산 방지 타이밍을 놓쳤고 자국으로 확산되자 뒤늦게 우왕좌왕하는 모습만 연출했다. 의료체계가 붕괴했고 기껏 내놓은 대책이라고는 강제적인 이동 제한과 자가격리 조치였다. 평소에는 우주에도 사람을 보낼 수 있다며 자신감을 드러내던 나라들이 코로나 사태 이후에는 고작 마스크 하나 구하지 못해 발만 동동 굴렀다. 코로나바이러스는 과학과 기술을 믿고 오만하게 굴던 인간에게 일침을 가했다.

또한 코로나19는 세계 경제에도 큰 타격을 주었다. 일차적으로 가장 큰 타격을 입은 쪽은 항공업과 여행업이다. 이동 제한과 자가

격리의 확산으로 항공업계 승객수는 90% 이상 감소하여 1950년대 수준으로 퇴보했다. 2020년 5월 글로벌 숙박공유 플랫폼 에어비엔비(Airbnb)는 코로나19의 세계적인 확산으로 소속 직원의 25%인 1,900명을 감원한다고 발표했다. 이 회사는 불과 몇 달 전만 해도 기업가치가 310억 달러에 달해 기업상장(IPO)에 대한 기대가 뜨거웠으나 하루아침에 물거품이 되고 말았다. 코로나바이러스의 여파는 타업종도 지나치지 않았다. 보잉, 혼다, 닛산, 제너럴모터스(GM) 등은 공장 가동을 임시 중단했고 메리어트 호텔은 전 세계 직원의 3분의 2를 일시 해고조치 했다. 누구나 알 만한 글로벌 기업들조차 이런데 중소기업이나 소상공인의 처지는 '안 봐도 비디오'인 셈이다. 전 세계가 코로나19로 몸살을 앓고 있고, 이로 인해 수많은 사람들이 '잠 못 드는 밤'을 보내고 있다.

이에 발맞춰 2020년 4월 14일 국제통화기금(IMF)은 세계 경제 전망을 새롭게 발표하면서 코로나19의 팬데믹 여파를 반영해 세계 경제성장률 전망치를 -3.0%로 제시했다. 이는 같은 해 1월에 발표한 3.3%보다 무려 6.3%포인트 낮춘 수치로 글로벌 금융위기를 겪었던 2009년의 -0.1%보다 훨씬 심각한 수치였다. 같은 날 IMF 수석이코노미스트는 수정된 세계 경제 전망치를 토대로 코로나19로 인한 전 세계 경제적 손실이 다음 해까지 9조 달러(약 1경 966조 원)에 달할 것으로 예상했다. 실로 어마어마한 수치로 가히 상상조차 하기 힘든 손실이다(2021년 1월 IMF에서 발표한 세계경제전망 수정치에 의하면, 2020년 세계 경제성장률은 -3.5%인 것으로 집계되었다). 언론에서는 지금 벌어지고 있는 팬데믹 상황을 두고 '경제 빙하기'라고 표현하기도 했다. 요컨대 우리는 지금 글로벌 금융위기가 가져온 새로운 경제 질서와 코로나19로 인한 팬데믹이라는 두 태풍이 동시에 불어닥치는 일촉즉발의 사태를 맞고 있다. 바야흐로 뉴노멀 시대가 시작된 것이다.

뉴노멀을 대하는 팀장의 자세

이제 우리는 어떻게 해야 할까? 사태의 심각성과 무관하게 결론은 뻔하다. 대비해야 한다. 세계적인 금융위기와 팬데믹으로 우리는 절망의 벽 앞에 서게 되었지만 어떻게든 살아남기 위해 사력을 다해야 한다. 대빙하기의 장기적인 겨울 폭풍을 맞아 모두가 차디찬 시기를 보내야 하겠지만 이대로 얼어 죽을 수는 없다. 사람들은 상상할 수 없는 재난을 당하면 '사상 초유(初有)의 사태'라며 놀라지만 사실 우리가 맞고 있는 상황이 역사상 처음 일어난 일은 아니다. 물론 지금 시대의 인류 대부분에게는 생애 초유의 사태이겠지만 인류 역사 전체로 보면 결코 처음이 아니다.

20세기 초·중반에 벌어진 두 차례의 세계대전으로 인해 수천만명이 목숨을 잃었고, 곳곳의 경제 시설이 파괴되었다. 그 후에도 크고 작은 전쟁으로 인해 수많은 사람이 목숨을 잃고 부상을 당하고 실직했고 난민 신세로 전락했다. 전염병의 공포는 전쟁 이상이었다. 6세기 중반 동로마제국을 강타한 '유스티아누스 역병'으로 1억 명 이상의 사람이 죽었고, 14세기 중반에는 흑사병이라 불리던 페스트가 창궐하면서 유럽 인구의 3분의 1이 사망했다. 가까이로는 지금으로부터 약 100여 년 전인 1918년에 발생한 스페인 독감으로 인해 2년 동안 5,000만 명이 목숨을 잃기도 했다. 따라서 지금 우리가 경험하고 있는 사태가 가공할 재앙인 것은 틀림없지만, 인류 역사에는 이보다 더한 재앙도 꽤 많았다. 인류는 언제나 재앙을 경험했고, 그로 인해 많은 사람이 죽었지만, 또 대부분은 살아남았고 역사는 그렇게 계속 이어졌다.

그럼에도 사람들은 자기 자신에게 그러한 재앙이 닥칠 것이라고 좀처럼 생각하지 못한다. 프랑스 소설가 알베르 카뮈는 1947년에 발표한 《페스트》에서 이렇게 썼다. "사실 재앙이란 모두가 다 같이 겪는 것이지만 그것이 막상 우리의 머리 위에 떨어지면 여간해서 믿기 어려운 것이 된다. 이 세상에는 전쟁만큼이나 많은 페스트가 있어 왔다. 그러면서도 페스트는 전쟁이나 마찬가지로 그것이 생겼을 때 사람들은 언제나 속수무책이었다." 카뮈의 주장에 따르면, 인류의 역사에는 전쟁만큼이나 많은 전염병이 있었는데, 사람들은 그것이 막상 자기들의 현실이 되기 전까지는 잘 믿지도 않았고, 그 결과 별다른 대비도 하지 않았다.

소설 속 카뮈의 지적이 2020년 우리의 모습과 비슷하지 않은가! 2017년 마이크로소프트(MS) 창업자 빌 게이츠가 "바이러스는 핵무기보다 쉽게 많은 사람을 죽일 수 있다. 세계 국가들이 전쟁을 준비하는 것처럼 대비하지 않으면 바이러스 대유행으로 가까운 미래에 수천만 명의 생명을 잃을 수 있다"고 경고한 바 있다. 하지만 사람들은 그의 말을 대수롭지 않게 생각했다. 그 때문인지 2019년 12월 중국 우한에서 신종 코로나바이러스가 발견되었다는 뉴스가 나올 때만 해도 사람들은 그것이 남의 일이라고 생각했다. 다른 나라는 재앙을 외면했고 당사국은 정보를 제대로 공개하지 않았다. 그러는 사이 바이러스는 점점 세력을 키웠고, 급기야 전 세계로 퍼져나갔다. 그 결과 많은 나라들이 속수무책에 빠졌다. 전염병의 역사를 살펴보면, 인류는 이번만이 아니라 매번 그랬다. 언제나 전염병은 존재했고, 인간은 그 존재를 애써 무시했고, 병원체는 보란듯이 확산했고, 결국 인간은 번번이 대응에 실패했다. 전염병에 관한 한, 인류는 역사를 통해 배운 게 별로 없다. 카뮈의 지적처럼, "페스트는 전쟁이나 마찬가지로 그것이 생겼을 때 사람들은 언제나 속수무책"이었다.

전 세계적인 팬데믹 속에서도 몇몇 나라는 잘 대응했다는 평가를 받았다. 대한민국도 그중 하나인데, 한국은 2015년 메르스 사태에서 배운 교훈으로 이번 코로나19에는 잘 대응하고 있다는 평가를 받고 있다. 하지만 이는 당연한 것이 아니라 아주 예외적으로 잘하고 있는 것이다. 흔히 사람들은 재앙이 닥치면 "이 또한 지나가리라!" 하면서 금방 끝날 것이라고 기대하지만 이는 별 근거 없는 말일 뿐이다. 정상으로 돌아갈 것이라는 예측은 사실 '기대'에 불과하다. 이는 마치 곽경택 감독의 영화 〈친구〉(2001)에서 장똥거이 칼에 여러 번 찔린 뒤에 상대를 향해 "고마 해라. 마이 묵었다 아이가!"라고 말하는 것과 별반 다르지 않다. 하지만 불행히도 바이러스는 인간미도 없고, 인간의 친구도 아니다. 한번 생각해보라! 코로나바이러스가 인간에게 큰 피해를 준 뒤에 "이제 인간에게 먹일 만큼 먹였으니 이쯤에서 그만두자" 하며 돌아서는 일이 생길까? 인간 숙주가 모두 죽지 않는 이상 그런 일은 생길 리 없다. 이번 사태가 언제 끝날지는 우리의 기대와 무관하다. 우리가 이번 사태에 어떻게 대응하느냐에 달렸을 뿐이다.

사람들은 큰 재앙이 닥치면 '국가적 대응'에 관심을 기울인다. 잘못된 관점은 아니다. 지금 우리가 맞고 있는 상황은 개인의 노력으로 해결할 수 있는 성격의 사안이 아니다. 하지만 개인의 노력 또한 중요하다. 코로나바이러스가 인간을 차별하지는 않지만 그것으로 인한 고통은 불평등하게 주어지기 때문이다. 누구도 세계적인 재앙으로부터 자유로울 수 없지만 재난 때문에 받는 피해는 개인마다 다르다. 그래서 국가적 대응과는 별도로 개인의 노력도 반드시 필요하다. 구체적인 방법론에 대해서는 뒤에서 언급하겠지만, 중요한 것은 재앙의 크기나 정도가 어떻든 간에 각 주체는 이를 극복하기 위해 최선을 다해야 한다는 점이다.

전국시대 사상가 순자(荀子)는 이런 말을 했다. "훌륭한 농부는 가뭄이 들었다 하여 농사를 그만두지 않고, 훌륭한 상인은 손해를 본다 하여 장사를 그만두지 않으며, 군자는 가난하다 하여 진리의 길을 포기하지 않는다." 우리에게 닥친 재앙이 아무리 크다 해도 삶을 포기할 수는 없다. 진화생물학자인 찰스 다윈도 《종의 기원》에서 이렇게 강조하지 않았던가. "가장 강하거나 똑똑한 종(種)이 살아남는 것이 아니라 변화에 잘 적응하는 종이 마지막까지 살아남는다." 강한 자가 재앙에서 살아남는 것이 아니라 현재 사태에 잘 대비하여 살아남는 자가 진정으로 강자인 셈이다. 지금 우리 앞에는 '뉴노멀'이라는 거대한 파도가 몰려오고 있다. 우리에게는 파도를 멈출 힘이 없다. 단지 잘 준비하여 슬기롭게 넘어서는 것만이 유일한 대책이다.

2장

뉴노멀은 위기, 위협이자 기회의 시대

뉴노멀 시대, 무엇이 달라졌는가?

"최고의 시절이자 최악의 시절이었다. 지혜의 시대이자 어리석음의 시대였고, 믿음의 세기이자 불신의 세기였다. 빛의 계절이면서도 어둠의 계절이었고, 희망의 봄이지만 절망의 겨울이기도 했다. 우리 앞에는 모든 것이 있었지만, 또 한편으로 아무것도 없었다. 우리 모두는 천국을 향해 가고자 했으나 (또) 우리 모두는 다른 방향으로 나아가고 있었다."

영국 소설가 찰스 디킨스가 《두 도시 이야기》에서 프랑스혁명이라는 격동의 시기를 묘사한 표현이다. 프랑스혁명은 분명 당시유럽 사회에 지대한 영향을 미친 일대 사건이었다. 혁명(革命)이란 기존의 질서를 단번에 깨뜨리고 새로운 질서를 세우는 행위를 말한다. 따라서 모든 혁명에는 대립이 존재할 수밖에 없다. 지키는 자와 깨뜨리는 자, 수비하는 자와 공격하는 자, 보수와 진보의 싸움이 전제된다. 그러므로 혁명의 결과는 예측 불가하며, 일시적으로는 양면이 모두 존재한다. 프랑스혁명을 두고 디킨스가 '최고와 최악, 지혜와 어리석음, 믿음과 불신, 빛과 어둠, 희망의 봄과 절망의 겨울' 등을 동시에 언급했던 것처럼.

사람들이 오늘날의 시대를 뉴노멀이라고 고상하게 말하지만, 이는 달리 말하면 '혁명의 시대'라는 뜻이다. 기존의 질서를 깨뜨리고 새로운 질서가 탄생하는 시기이자 과거와는 전혀 다른 패러다임이 새로운 상식과 표준으로 등장하는 시기다. 하지만 새로움이 곧 진보나 발전을 의미하는 것은 아니다. 혼란의 끝에 천국이 있을지 지옥이 나타날지 지금으로서는 알 도리가 없다. 지금 우리에게 닥친 새로운 경제 질서와 팬데믹이 불러온 뉴노멀의 결과 또한 예측하기 어렵다. 21세기 초반 우리에게 닥친 뉴노멀 또한 18세기 후반 유럽인들이 겪었던 프랑스혁명처럼 격동의 시기가 될 것은 분명하다. 그러나 그것이 최고의 시절이 될지 최악의 시절이 될지, 빛을 가져다줄지 어둠의 계절이 될지는 알 수 없다. 우리는 모두 천국을 향해 가고 있다고 믿지만 어쩌면 우리가 예상하지 못한 전혀 다른 방향으로 향할지도 모른다.

결국 우리의 대응이 중요하다. 우리는 뉴노멀 시대를 아무런 대비 없이 멀뚱멀뚱 뜬 눈으로 맞이할 것이 아니라 자세히 살펴서 제대로 대응해야 한다. 뉴노멀 시대는 어떤 모습일까? 정확히 단정할 수 없으나 몇 가지 주요한 특징은 예상해볼 수 있다. 새로운 경제와 팬데믹으로 촉발된 뉴노멀 시대는 '저성장, 불확실성, 신기술, 비대면, 개인화' 등 다섯 가지 키워드로 요약할 수 있다.

뉴노멀 시대의 다섯 가지 특징

│ 저성장

뉴노멀 시대를 상징하는 대표적인 현상은 '저성장'이다. 대한민국은 저성장이라는 단어에 익숙하지 않다. 우리는 광복 이후 괄목할 만한 고도성장을 이루어 왔기 때문이다. 하지만 세상에 영원한 것은 없다. 이제 고성장의 시대는 막을 내리고 말았다. 7~80년대 연평균 9% 이상이던 경제성장률이 2011년 이후부터는 3% 수준으로 낮아지더니 지금은 이마저도 기대하기 힘들어졌다. 급기야 2020년에는 코로나19 팬데믹으로 마이너스 성장을 기록했다. 저성장은 한국만의 문제가 아니다. 2008년 글로벌 금융위기 이후 세계 전체 경제성장률도 3% 수준으로 낮아졌다. 그런 와중에도 중국은 개혁·개방 이후 30년간 나홀로 고성장을 이어갔다. 하지만 지금은 중국마저도 고도성장기에 마침표를 찍고, 새로운 시대로 이행하고 있다는 뜻의 '신창타이(新常態, 중국의 뉴노멀)'를 선언하기에 이르렀다.

물론 세계 경제가 순식간에 고성장에서 저성장 기조로 바뀐 것은 아니다. 그동안 전 지구적 차원에서 서서히 진행되어온 전반적인 투자 부진, 노동력에 의존한 성장 패러다임의 한계, 기술혁명이 가져온 고용 없는 성장, 고령화로 인한 생산 잠재력 감소, 복지 부담 증가로 인한 신규투자 감소 등 여러 요인이 복합적으로 작용하여 세계 경제가 서서히 저성장 국면으로 접어든 것이다. 2008년 글로벌 금융위기는 본격적으로 저성장 경제 체제로 진입했음을 알리는 일종의 신호에 불과했다.

경제가 저성장 국면으로 접어들었다는 것은 단지 성장지표가 나빠졌다는 의미가 아니다. 저성장은 실업률 증가, 양극화 심화, 저출산 등 다양한 사회문제를 낳고, 기업이나 개별 경제주체의 일상에 근본적인 변화를 가져온다. 세계적인 성장 둔화와 글로벌 경쟁으로 인해 생존이 불확실해지면서 기업들이 구조조정과 체질 개선에 나섰고, 이는 신규 일자리 부족으로 이어져 청년실업의 심각성을 가중시켰다. 실업률 증가는 소득과 부의 양극화로 이어졌고, 여기에 경제적 어려움이 더해지면서 젊은층이 결혼과 출산을 미루는 세태를 낳았다. 이는 저출산이라는 심각한 사회문제를 대두시켰다. 이처럼 저성장은 여러 사회문제를 촉발시키는 기제로 작용하기 때문에 이에 대한 대응이 무엇보다 중요해졌다.

| 불확실성

뉴노멀 시대의 또 하나의 특징은 '불확실성'이다. 특히 경제 부문에서 저성장, 저소득, 저수익률 등 이른바 '3저 현상'이 장기화되면서 기존 이론으로는 설명할 수 없는 경제현상이 수시로 발생하게 되었다. 이같이 장기적 저성장이 일반화된 뉴노멀에 불확실성이 추가되면서 생겨난 용어가 '뉴애브노멀(new abnormal)'이다. 이 표현은 누리엘 루비니(Nouriel Roubini) 뉴욕대학교 교수가 처음 사용한 말인데, 새로운 정상/표준(뉴노멀)과 대비하여 '새로운 비정상'쯤으로 해석된다. 시장의 변동성이 일시적이 아닌 지속적으로 존재하면서 불확실성이 확대되고 비정상적 상태가 고착화되는 상황을 의미한다. 즉 뉴노멀 시대로 인해 이전과는 다른 질서가 만들어지는 상황에서 불확실성까지 가세함으로써 그야말로 한 치 앞을 내다볼 수 없는 대혼돈의 상태가 바로 뉴애브노멀이다. 이러한 뉴애브노멀 시대에는 불확실성의 증가 및 상시화로 인해 미래에 대한 예측 자체가 불가능해진다. 그 결과 개인은 물론 기업이나 국가 등 모든 경세주체가 앞날을 장담할 수 없는 불안한 시대로 접어들었다.

심지어 2020년에는 새로운 불확실성이 하나 더 추가되었는데, 바로 코로나19 팬데믹이 가져온 새로운 뉴노멀이다. 기존 뉴노멀이 경제적 불확실성에서 기인했다면, 팬데믹은 전 세계를 대혼돈으로 몰아넣음으로써 불확실성을 가중시켰다. 현재(2021년 3월 기준)도 진행중인 코로나19 팬데믹은 사람들의 이동을 제한하고 경제를 마비시킴으로써 의료보건학적 문제를 넘어서 경제적, 사회적 문제로 확대되었고, 급기야 글로벌 경제 체제를 해체할 수준에까지 이르렀다. 이제 인류는 경제의 뉴노멀과 위험의 뉴노멀이라는 두 태풍 앞에서 한 치 앞을 내다볼 수 없는 상황에 처하게 되었다.

| 신기술

저성장과 불확실성을 특징으로 하는 뉴노멀은 신기술에 대한 요구를 증대시켰다. 고도성장기의 올드노멀 시대에도 기업과 국가의 성장전략은 과학기술과 혁신에 의존하는 방향으로 설계되었지만 저성장이 일상화되는 뉴노멀 시대의 생존전략 역시 과학기술에 의존할 수밖에 없다. 다만 뉴노멀 시대는 성장만이 아니라 생존을 위해서도 과학기술과 혁신에 더욱 의존해야 하고, 창의성에 보다 많은 무게를 두어야 한다는 점이 다를 뿐이다. 특히 미래 신산업에 보다 빨리 대처하고 새롭게 등장할 신서비스에도 신속

하게 대응하는 것이 무엇보다 중요해졌다.

세계 각국도 저성장과 불확실성에 대한 대응 전략을 발표하였는데, 먼저 미국은 2009년에 '국가혁신전략(Strategy for American Innovation)'을 발표하면서 저성장의 해법으로 과학기술 혁신을 기반으로 한 제조업의 부활과 창업 활성화를 제시한 바 있다. 일본도 장기적인 경제침체를 극복하기 위해 '신성장전략'(2010)에 이어 '일본재생전략'(2012)을 발표함으로써 금융 및 재정 정책과 더불어 기술발전을 통한 신시장 개척을 해결 방안으로 제시했다. 유럽도 2010년 유럽 공동체 차원의 혁신전략인 '유럽 2020'을 발표하고, 달성방안으로 혁신 프로그램인 '호라이즌(Horizon) 2020'을 통해 세계 최고의 과학기술 연구 기반 마련을 목표로 정했다. 모두가 뉴노멀 시대의 대응 전략으로 신기술에 초점을 맞추겠다고 천명한 것이다.

우리나라에서도 2016년 미래창조과학부 산하 미래준비위원회가 발간한 보고서 〈10년 후 대한민국 뉴노멀 시대의 성장 전략〉을 통해 신성장 비전과 전략을 발표한 바 있다. 기존 주력산업을 인공지능과 정보통신기술에 결합시켜 첨단화하고, 의료바이오산업, 에너지·환경 산업, 지식산업 등 신유망 산업을 발굴하여 새로운 효자 산업으로 성장시키고, 과학기술 및 정보통신기술(ICT) 기반의 신서비스를 육성하고, 성장동력 확충을 위한 창의 인프라를 조성하자는 것이 핵심이다. 요컨대 경제 위기와 보건환경 위험에 대한 대처를 신기술에서 찾고자 노력하고 있는 셈이다.

| 비대면

    ICT와 모바일, SNS의 확산으로 인해 사람 사이의 대면 접촉 기회가 점점 줄어들던 차에 코로나바이러스는 사람 사이의 물리적 거리마저 멀어지게 만들었다. 이른바 '사회적 거리 두기'로 인해 대인관계와 생활패턴이 사뭇 달라졌다. 코로나 사태 이전에는 경제적 효율성을 위해 언택트(untact)가 시도되었으나 코로나 사태 이후에는 언택트 일상과 온라인 경제가 강제되었다. 사람들은 본인이 원하건 원치 않건 언택트로 만들어진 일상으로 내몰렸다. 학생들은 처음으로 온라인 개학을 경험했고, 직장인은 재택근무와 영상회의 등 익숙하지 않은 근무환경에 노출되었다. 집에 머무는 시간이 늘어난 사람들은 온라인으로 물건을 사고, 디지털 콘텐츠를 소비하며 여가를 보내야만 했다.

    이로 인해 뚜렷해진 현상은 '언택트(비대면) 경제'의 부상이다. 코로나 사태 이전까지의 언택트는 고작해야 대면하지 않고 물건을 사고파는 정도에 불과했으나, 코로나19 이후에는 사회 전반에서 언택트를 비롯해 온택트(ontact), 디지털 콘택트(digital contact)가 새로운 흐름으로 자리 잡고 있다. 비즈니스 환경도 급속하게 재편되고 있다. 식당, 술집, 극장 등 다중을 상대로 하는 사업은 급속히 위축되는 반면, 비대면을 특징으로 하는 온라인 비즈니스 영역은 상대적으로 커졌다. 식당은 '마켓컬리'가, 술집은 '집술(집에서 마시는 술)'이, 극장은 '넷플릭스'가 대체했다. 이처럼 산업 전반에 걸쳐 급격한 구조 변화가 생겨나고 있는데, 이로 인해 노동시장 및 근무환경도 바뀌고 있다. 재택근무나 원격근무가 확산되고 있으며, 오피스프리(office free) 기업이 생겨나고 있다.

| 개인화

뉴노멀은 집단을 해체하고 개인화를 가속화시켰다. 소셜미디어와 모바일 등 최신 디지털 기술은 사람과 기업, 정부 간 상호관계도 바꾸어 놓았다. 이러한 변화는 개인 우선주의, 개인중심 경제로의 전환으로 요약할 수 있다. 과거에는 사람들이 타인과 어울리면서 공통의 욕구와 보편적인 행복에 만족했다면, 지금은 개성과 독특성을 추구하기 시작했다. 성공과 행복의 척도를 사회의 보편적 기준에 맞추었던 기성세대와 달리 젊은 MZ세대는 자기를 중심으로 새롭게 설정하기 시작했다. 과거에는 높은 지위와 경제적 부가 성공의 척도였다면 지금은 자신이 좋아하는 놀이와 취미를 즐기면서 가치 있는 일에 몰두하는 것도 성공이며 행복한 삶이라고 생각하게 되었다. 그 결과 지금은 모든 사람이 추구하는 만족, 모든 사람이 공통으로 느끼는 행복이라는 공통분모가 사라졌다. 보편성의 시대는 저물고 개인화의 시대가 열린 것이다.

개인화가 진행되면서 기업의 고객전략이나 마케팅 관점도 달라졌다. 과거에는 매스미디어를 통해 중산층의 평균적 욕구에 어필

했다면 지금은 빅데이터나 디지털 정보기술을 활용하여 개별 소비자의 욕구에 대응하는 체제를 갖추려고 노력하고 있다. 특히 개인이 원할 때 즉각 개인의 위치, 성향 등을 분석해 맞춤형 생산과 서비스를 제공하는 개인 맞춤형 온디맨드(on demand) 서비스 체제를 갖추는 기업이 늘어나고 있다. 이로 인해 이미 제작된 제품만을 고르는 공급자 주도의 대량소비 시대는 저물고 개인화된 소규모의 수요가 새로운 트렌드로 자리 잡고 있다.

"위기는 위협이면서 동시에 기회"라는 말이 있다. 뉴노멀 시대로 진입하면서 새로운 표준으로 등장한 저성장, 불확실성, 신기술, 비대면, 개인화의 패러다임은 모든 주체에게 혁신을 강요하지만, 그것이 모든 사람에게 긍정적인 결과를 보장하지는 않을 것이다. 뉴노멀 시대에 새로운 표준을 예비하고 이를 선점하는 일은 각 주체에게 남겨진 과제다.

새로운 절대 명령 : 무조건, 유연하게, 적응하라!

지금으로부터 약 6,600만 년 전 지구에 일대 소동이 벌어졌다. 멕시코 유카탄 반도 부근에 소행성이 충돌한 것이다. 그 충격으로 해일과 산불이 일어났고, 어마어마한 양의 황이 대기로 방출되었다. 공기 중에 퍼진 황은 태양빛을 차단했고, 그로 인해 지구가 냉

각되면서 빙하기가 시작되었다. 그 결과 약 1억 5,000만 년간 지구를 주름잡던 공룡이 멸종했다. 운석 충돌설, 이것이 공룡 멸종에 대한 여러 가설 중에서 현재까지 가장 유력한 설이다.

공룡은 운석의 충돌 때문에 멸종했다고 보는 것이 타당할까? 아니다. 운석 충돌은 지구의 기온을 낮춘 원인일 뿐, 그것 때문에 공룡이 곧바로 죽은 것은 아니다. 물론 유카탄 반도 근처에 서식했던 공룡 중에는 직접 운석에 맞았거나 운석 충돌로 발생한 해일이나 산불에 피해를 입은 녀석도 없진 않을 것이다. 하지만 그것은 공룡 개체의 죽음일 뿐 종(種) 전체의 사망, 즉 멸종의 원인은 아니다. 기후변화에 적응하지 못한 것, 그것이 공룡이 멸종한 근본 원인이다. 낮아진 기온에 적응하지 못한 생명체는 공룡만이 아니었다. 당시 공룡을 포함해 지구를 삶의 터전으로 삼고 있던 생물의 75%가 그 일로 인해 서서히 멸종했다. 이는 달리 말하면, 빙하기에도 살아남은 생명체가 25%는 된다는 뜻이다. 결국 급격한 환경변화는 대부분의 생명체를 위협했지만 잘 적응한 종은 살아남았고, 그렇지 못한 종은 멸종했다. 결국 중요한 것은 '덩치'가 아니라, 얼마나 변화에 잘 적응하는가였다.

기업도 마찬가지다. 한때 잘나갔던 글로벌기업들—예컨대, 노키아, 모토롤라, 코닥, 메릴린치 등—이 쇠퇴의 길을 걸었던 이유는 그들이 멍청하거나 게을러서가 아니다. 새로운 환경과 질서에 적응하지 못했기 때문이다. 적자생존론(適者生存論)을 강조했던 생물학자들의 주장은 상시 생존경쟁에 내몰리는 국가나 기업 상황에 더 잘 어울리는 말이다. 역사학자 시오노 나나미가 "로마는 하루아침에 이루어지지 않았다"고 강조했지만 망하는 것은 순식간이었다. 아무리 잘나가는 기업도 환경변화를 무시하면 하루아침에 '혹' 갈 수 있다. 따라서 모든 기업은 새로운 질서가 가져올 변화에 적극적이고 선제적으로 대응해 나가야 한다.

경제적 위기와 전염병 위험으로 촉발된 뉴노멀이라는 환경변화는 6,600만 년 전 지구로 날아왔던 운석 못지않게 위험한 존재다. 운석 충돌로 인해 새롭게 도래한 빙하기에는 지구 전체 생명체의 25%가 생존했지만, 어쩌면 뉴노멀이 가져온 새로운 질서에서 생존하는 기업은 25%가 채 되지 않을지도 모른다. 기업은 비즈니스를 위해 존재한다. 기업은 예측할 수 없는 불확실성 속에서도 비즈니스를 이어가야 한다. 순자가 말했듯이, "훌륭한 상인은 손해가 난다 하여 장사를 그만두지 않는" 법이다.

무엇에 어떻게 대응해야 할까? 모든 것이 극도로 불확실한 상황에서 생존을 담보할 수 있는 거의 유일한 키워드는 '유연성'이다. 뉴노멀 시대에 나타날 세계 경제의 큰 흐름과 패러다임의 변화를 예의 주시하고 선제적으로 대응해야 한다. 이를 위해서는 열린 시스템이 중요하다. 글로벌 경제의 흐름, 경쟁관계의 변화, 국제정세 및 정부정책의 변화, 경쟁기업의 동향, 업계 트렌드 및 소비패턴의 변화 등을 실시간으로 읽고 즉각적으로 반영해야 한다.

미국의 경제사학자인 찰스 킨들버거(Charles P. Kindleberger)는 위기를 "끊임없이 피어나는 다년생 꽃"에 비유했다. 위기가 수시로 끊임없이 이어진다는 말이다. 우리나라만 해도 위기는 수시로 발생했다. 1997년 외환위기를 필두로 2002~03년의 신용카드 사태(신용위기), 2008년 리먼 사태로 인한 글로벌 금융위기, 2011년 유럽발 재정위기 등 수시로 경제위기가 찾아왔다. 전염병으로 인한 위기도 이와 비슷하다. 2002년 사스(중증급성호흡기증후군, SARS)를 시작으로 2015년 메르스(중동호흡기증후군, MERS), 2019년 코로나19까지 반복적으로 유행하고 있으며, 심지어 발병 주기도 점점 짧아지는 추세다. 따라서 정부와 기업은 수시로 다가올 위기에 대비하여 상시적 위기 대응 체제를 구축해야 한다.

뉴노멀이 불러온 위기에 대처하기 위해서는 개인의 대응도 중요하다. 뉴노멀 시대는 개인에게 보다 높은 수준의 디지털 정보기술 활용 능력을 요구하고 있다. 이를 '디지털 리터러시(digital literacy)'라 부르는데, 디지털 시대에 필수적으로 요구되는 정보 이해 및 표현 능력을 뜻한다. 즉 디지털 기기를 활용하여 원하는 작업을 실행하고 필요한 정보를 얻을 수 있는 지식과 능력을 말한다. 코로나19 사태에서도 확인했듯이, 코로나바이러스의 전파를 추적하고 확산을 억제할 수 있는 유일한 무기는 디지털 정보기술이다. 이는 개개인의 디지털 리터러시 역량 없이는 구현되기 어려운 시스템이다. 대규모 위기 상황은 대체로 경제적 양극화로 이어지는데, 코로나19 사태는 자칫 디지털 양극화의 우려를 낳기도 했다. 물론 정부나 기업 차원에서 디지털 리터러시의 수준을 높여야 하겠지만, 무엇보다 개개인이 자신의 디지털 리터러시 역량을 높일 필요가 있다.

조직 리더의 경우는 더욱 중요하다. 그동안 경제계의 화두였던 아날로그의 디지털 전환(digital transformation)은 코로나 사태로 인해 더 미룰 수 없는 현안으로 등장했다. 오프라인에서 벌어지던 일들이 온라인으로 넘어가는 디지털 전환은 모든 기업이 받아들여야 할 지상명령이 되고 말았다. 따라서 조직의 리더는 디지털 기반의 매니지먼트 역량을 받아들이고 준비해야 한다. 물론 디지털에 익숙하지 않은 기성세대 리더에게 디지털 전환은 '기회의 땅'이라기보다 '지옥의 문'처럼 여겨질 수 있다. 하지만 모든 혁신과 변화는 절대 주체의 선호에 따라 움직이지 않는다. 익숙하지 않은 환경이란 점에는 전적으로 동의하지만 그렇다고 피할 수도 없는 노릇이다. 요컨대, 기성세대 리더에게도 디지털 전환은 선택이 아니라 필수다.

뉴노멀은 원하든 원치 않든 간에 우리에게 변혁을 요구하고 있다. 새로운 질서를 따를 것인가 말 것인가? 이 요구는 어느 누구도 피해갈 수 없다. 정부도 기업도 개인도 마찬가지다. 만약 이 요구를 거부한다면, 그래서 새로운 질서를 따르지 않는다면, 과거 변화된 환경에 적응하지 못한 종들이 멸종했듯이, 뉴노멀이라는 새로운 질서에서 강제 퇴출 당하거나 멸종을 맞을 수도 있다. 물론 시간이 지나면 언젠가는 뉴노멀이 자연스럽게 느껴지고 고통스러운 코로나19 사태도 마무리되는 날이 올 것이다. 하지만 그때까지 살아남을 수 있는가가 관건이다. 그러기 위해서는 응답하지 않을 수 없다. 다만 한 가지 작은 위안거리가 있다면, 우리의 대응과 노력 여하에 따라 이번 위기 상황도 새로운 기회가 될 수 있다는 오래된 명제가 여전히 유효하다는 사실이다.

3장

뉴노멀을 사는
샐러리맨의 새로운 가치관

20세기 앙시앵 레짐이 무너졌다

'앙시앵 레짐(ancien régime)'이란 말이 있다. '낡은 체제'라는 뜻의, 평범한 단어로 만들어진 프랑스어가 구체제를 가리키는 일반명사로 널리 사용되는 이유는 18세기 말 프랑스혁명이라는 격변을 거쳤기 때문이다. 구체제인 앙시앵 레짐은 1789년에 발발한 프랑스혁명 이전 약 200년간 지속된 절대주의 시대를 가리킨다.

프랑스는 17세기 내내 겉으로 보기에는 안정적인 체제가 지속되었고 갈등의 요소도 거의 없었다. 태양왕 루이 14세라는 절대군주에 의해 프랑스는 강력한 중앙집권형 국가로 자리 잡았고, 대외적으로도 유럽 최강국의 지위에 올랐기 때문이다. 하지만 겉모습과 달리 속으로는 많은 문제점을 안고 있었다. 제1신분인 성직자와 제2신분인 귀족은 부와 명예를 독점하였고, 새로이 상승하는 제3신분인 부르주아지와 인구 대다수를 차지하는 농민은 국가 재정의 대부분을 부담했다. 하지만 그에 합당한 지위나 권리는 누리지 못하여 불만이 쌓여가고 있었다. 이러한 모순과 불만이 터져 나온 사건이 바로 프랑스혁명이다.

프랑스'혁명'은 문자 그대로 모든 것을 바꾸어 놓았다. 단순히 왕정을 무너뜨리고 정권이 교체되는 것에 그치지 않고 정치, 경제, 사회, 문화, 사상, 예술 등 사회 전반을 획기적으로 변혁시켰다. 앙시앵 레짐이라는 구체제 질서는 단번에 자취를 감추고 기존과는 전혀 다른 새로운 시대, 이른바 뉴노멀 시대가 열린 셈이다.

2008년 경제위기로 인한 뉴노멀과 2020년 코로나19로 인한 뉴노멀이 가져온 변화 또한 18세기 말 프랑스에서 발발한 혁명에 버금가는 사건이라 할 만하다. 뉴노멀의 여파로 기존의 낡은 체제와 관습은 힘을 잃고 무대 뒤로 사라졌다. 새로운 질서와 표준이 그 자리를 대신했기 때문이다. 21세기 초반에 불어닥친 뉴노멀 열풍은 세계 질서는 물론 정치, 경제, 사회, 문화, 교육, 복지 등 사회시스템 전반에 새로운 표준과 규칙을 세우라는 압력으로 작용했다.

뉴노멀이라는 혁명의 여파는 개별 조직에도 영향을 미쳤다. 대한민국의 조직도 7~80년대 고도성장기에는 17~8세기 프랑스의 절대주의 시절과 비슷했다. 중앙집권형 관리 체제하에 최고경영자의 지시에 따라 조직 전체가 한몸처럼 움직였다. 단위조직의 리더도 자기가 맡은 조직에서는 절대 권력자와 같았다. 태양왕 루이 14세가 절대군주로 군림한 것처럼, 최고경영자와 각 조직의 리더는 절대 권력을 행사하면서 조직을 일사분란하게 통제했다. 그 과정에서 일부 불만과 문제점이 생기기도 했지만 전체적으로는 그러한 통제 시스템이 가장 효율적인 방법이라고 생각했다. 조직 구성원들도 당연하다는 듯 경영진과 리더의 통제를 따랐다.

그러는 사이 고도성장기는 멈추고 저성장이 지속되는 뉴노멀 시대가 도래했다. 산업혁명 이후 성과 창출과 이윤 극대화를 지상 과제로 삼아 극단의 효율성을 추구하던 기존 체제는 뉴노멀을 겪으면서 앙시앵 레짐(구체제)으로 전락하기 시작했다. 그동안 가장 효율적인 운영시스템이라고 여겨졌던 중앙집권형 관리 방식에 불만이 터져 나오기 시작했다. 이제 기존의 관습과 체제로는 뉴노멀 시대를 맞는 데 한계에 봉착하게 되었다. 그 결과 조직의 경영전략이나 비즈니스 관점, 조직 운영시스템, 리더십 등에 일대 전환이 요구되었다. 뉴노멀로 인해 '20세기 앙시앵 레짐'은 무너졌다.

MZ세대 샐러리맨의 뉴노멀 가치관 다섯 가지

특히 눈여겨봐야 할 점은 뉴노멀이 시작되면서 조직 구성원의 인식이 바뀌었다는 사실이다. 18세기 말 프랑스혁명이 인구 대다수를 차지하던 부르주아지와 농민의 누적된 불만에 의해서 촉발되었듯이, 21세기 뉴노멀 혁명 역시 조직의 절대다수를 차지하는 구성원(샐러리맨)의 인식 변화가 크게 영향을 미쳤다. 이제 과거의 통제 패러다임으로는 새로운 시대의 조직 구성원을 관리하거나 따르게 만드는 데 한계에 도달했다. 이는 부하직원을 관리해야 할 조직 리더에게는 치명적인 위협이다. 시대가 변했음에도 이를 인식하지 못하고 구체제를 고집한다면, 프랑스혁명 이후 루이 16세처럼 불행한 결과를 맞이할 가능성이 높다.

뉴노멀 시대를 살아가는 조직 구성원들의 가치관은 어떻게 달라졌을까? 우선 직장이나 직업을 바라보는 관점이 달라졌다. 올드노멀 시대를 살았던 기성세대에게 직장이란 경제적 안정의 기반이자 주류사회로 편입하기 위한 수단이었다. 학교를 졸업하고 번듯한 직장에 들어가지 않으면 정상적인 사회생활로 인정받지 못했다. 직업은 거부할 수 없는 선택이며, 직장은 개인 정체성을 나타내는 기호이자 상징이었다.

하지만 저성장의 뉴노멀 시대가 되면서 이러한 관점도 변하기 시작했다. 뉴노멀 시대를 살아가는 젊은 세대에게 직장이란 필수가 아닌 선택이다. 물론 젊은 세대도 연봉을 많이 주고 안정적인 대기업 정규직을 마다하지 않는다. 하지만 그러한 목표는 낙타가 바늘구멍을 통과하는 것만큼 어려운 도전이 되어버렸다('무한 도전'이 아니라 '무모한 도전'에 가깝다). 그래서 그들은 생각을 바꾸었다. 직업을 갖는 일은 필수가 아니고 선택이며, 현재의 직장이나 직업도 궁극적으로 자신이 원하는 업을 찾아가는 과정에 불과하다고 생각하기 시작했다. 게다가 돈보다는 일과 삶의 균형, 즉 '워라밸'을 선호하기 시작했다.

인생의 궁극적인 목표인 행복을 추구하는 방식도 달라졌다. 올드노멀의 기성세대는 주로 물질적 행복을 좇았다. 열심히 일해서 돈을 모으고, 그것으로 집을 사고 자녀를 교육하여 출가시키면 나름 성공한 인생이라 생각했다. 모두가 경제적 안정을 중심으로 정형화된 인생 목표를 설계했다. 하지만 뉴노멀을 맞은 젊은 세대는 개인마다 삶의 목표가 다르고 행복에 대한 관점도 상이했다. 여전히 경제적 성취를 추구하는 이가 있는가 하면, 돈보다는 자신이 원하는 활동을 우선시하는 사람도 생겨났다. 경우에 따라서는 돈이 되지 않더라도 가치 있는 활동이라고 생각되면 기꺼이 뛰어들기도 했다. 물질적 풍요 속에서 자란 젊은 세대는 물질적 행복보다는 마음의 여유와 일상의 소소한 행복을 추구하는 경향이 강해졌다. 기성세대가 경제적 안정을 중심으로 획일적인 행복을 추구했다면 젊은 세대는 심리적 안정을 기반으로 자신만의 행복을 추구하는 쪽으로 바뀌었다.

직업이나 직장에 대한 관점과 행복을 추구하는 방식의 전환은 조직생활에서의 인식과 행동의 변화로도 이어졌는데, 이는 기성세대에게는 이해할 수 없거나 난감한 상황으로 여겨졌다. 따라서 조직 리더는 뉴노멀 시대에 달라진 샐러리맨의 가치관을 제대로 인식하고, 그에 맞는 리더십 스타일로 새롭게 조율해야 한다. 앞서 대략 언급했지만, 뉴노멀 시대에 달라진 샐러리맨들의 가치관을 정리하면 다음 다섯 가지로 요약할 수 있다.

> **뉴노멀 시대에 달라진 샐러리맨의 가치관**
> 1. 조직보다는 개인의 행복
> 2. 절대가치 워라밸(일과 삶의 균형)
> 3. 직장이나 직업은 수단이자 과정이다
> 4. 조직의 위계는 조직의 위계일 뿐
> 5. 돈보다 더 중요한 가치가 많다

| 조직보다는 개인의 행복

저성장이 지속되는 뉴노멀 시대의 젊은 세대는 더 이상 조직에서의 성공이나 행복을 꿈꾸지 않는다. 그들의 가치관이 바뀐 것을 두고 단지 그들의 성격이 변덕스럽기 때문이라고 하기도 어렵다. 고도성장기에는 기업들이 해마다 몸집을 키우고 사업 규모도 확장했다. 그 결과, 조직 구성원에게도 승진의 기회가 많았고 조직에서 미래를 설계하는 것이 가능했다. 하지만 저성장 추세가 지속되면서 상황이 달라졌다. 이제 조직은 몸집을 불리기보다는 내실을 추구하기 시작했다. 피라미드 조직의 위계상 기업이 성장을 멈추면 승진할 수 있는 자리도 제한될 수밖에 없다. 윗사람이 나가줘야 아랫사람에게 기회가 주어진다. 승진을 바라는 대기 수요는 많고 자리는 한정적이어서 곳곳에서 인사적체가 시작되었다.

상황이 이렇다 보니 기업은 해법을 다른 방향에서 찾기 시작했다. 고도성장기에는 규모를 늘리면서 구성원의 승진 욕구를 충족시켰는데, 저성장기가 되면서 내부효율화에서 돌파구를 찾았다. 리엔지니어링(re-engineering), 리스트럭처링(restructuring) 등 그럴듯한 용어를 써가면서 인력구조를 재설계하고 효율성을 높이는 쪽으로 가닥을 잡았다. 결과는 내부 인력 간 경쟁과 구조조정의 상시화로 이어졌다. 이제 성과를 내지 못하는 구성원은 언제든 감원과 퇴출자 명단에 오르게 되었다. 조직 구성원의 평균 연령이 낮아지고 퇴직 시기가 빨라졌다. 정년을 채우지 못하고 조직을 떠나는 선배들을 목격한 젊은 세대는 '더 이상 조직이 끝까지 지켜주지 않는다'는 교훈을 내면화했다.

이러한 조직의 태세 전환에 따라 구성원도 생각을 바꾸기 시작했다. 이제 조직에서 미래를 꿈꾸는 것이 불가능한 상황이 되어버렸기 때문이다. 과거 조직이 구성원을 끝까지 책임지던 시절에는 조직의 성공이 곧 개인의 성공이었다. 하지만 저성장기로 접어들면서 이러한 등식은 더 이상 성립되지 않게 되었다. 이제 조직의 성공과 개인의 성공은 별개 문제가 되었다. 사람들은 조직 밖에서 자신의 미래를 찾기 시작했고, 조직의 성공보다는 개인의 행복에 주력하게 되었다. 조직과 개인은 하나이며, 조직을 위해서 개인이 희생해야 한다는 생각은 구시대 유물쯤으로 전락하고 말았다.

| 절대가치 워라밸

고도성장기의 기성세대에게는 지위와 연봉이 성공의 척도였다. 그래서 그들은 조직을 위해 헌신했고 조직에 머무는 시간도 많았다. 성공하기 위해서는 사적인 시간을 포기하는 것이 당연시되었다. 조직에서 인정받아 높은 지위에 오르기만 하면 경제적 보상이 뒤따랐고, 그 결과 그동안의 투자와 희생을 모두 만회할 수 있었다. 하지만 저성장기에 직장생활을 하는 젊은 세대는 이러한 가치관을 받아들이지 않는다. 그들은 높은 지위나 많은 연봉보다는 좋아하는 취미를 즐기고, 일상의 소소한 행복을 즐기는 것이 더 나은 삶이라고 생각한다. 그래서 그들은 조직에서 머무는 시간을 최소한으로 제한하기 시작했다. 정시 출근과 '칼퇴'를 당연시한다. 그래야만 자신을 위한 삶에 투자할 수 있기 때문이다. 그리하여 등장한 단어가 '워라밸(work and life balance)'이다.

워라밸은 일(work)과 생활(life)이 조화롭게 균형을 이루는 상태를 의미한다. 원래 워라밸이라는 개념은 일과 가정의 양립이 어려운 기혼 여성의 문제에 한정해 사용됐는데, 최근에는 남녀·기혼·미혼을 불문하고 모든 근로자에 대한 이슈로 확대되었다. 기성세대에게는 일이 생활의 전부였다면, 젊은 세대에게는 일과 생활이 분리된다. 더 정확히 말하면, 일보다는 생활이 더 중요해졌다. 따라서 자신만의 생활을 즐기기 위해서는 조직에서 일하는 시간을 최소한으로 줄여야 한다. 아무리 보상이 많아도 일상이 일로만 채

워진다면 행복한 삶이 아니라고 생각하기 때문이다.

│ 직장이나 직업은 수단이자 과정이다

조직에서의 성공보다는 개인의 행복을 추구하고, 워라밸을 중시하는 성향은 직장이나 직업을 바라보는 관점의 변화로 이어졌다. 기성세대에게 안정적인 직장과 직업은 그것 자체로 인생의 목표였다. 그것만 가지면 인생에서 필요한 대부분이 충족될 수 있었다. 경제적 안정도, 사회적 인정도, 자녀교육도, 노후 대비도 안정적인 직장이나 직업의 토대 위에서 가능했다. 하지만 젊은 세대에게 직장이나 직업은 최종 목표가 될 수 없었다.

고도성장기에 직장생활을 시작한 기성세대와 달리 저성장기에 조직생활을 하고 있는 젊은 세대는 미래에 대한 불안감이 높다. 평생직장의 개념이 사라진 지 오래고 조직 내에서 롱런하겠다는 생각조차 가지지 않는다. 잦은 구조조정과 상시적인 명예퇴직을 목도하면서 조직과의 관계도 느슨해졌다. 상대적으로 안정적이라고 여겼던 대기업조차 대규모 인력감축을 실시하고, 구조조정의 범위도 대리, 사원급까지 확대되면서 지금은 젊은 세대도 자리에 대한 불안감이 생겨났다. 이제 젊은 세대는 현재의 직장에서 오랫동안 자리를 보존할 수 있다는 믿음을 갖지 않게 되었고, 기회가 된다면 언제든 조직을 떠날 수 있다고 생각한다.

구조조정이 상시화되고 정년은 짧아지면서 조직에서 언제라도 퇴출될 위험에 놓인 상황에서 현재의 직장과 직업이 영원하리라 기대하는 것은 어리석은 판단이 되어버렸다. 이제 직장은 잠시 거쳐 가는 정거장에 불과해졌다. 즉 현재의 직장이나 직업은 목표가 아닌 수단이며, 자신의 궁극적인 행복을 찾기 위해 거치는 하나의 과정일 뿐이다. 뉴노멀 시대의 샐러리맨에게 직장이란 과객이 잠시 머물다 떠나는 임시 거처가 되어버렸다.

| 조직의 위계는 조직의 위계일 뿐

직장에 대한 젊은 세대의 가치관이 변하다 보니 전통적인 조직위계도 흔들리기 시작했다. 조직에 대한 충성도가 예전 같지 않고, 직장을 스쳐 지나가는 과정으로 여기는 젊은 세대 직장인들은 직장 내 상하관계를 근무시간에만 작동하고, 근무시간의 종료와 함께 사라지는 것으로 생각하게 되었다. 계급이나 위계가 미치는 범위도 직무에 한정된다고 생각한다. 그래서 과거처럼 상사라는 이유만으로 부하직원의 사생활까지 왈가왈부하는 행동은 더 이상 환영받지 못하게 되었다.

게다가 젊은 세대 직장인들은 수평적이고 자유로운 커뮤니케이션에 익숙해져 있다. 가정에서 부모와의 대화에서도 존댓말을 사용하는 경우가 드물고, 자신의 생각이나 의견을 스스럼없이 표현하는 데 익숙하다. 이러한 습관은 직장상사와의 관계에서도 여실히 드러난다. 그들은 상사를 상하관계보다는 함께 일하는 동료관계로 인식하는 경향이 있고, 위계적인 커뮤니케이션에 부담을 느낀다. 따라서 강압적인 상태에서의 대화나 일방적인 업무 지시를 받으면 그대로 따르기보다 피하려 든다. 그들에게 위계조직의 일방적인 커뮤니케이션 방식, 경직된 의사결정 시스템 등은 전형적인 꼰대 문화의 발로일 뿐이다.

| 돈보다 더 중요한 가치가 많다

미국의 심리학자 매슬로(Abraham H. Maslow)는 인간 욕구를 5단계로 구분하면서 '욕구 계층설'을 주장했다. 그에 따르면, 인간의 욕구에도 수준이 있는데 가장 낮은 수준은 '생리적 욕구'이며, 가장 높은 수준은 '자아실현의 욕구'다. 가난에 찌든 사람에게는 (대체로) 생리적 욕구의 충족이 삶의 일차 목표일 수밖에 없다. 끼니를 며칠 굶은 사람은 빵 한 조각을 얻기 위해 자존심도 팔 수 있다. 욕구에 위계가 있듯이 욕구를 충족하는 단계에도 우선순위가 있다.

대부분 가난한 어린 시절을 보냈던 기성세대의 일차적인 삶의 목표는 생리적 욕구를 충족하는 것이다. 그들에게 가장 큰 삶의 목표는 경제적 궁핍에서 벗어나는 일이다. 그렇기에 좋은 직장에

들어가서 안정적인 수입을 얻고 경제적·물질적 풍요를 얻는 것이 무엇보다 중요했다. 하지만 요즘 젊은 MZ세대는 대체로 경제적 궁핍, 즉 생리적 욕구의 결핍을 모르고 자라났다. 그 결과 젊은 세대 중에 생리적 욕구의 충족을 삶의 최우선 과제로 삼는 경우는 극히 드물다.

젊은 세대가 추구하는 목표나 가치는 기성세대와 다르다. 그들은 돈보다는 일의 가치나 의미를 중요하게 생각하는 경향이 강해졌다. 2015년 메리 미커(Mary Meeker)의 〈인터넷 동향 보고서〉에 따르면 밀레니얼 세대에게 가장 중요한 것은 '높은 금전적 보상'이 아니라 '의미 있는 일'이었다. 2016년 한국경영자총협회에서 발간한 보고서에 따르면 1년 내 퇴사하는 신입사원들의 퇴직사유에서 조직 및 직무실패(49.1%)가 급여 및 복리후생(20.1%)보다 훨씬 더 높게 나타났다. 이처럼 젊은 세대는 돈보다는 일의 의미와 가치를 추구하다 보니 단순하거나 가치가 없다고 생각되는 일은 회피하려는 경향을 보인다. 하지만 현실적으로 조직에서는 일의 가치와 의미를 따져가며 업무를 가려서 할 수 없다. 그래서 이러한 경향은 기성세대와의 갈등으로 이어지기도 한다.

젊은 세대의 '소확행' 경향도 눈여겨볼 만하다. '소확행'은 '작지만 확실한 행복'이라는 뜻으로, 일상에서 느낄 수 있는 작지만 확실하게 실현 가능한 행복 또는 그러한 행복을 추구하는 삶의 경향을 말한다. 이 말은 소설가 무라카미 하루키가 수필 〈랑겔한스 섬의 오후〉에서 처음 사용한 표현으로, 하루키는 여기서 행복을

"갓 구운 빵을 손으로 찢어 먹는 것, 서랍 안에 반듯하게 접어 넣은 속옷이 잔뜩 쌓여 있는 것, 새로 산 정결한 면 냄새가 풍기는 하얀 셔츠를 머리에서부터 뒤집어쓸 때의 기분"이라고 정의했다. 행복은 크고 거창한 것이 아니라 일상의 작은 즐거움 속에 있다는 뜻이다.

저성장 시대를 살아가는 젊은 세대 직장인들은 조직에서의 성공, 주택 구입, 근사한 결혼 등과 같이 '큰 행복'을 추구하지 않게 되었다. 현실적 상황을 고려할 때 달성 가능성이 낮다고 판단하기 때문이다. 그래서 그들은 크지만 성취가 불확실한 행복보다는 작지만 일상에서 성취 가능한 소소한 행복을 추구하며 살아가려 한다. 이러한 성향은 조직에서 큰 꿈을 꾸면서 정상을 향해 달려가려던 선배 세대와는 사뭇 다른 가치관이라 하겠다.

이처럼 뉴노멀 시대를 살아가는 젊은 세대는 기성세대와는 전혀 다른 인생관, 직장관, 세계관을 가지고 있다. 조직과 개인을 동일시하고 조직에서 성공과 행복을 꿈꾸던 기성세대, 조직과 개인을 분리해 조직과는 별개로 개인의 행복을 꿈꾸는 젊은 세대 중에서 어느 쪽이 옳은 것일까? 둘 다 옳다. 각자가 맞이한 시대적 상황과 개개인이 처한 입장이 다르기 때문이다. 고도성장기를 보낸 기성세대가 조직과 개인을 동일시하고 조직 내에서 열심히 노력했던 것이 나름 합리적인 판단이었다면, 저성장 시대를 살아가는 젊은 세대가 조직과 느슨한 관계를 설정하고 자신만의 행복을 추구하는 것 또한 이성적 판단의 결과다. 다만, 기성세대가 보기에 젊은 세대의 가치관이 마음에 들지 않거나 이해되지 않을 뿐이다.

프랑스혁명 때 앙시앵 레짐을 고집하던 루이 16세는 결국 키요틴의 칼날을 받고 무대에서 사라졌다. 새로운 세계가 열렸음에도 구체제를 고집한다면 불행한 결말로 이어질 가능성이 높다. 오늘날 조직 리더도 마찬가지다. 뉴노멀 시대에 과거의 관습과 질서에 안주하려는 리더에게는 더 이상 설 자리가 없다. 새로운 질서를 거부하는 이를 두고 요즘 사람들은 '꼰대'라 부른다. 뉴노멀은 '꼰대' 리더의 자리를 위태롭게 만드는 크나큰 위협이 되고 있다.

4장

자신도 모르는 사이
무력해진 팀장들

위기의 팀장 리더십

'나비효과(butterfly effect)'라는 말이 있다. 나비의 작은 날갯짓처럼 미세한 변화가 폭풍우와 같은 커다란 변화를 유발한다는 뜻이다. 가령, 중국 베이징에서 일어난 나비의 날갯짓이 뉴욕에서는 거대한 폭풍을 일으키는 요인이 되기도 한다. 나비효과는 기상 관측을 소개하는 과학이론으로만 사용되다가 점차 사회현상을 설명하는 용어로 확대되었다. 이러한 나비효과는 뉴노멀 시대의 리더십 현상을 설명하는 데도 매우 유용하다. 뉴노멀 시대를 맞아 달라진 샐러리맨의 가치관은 조직을 관리하는 리더에게도 결정적인 영향을 미쳤기 때문이다.

노자(老子)는《도덕경(道德經)》에서 지도자의 수준을 네 종류로 구분하고, 가장 훌륭한 유형을 "지도자가 있다는 것은 알지만 있는지 없는지 알아볼 수 없을 정도로 나라를 다스리는 사람(太上, 不知有之)"이라고 언급한 바 있다. 너무나도 자연스럽게 잘 다스려서 백성들이 지도자의 존재 자체를 인식하지 못하는 상태가 최고라고 본 것이다. 순리에 따라 공기처럼 드러나지 않게, 말하자면 무위자연(無爲自然)의 방식으로 다스리는 것이 최상이란 뜻이다. 오늘날 리더는—다른 의미이긴 하지만—노자가 말한 최고 수준의 지도자처럼 보이기도 한다. 구성원들에게 리더의 존재감이 알아볼 수 없을 정도로 미미한 경우가 많아졌기 때문이다. 하지만 이런 현상은 리더가 자신의 힘을 자제했기 때문에 벌어진 것이 아니다. 구성원들이 리더의 영향력을 대수롭지 않게 여기기 때문이다.

후기 자본주의가 되면서 '더 이상 개천에서 용이 날 수 없는 시대'가 되어버린 것처럼, 뉴노멀 환경은 '더 이상 난세에 영웅이 날 수 없는 시대'를 만들어 버렸다. 오늘날 뉴노멀이 만든 날갯짓은 개인의 역량이나 노력만으로는 감당할 수 없는 엄청난 파고(波高)가 되어 리더를 압박하기 시작했다. 특히 달라진 구성원의 가치관은 리더로 하여금 영향력을 발휘하기 어려운, 그야말로 속수무책의 상황으로 내몰고 있다. 이제 리더의 권위는 사라졌고 말발도 먹히지 않는 시대가 되었다. 혹자는 이런 현상을 두고 '리더십 위기'라고 표현하기도 한다.

리더십 위기 현상은 왜 생긴 것일까? 원래 리더십이란 상사가 부하직원과 영향력을 주고받는 과정에서 발생한다. 즉 상사와 부하직원 양 주체 간의 상호작용에 따른 결과다. 따라서 리더십 위기는 양 주체 중 어느 한쪽의 변화 때문에 기인했을 가능성이 높다. 먼저 리더 요인으로 상정해볼 수 있는 것은 영향력을 발휘할 수 있는 원천의 붕괴다. 통상적으로 리더의 영향력은 그가 가진 지위와 전문성에 근거한다. 지위가 예전만 못하거나 전문성이 낮아졌다면 리더의 영향력이 약화될 가능성이 높다. 하지만 오늘날 리더가 예전보다 지위가 낮거나 전문성이 낮다는 증거는 찾기 어렵다(예나 지금이나 리더의 지위는 엇비슷하지만, 전문성은―평균적으로 보자면―더 높아졌다고 봐야 한다). 요컨대 리더십 위기의 원인을 리더의 잘못으로 설명하는 것은 적절하지 않다.

그럼, 부하직원이 변한 것일까? 그렇다. 앞에서도 다루었듯이, 뉴노멀 시대로 접어들면서 구성원의 가치관은 상당 부분 변했다. 조직을 바라보는 관점과 행복을 추구하는 방식이 달라졌다. 특히 밀레니얼 세대와 Z세대는 더 이상 조직 내에서 자신의 꿈과 행복을 찾으려 하지 않는다. 그 결과, 리더의 말을 무조건 따라야 한다고 생각하지 않는다. 물론 이러한 변화는 어렵게 리더 자리에 오른 사람에게는 억울한 일일 수 있다(리더 자리를 요행으로 얻은 게 아니지 않은가!). 하지만 그들의 가치관이 바뀐 것은 리더의 잘못도 아니며 되돌릴 수 있는 상황도 아니다. 그냥 받아들일 수밖에 없다.

문제는 구성원의 가치관이 변해서 리더십에 악영향을 준다는 사실이 실제로 존재한다 하더라도 조직은 그러한 상황에 대해 정상참작을 해주지 않는다는 점이다. 뉴노멀로 인해 리더십 위기 상황이 도래했다고 해서 조직이 리더의 역할을 조정해주거나 리더에 대한 기대를 낮추어줄 리 만무하다. 상황 변화에도 불구하고 조직은 여전히 리더에게 '밥값'을 요구하고, 구성원을 잘 이끌어 성과를 만들라며 압력을 가한다. 상황이 변했다고 읍소해봐야 소용없다. 리더는 그 어떤 악조건에서도 목표를 향해 나아가야 하고, 하늘이 두 쪽 나도 성과를 만들어야 하는 존재이기 때문이다. 결국 뉴노멀로 인한 구성원의 가치관 변화는 리더십 위기 현상을 이해하는 수단은 될지언정 면책사유는 될 수 없다. 따라서 현명한 리더는 리더십 위기 속에서도 효과적으로 영향력을 발휘할 수 있는 방법을 고민하고 대안을 찾아야 한다.

그렇게 강력했던 리더의 권위는 왜 갑자기 사라졌는가?

뉴노멀로 인해 위기에 처한 리더는 이제 어떻게 해야 할까? 모든 일에는 순서와 절차가 중요하다. 아픈 몸을 건강하게 만들려면 병원을 찾아가서 정확한 진단을 받아야 하듯이, 리더십 위기에서 벗어나기 위해서는 이 위기가 왜 생겼는지에 대해 먼저 파악해야 한다. 그래야만 효과적인 해결책을 강구할 수 있다. 오늘날 리더십 위기는 왜 생겨난 것일까? 대략 다음 다섯 가지로 요약할 수 있다.

> **뉴노멀 시대, 리더십 위기의 발생 원인**
>
> 1. 권위의 종말
>
> 2. 정보민주화
>
> 3. 위계구조의 붕괴
>
> 4. 더 이상 나를 지켜주지 않는 조직
>
> 5. 안티 꼰대!

│ 권위의 종말

독일 철학자 헤겔은 역사를 "절대정신(이성)이 자유를 향해 나아가는 과정"이라고 보았고, 마르크스는 "지금까지의 모든 역사는 계급 투쟁의 역사"라고 정의한 바 있다. 두 철학자가 역사를 바라보고 해석하는 관점에는 차이가 있으나 역사가 한 곳에 머무르지 않고 끊임없이 변화한다고 본 점에서는 공통점이 있다. 상식적인 말이지만, 우리가 사는 세상은 날마다 변하고 있다. 어제와 오늘이 다르고 내일은 또 달라질 것이다. 지금 이 순간에도 역사의 강물은 유유히 흐르고 있다. 요컨대 인류의 역사는 쉼 없이 흘러가면서 변화하는 과정에 있다.

고려 무신정권 때 노비 만적(萬積)은 난을 논의하면서 다른 노비들에게 이렇게 연설했다. "왕후장상(王侯將相)의 씨가 어찌 따로 있겠는가!" 물론 만적의 난은 실패로 끝났지만, 계급서열이 분명하고 신분제가 엄격했던 당시에도 계급과 권력 투쟁이 있었음을 알 수 있다. 현대에 와서도 권력 투쟁은 계속되었다. 미래학자 앨빈 토플러는 《제3의 물결》에서 인류의 역사에서는 농업사회(제1물결)에서 산업사회(제2물결), 그리고 제3의 물결인 정보사회를 거치면서 끊임없이 권력이 이동한다고 보았다. 그 과정에서 수많은 권력 투쟁이 있었고 지키려는 자와 빼앗으려는 자의 치열한 패권 다툼이 벌어졌다.

인류의 역사가 끊임없이 변화하듯이, 조직 또한 멈추지 않고 계속해서 변하고 있다. 조직 구성원도 변하고 조직의 구조나 문화도 한곳에 머물지 않는다. 그 과정에서 권력관계도 변하기 마련이다. 그래서 조직 내에서도 알게 모르게 끊임없이 권력 투쟁이 벌어지고 있다. 조직에서의 권력관계는 어떻게 변하고 있을까? 역사발전 5단계설을 주장한 마르크스에 따르면, 인류의 역사는 원시 공산사회에서 고대 노예제 사회를 거쳐 중세 봉건제 사회, 근대 자본주의사회로 발전해왔다(그다음으로는 이상 사회인 공산주의 사회로 발전해 나갈 것으로 예측했다). 그 과정에서 권력은 군주나 영주, 자본가에게서 시민에게로 이동했다. 권력이 위에서 아래로 이양되는, 평등하고 민주적인 사회로 발전하는 경향을 보인 셈이다. 한마디로 인류의 역사는 절대 권력이나 권위가 종말을 맞이하고 권력이 평준화되는 과정이었다. 조직도 마찬가지다. 과거 절대 권력을 누리던 경영진이나 리더에게서 권력이 점차 아래 구성원으로 이동하는 추세로 바뀌었다. 즉 리더의 권위는 사라지고 권력관계에서도 새로운 뉴노멀이 시작된 것이다.

| 정보민주화

오늘날 리더십 위기의 배경에는 이른바 '정보민주화'도 한몫했다. 앨빈 토플러는 《권력 이동》에서 정보화시대가 도래하면서 권력의 기반이 과거 물리력이나 부(富)에서 지식으로 옮겨가고 있음을 지적했다. 또한 정보화 혁명으로 인해 지식의 지배구조가 바뀌면서 지식에 기초한 권력도 재분배되고 있다고도 했다. 과거 경영진이나 리더가 지식과 정보를 독점하던 시대에는 지식 그 자체가 권력의 기반이었다. 지식과 정보를 가진 자가 권력을 마음껏 휘두르던 시대였다. 하지만 정보화 혁명으로 지금은 종업원들도 경영층이 독점하던 지식에 접근할 수 있게 되었다. 정보민주화가 이루어진 것이다. 이제 경영진이나 리더라고 해서 구성원들에게 정보의 우위를 주장하기 어려워졌다. 웬만한 정보나 지식은 온라인에서 검색이 가능해졌기 때문이다.

사람들은 '민주화'라는 단어가 주는 어감을 대체로 긍정적으로 해석하는 경향이 있다. 하지만 그것은 권력을 갖지 못한 사람들에게만 국한된 이야기다. 절대 권력을 행사하는 사람들에게 민주화란 혁명이자 반역처럼 들리기 마련이다. 민주화란 피지배 계층에 있는 사람들이 권력을 독점하는 지배계층으로부터 권력을 나누

자고 강요하는 것과 다름없다. 자유와 평등을 부르짖으며 일어났던 프랑스 시민혁명도 절대 권력자인 루이 16세로부터 권력을 나누어 갖자는 소위 '민주화 선언'이었다. 결국 민주화란 권력을 갖지 못한 시민계급에게는 무엇보다 소중한 것이지만 기득권층인 루이 16세에게는 끔찍한 일이었다.

정보민주화로 인한 권력구조의 개편도 이와 마찬가지다. 단어가 주는 긍정적인 이미지와는 별개로 정보민주화는 기존에 정보를 독점하던 쪽에서는 결코 반가운 현상이 아니다. 그동안 정보나 지식의 비대칭을 통해 행사할 수 있었던 자신들만의 무기가 무용지물이 되기 때문이다. 이제 리더는 구성원에게 지식이나 정보의 우위를 주장하기 힘들어졌다. 심지어 정보의 역전 현상도 심심찮게 발생한다. 아무래도 나이가 많은 리더는 젊은 세대에 비해 빠르게 변화하는 정보기술과 디지털 환경을 따라가기 힘들기 때문이다. 요컨대 정보민주화는 리더가 가졌던 정보적 우위를 무력화시켰고, 리더십 위기를 가속화했다.

| 위계구조의 붕괴

조직이란 특정한 목적을 달성하기 위해 사람들이 모여서 효율적으로 움직이는 집단을 말한다. 이처럼 집단이 특정한 목적이나 목표를 달성하기 위해서는 하나의 질서 속에서 일사불란하게 움직이는 체제가 불가피하다. 각자가 제멋대로 행동하려 한다면 굳이 조직체를 만들 이유가 없다. 따라서 조직이 제대로 돌아가기 위해서는 어느 정도의 위계구조와 질서는 반드시 필요하다. 위계도 없고 질서도 지켜지지 않는 소위 '당나라 군대(?)'로는 전쟁에서 승리하기 어렵다. 조직으로 뭉쳐진 힘을 뜻하는 '조직력'이란 조직의 위계구조와 질서가 얼마나 잘 지켜지는가에 달렸다.

과거 조선시대만 하더라도 가정에서의 가장 보편적인 위계구조는 '가부장제'였다. 가부장제란 가부장이 가족에 대한 지배권을 행사하는 가족 형태를 말한다. 가부장의 역할을 맡은 사람(주로 아버지나 할아버지)이 모든 권력을 독점한 채 지시를 내리면 나머지 사람들은 그 지시에 따르는 구조였다. 사람들은 왜 가부장제를 따랐을까? 그것이 가장 효율적이고 효과적인 위계구조라고 믿었기 때문이다(가부장제가 효율적 구조라는 것이 아니라 사람들이 그렇다고 믿었다는 것이 중요하다). 하지만 지금은 어떤가? 가부장제는 더 이상 몸에 맞지 않는 옷이 되어버렸다. 가장의 권위는 예전만 못해졌고 가족들도 가장의 일방적 지시를 따르지 않게 되었다. 가부장제라는 전통적인 위계구조가 붕괴된 것이다.

조직의 위계구조도 과거와 달라졌다. 뉴노멀로 인한 권위의 종말과 정보민주화가 조직의 위계를 붕괴시키는 데 일조했기 때문이다. 일반 가정에서 가부장제가 일반적이던 시절만 해도 조직의 위계구조도 그와 비슷했다. 리더가 중심이 되어 구성원에 대한 지배권을 일방적으로 행사하는 이른바 '중앙집권형 지배구조'가 당연시되었다. 하지만 가부장제의 붕괴와 함께 중앙집권형 위계구조도 무너지고 말았다. 그 결과, 전통적인 리더의 권위가 사라졌고 리더를 중심으로 돌아가는 조직 구조에서 탈중심화가 빠르게 이루어졌다.

더 이상 나를 지켜주지 않는 조직

가부장적 위계구조가 비민주적인 측면이 있기는 하지만 나름의 장점도 있었다. 지시를 잘 따르고 충성을 다하면 권력을 가진 자가 피지배 계층을 끝까지 책임져 주었기 때문이다. 모든 권력관계에는 눈에 보이지 않는 '기브앤테이크(give & take)'가 존재하기 마련이다. 절대왕정 체제에서도 백성의 충성에 대한 대가로 왕은 백성을 지키고 먹여 살릴 책임을 져야 했다. 만약 지배자가 군림하기만 하고 책임을 지지 않으려 한다면 피지배자는 그곳을 떠나거나 혁명을 도모할 가능성이 높다. 역사적으로 태평성대한 나라는 권력관계에서 기브앤테이크가 잘 지켜진 상태였다.

조직도 이와 마찬가지다. 조직은 구성원들에게 충성을 요구하지만, 이는 한편으로는 조직이 구성원을 끝까지 책임진다는 전제가 있어야 제대로 작동하는 메커니즘이다. 7~80년대 고도성장기에는 '평생직장'이라는 말이 유행하던 시절이 있었다. 학교를 졸업하고 사회생활을 시작한 샐러리맨은 처음 들어간 직장을 자신의 운명이라 생각하고 그곳에서 평생을 보낸다. 첫 직장과 '결혼(?)'하여 그곳을 중심으로 자신의 인생을 설계했다. 엔간해서는 '이혼'을 생각하는 경우는 드물었다. 대체로 '한 번 해병은 영원한 해병'이라는 해병대 정신을 조직생활에서도 내면화하며 살았다. 조직 또한 한 번 인연을 맺은 구성원을 끝까지 책임지려 했다. 간혹 능력이 다소 부족한 구성원이 있더라도 중간에 내치지 않고 끝까지 보듬고 갔다. 왜냐? 식구이고 가족이기 때문이다(가족끼리 능력이 부족하다고 내쫓는 일은 좀처럼 없지 않던가!). 이러한 관계에서는 구성원이 조직에 충성하는 것이 당연시되었다. 직장상사의 말에 따르는 것도 매우 자연스러운 일이다. 상사는 곧 하늘이며, 군사부(君師父)와 같은 지위이기 때문이다. 군사부-직장상사 일체(一體)!

하지만 이러한 관념도 뉴노멀이 되면서 바뀌기 시작했다. 고도성장기가 마무리되고 저성장기로 접어들면서 조직도 미래를 기약할 수 없는 상황에 내몰렸다. 지속적인 성과를 내지 못하는 조직은 평생직장 기조를 이어가지 못했다. 조직이 생존하기 위해서는 구조조정을 단행해야만 했고, 그 결과 성과를 내지 못하거나 역량이 부족한 구성원을 강제 퇴출시키는 조치를 시행하기에 이르렀다. 평생직장이란 말이 사라졌고 조직이 구성원을 끝까지 책임진다는 믿음이 내팽개쳐졌다. 그 결과 구성원들도 태도를 바꾸기 시작했다. 조직이 자신을 끝까지 지켜주지 않는데 굳이 자기만 충성을 다할 이유가 없기 때문이다. 장기적인 믿음이나 신뢰가 사라진 자리에는 즉각적이고 일회적인 거래 관계만 남았다. 이제 리더가 구성원에게 영향력을 발휘하려면 당장 눈을 끌 만한 당근을 제시해야만 한다. 과거처럼 "우리가 남이가!"하며 감정에 호소해 봐야 소용없게 되었다. 이처럼 조직이 개인을 지켜주지 않는다는 생각이 일반화되면서 자연스레 리더십에도 위기가 찾아왔다.

| 안티 꼰대!

신조어 "Latte is horse"라는 표현이 있다. 직역하면 '라떼는 말이야'라는 의미로, 의역하면 '나 때는 말이야'라는 뜻이다. 소위 '꼰대'들이 자주 사용하는 말을 대표하는 표현이다. 꼰대란 늙은이를 지칭하는 은어로 자신의 나이나 가치관에 기초하여 자기보다 어린 사람을 계도·훈계·강요하려는 사람을 말한다. 꼰대는 자신의 경험과 가치관을 기준으로 세상을 평가하고, 다른 사람도 그 기준을 따라야 한다고 요구한다. 그래서 사람들에게 "나 때는 말이야……"하며 자신의 과거를 마치 표준인 양 내세우면서 상대방을 훈계하고 강요하려 든다.

사람은 누구나 나이가 들면 '꼰대화'가 진행되기 마련이다. 기존의 신념이나 가치관을 폐기하고 매번 새로운 것으로 갱신하는 것은 결코 쉬운 일이 아니며, 심지어 매우 피곤한 일이기 때문이다. 조직에서 꼰대 상사를 발견하는 것은 해수욕장에서 모래를 찾는 것만큼 쉽다. 나이와 경륜이 오래된 상사는 신입 직원에게 자신의 경험이나 노하우를 알려주고 싶어한다. 그래서 자신도 모르게 "나 때는 말이야……"라는 표현을 남발하게 된다. 하지만 그러한 말을 자주 할수록 효과는 없어지고 부작용만 커진다. 젊은이들은 꼰대의 말을 태생적으로 싫어하기 때문이다.

어른들의 꼰대화가 별문제 되지 않던 시절도 있었다. 과거 세상의 변화가 거의 없던 시절에는 아랫사람들이 윗사람의 경험이나 노하우가 필요하다고 여겼기 때문이다. 그때는 어른들이 소위 '꼰대짓'을 하더라도 별 거부반응 없이 받아들였다. 꼰대 행위는 마음에 들지 않더라도 어른들의 연륜이 녹아든 경험이나 노하우는 젊은이들이 살아가는 데 유용한 도움이 되었기 때문이다. 하지만 오늘날 꼰대는 아랫사람들에게 환영받지 못하게 되었다. 세상이 변하면 요구되는 역량이나 기준도 바뀌게 되는데, 과거와 달리 엄청난 속도로 변하는 요즘 세상은 과거의 경험이나 노하우를 무용지물로 만들어버렸다. 오랜 연륜에서 나오는 어른들의 경험과 노하우가 달라진 환경에서 더 이상 통하지 않는 경우가 많아졌기 때문이다. 그 결과, 오늘날 꼰대가 사용하는 '라떼는 말이야'는 실제적이지도 유용하지도 않은 표현으로 전락하고 말았다. 현재에 적응하지 못한 꼰대가 '아, 옛날이여'를 부르짖으며 과거를 회상하는 몸짓에 불과해졌다. 그러는 사이 조직에는 안티 꼰대 문화가 생겨났고, '라떼는 말이야'를 되풀이하는 꼰대는 점점 설 자리가 없어지고 말았다.

이처럼 권위의 종말, 정보민주화, 위계구조의 붕괴, 조직이 개인을 지켜주지 않는다는 생각, 안티 꼰대 문화 등이 서로 맞물리고 상승작용을 하면서 리더십 위기는 점점 가속화되고 있다. 그 결과 대부분의 리더는 심각한 리더십 위기에 빠지게 되었다. 이러한 상황은 리더 자신의 잘못 때문만이 아니다. 바뀐 환경이 리더로 하여금 '시험에 들게' 했기 때문이다. 하지만 여전히 문제를 해결해야 할 책임은 리더의 몫이다. 리더는 상황이나 이유 불문하고 조직을 잘 이끌어 성과를 내야 하는 운명이기 때문이다. 뉴노멀로 인해 리더십 위기가 찾아왔다 하더라도 변화하는 환경에 맞는 새로운 리더십을 정립해야 하는 것은 여전히 리더의 책임이다. 결국 뉴노멀 시대의 리더에게는 새로운 과제가 하나 더 주어진 셈이다. 뉴노멀로 인해 위기에 빠진 '리더십 구하기'가 그것이다.

5장

뉴노멀 팀장을 위한 마인드 혁명

방하착 정신, 내려놓고 또 내려놓는 힘

《편집광만이 살아남는다(Only the Paranoid Survive)》를 쓴 전 인텔(Intel) 회장 앤디 그로브(Andy Grove)는 환경변화가 극심한 오늘날에는 아무리 잘나가는 기업도 하루아침에 평범한 기업으로 전락할 수 있다고 경고한 바 있다. 아닌 게 아니라 경영의 역사를 돌아보면 각 분야에서 시대를 풍미했던 기업들이 급격한 환경변화로 인해 일순간에 무대 뒤로 사라졌던 경우를 심심찮게 발견하게 된다. 환경변화가 일으킨 큰 파도가 거대한 배들마저 집어삼켰기 때문이다. 한때 잘나갔던 그들이 침몰을 피하지 못한 이유는 게으르거나 어리석었기 때문이 아니다. 과거의 성공 방식을 버리지 못하고 고집하다가 화를 입은 것이다. 과거에 성공을 가져주었던 방식이 변화한 환경에서는 오히려 독으로 작용한 것이다.

영국의 역사학자 아놀드 토인비는 이 같은 현상을 '휴브리스(hubris)'라는 개념으로 설명했다. 휴브리스란 '지나친 자신, 오만, 오만에서 생기는 폭력'을 뜻하는 그리스어 '히브리스(hybris)'에서 유래한 것으로, 과거에 성공을 경험한 사람이 자신의 능력과 방법을 우상화함으로써 오류에 빠지게 된다는 뜻의 역사학적 용어다. 휴브리스는 잘나가던 기업이 하루아침에 사라지는 현상을 이해하는 데 도움이 된다. 각 분야에서 내로라하는 기업들은 과거 자신들의 성공 방식을 고집하는 경향이 있는데, 환경이 급변하는 시기에는 이것이 외려 자신들의 발목을 잡는 요인이 되기도 한다.

앤디 그로브는 휴브리스가 작용하는 시기, 즉 과거의 성공방식이 더 이상 통용되지 않는 급격한 변화 지점을 '전략적 변곡점(strategic inflection point)'이라 불렀다. 변곡점이란 수학의 2차 미분계수에서 곡선의 휘는 정도가 바뀌는 지점, 즉 오목에서 볼록으로 바뀌는 혹은 그 반대의 경우를 가리킨다. 기업 경영에서는 급격한 변화로 인해 기존 전략이 해체되고 새로운 전략이 등장하는 시기로 모든 구조나 질서가 재편되어 새로운 균형이 등장하는 지점을 말한다. 말하자면, 급격한 변화로 인해 기존 패러다임이 사라지고 새로운 질서가 형성되는 시기가 바로 전략적 변곡점이다.

전략적 변곡점은 위기이면서 동시에 기회이다. 기존 질서에서 기득권을 누리던 대상에게는 위기이지만 새로운 변화 속에서 기회를 잡고자 하는 자에게는 둘도 없는 기회가 될 수 있다. 전략적 변곡점이 등장하는 시기에 과거의 영광에 취해 휴브리스를 고집한다면 아무리 잘나가는 기업도 평범해지거나 몰락의 길로 접어들게 된다. 반면, 혼돈의 시기에 변화에 잘 대응하여 기회를 포착한다면 누군가에게는 새로운 터닝포인트가 될 수 있다.

오늘날 경영환경은 이미 저성장과 불확실성, 상시 위기가 도래하는 새로운 경제 질서, 즉 뉴노멀 시대에 놓여 있다. 이제 기업들은 종래의 관습이나 경영방식으로는 더 이상 위기극복이 힘든 국면을 맞고 있다. 지금 우리가 맞고 있는 뉴노멀도 앤디 그로브가 말한 전략적 변곡점의 일종이기 때문이다. 전략적 변곡점이 그러하듯이, 뉴노멀 또한 조직 내 권력관계에서 누군가에게는 위기로, 또 다른 이에게는 기회로 작용할 가능성이 높다. 특히 기존 질서 아래서 기득권을 누렸던 경영진이나 리더에게는 위기가 될 가능성이 높다. 뉴노멀로 인해 새로운 균형이 등장하면 얻는 것보다 잃을 것이 많기 때문이다. 그래서 조직의 리더일수록 뉴노멀이라는 전략적 변곡점을 깊이 주시하며 대처해야 한다. 과거의 영광이나 관습에 젖어 변화를 거부하면 뉴노멀이라는 거대한 파도가 집어삼킬 수 있기 때문이다.

불교의 화두(話頭) 중에 '방하착(放下著)'이라는 말이 있다. '내려놓으라'는 의미로, 마음속에 어떤 생각도 지니지 말고 텅 빈 상태를 유지하라는 뜻이다. 중국 당나라 때 엄양(嚴陽)이라는 스님이 조주(趙州) 스님에게 "한 물건도 가지고 있지 않을 때 어떻게 합니

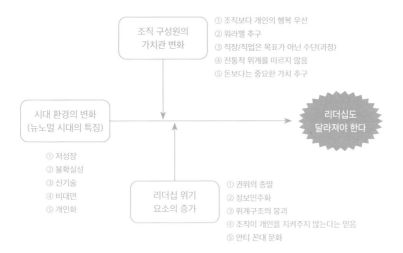

리더십 관점이 달라져야 하는 이유

조직 구성원의
가치관 변화

① 조직보다 개인의 행복 우선
② 워라밸 추구
③ 직장/직업은 목표가 아닌 수단(과정)
④ 전통적 위계를 따르지 않음
⑤ 돈보다는 중요한 가치 추구

시대 환경의 변화
(뉴노멀 시대의 특징)

리더십도
달라져야 한다

① 저성장
② 불확실성
③ 신기술
④ 비대면
⑤ 개인화

리더십 위기
요소의 증가

① 권위의 종말
② 정보민주화
③ 위계구조의 붕괴
④ 조직이 개인을 지켜주지 않는다는 믿음
⑤ 안티 꼰대 문화

까?"하고 물었다. 이에 조주 스님은 "방하착, 내려놓거라"하고
답한 것에서 유래한 말이다. 불교에서는 무엇인가에 집착하여 내
려놓지 못하면 그것 때문에 고통이 찾아온다고 말한다. 이때 집착
의 대상은 물질적인 것에 한정되지 않는다. 마음속에 담아둔 생각
이나 관념 또한 집착이 될 수 있다. 따라서 '방하착'하면, 다시 말
해 완전히 내려놓으면 고통에서 벗어나 자유로워질 수 있다.

　방하착이란 화두는 오늘날 리더가 가져야 할 덕목에 딱 어울린
다. '저성장, 불확실성, 신기술, 비대면, 개인화'를 특징으로 하는
뉴노멀 시대는 과거의 패러다임이 통용되지 않는, 과거와는 전혀
다른 상황이 되었음을 의미한다. 게다가 조직 구성원의 가치관도
과거와는 딴판으로 바뀌었다. 그 결과, 리더의 권위가 구성원에게

통하지 않는 '리더십 위기'가 찾아왔다. 이렇듯 시대와 상황이 변했기 때문에 리더십 또한 변해야 한다. 만약 리더가 과거의 리더십 패러다임을 고집한다면 더 이상 영향력을 발휘하기 어렵고 구성원으로부터 '꼰대' 소리나 듣기 십상이다. 따라서 뉴노멀 시대를 맞은 리더에게는 과거의 패러다임을 내던져 버리는, 소위 '방하착 정신'이 필요하다. 그렇지 않으면 '고통의 바다[苦海]'에 빠져 번뇌와 갈등을 거듭하게 될 것이다.

뉴노멀 팀장을 위한 세 가지 생존 마인드

"새 술은 새 부대에 담아라"는 말처럼, 뉴노멀 시대라는 새로운 환경에서 조직의 리더는 자신의 리더십 관점을 새롭게 바꾸어야 한다. 어떻게 바꾸어야 할까? 리더십이란 조직의 목표를 달성하기 위하여 구성원에게 긍정적인 영향력을 미치는 과정이다. 이를 위해서는 구성원과 신뢰를 바탕으로 효과적으로 영향력을 미칠 수 있는 상호작용 과정이 필요하다. 뉴노멀 시대의 조직 리더는 구성원에게 영향력을 발휘하기 위한 관점과 방식을 바꾸어야하는데, 다음 세 가지 관점을 염두에 두어야 한다.

> **뉴노멀 시대에 리더가 바꾸어야 할 리더십 관점**
> 1. 구성원과의 관계를 근본부터 리셋하라

2. 더 이상 복종은 없다, 자발적으로 따르게 하라

3. 철저히 투명하게, 무엇보다 민첩하게

│ 구성원과의 관계를 근본부터 리셋하라

조직의 힘은 단순히 구성원 개개인의 능력을 합친 결과가 아니다. 개개인의 역량보다는 구성원 간의 단결력이 중요하다. 개개인이 아무리 뛰어나도 상호 결속력이 없다면 오합지졸에 불과한 경우가 많다. 조직이란 특정 목적을 위해 여러 사람이 모인 집단을 말하는데, 이때 멤버들의 결속력이 목표 달성 여부를 좌우한다. 아무리 뛰어난 슈퍼스타가 즐비하더라도 멤버들이 하나로 뭉치지 못한다면 원하는 목표를 달성하기 어렵다. 반면 각 개인은 별힘 없는 조직이라 하더라도 하나로 뭉치면 큰 힘을 발휘할 수 있다. 영화 〈친구〉에서 "함께 있을 때, 우린 아무것도 두려울 것이 없었다"라고 회고한 것처럼.

과거 대부분의 한국 기업이 마치 군대와 같은 조직문화를 추구한 것도 이와 무관하지 않다. 구성원 개개인의 경쟁력이 뛰어나지 않았던 상황에서 한국 기업이 살아남기 위해 선택한 전략은 '조직력'이었다. 월드컵 축구에서 개인기가 부족한 한국팀이 스타플레이어가 즐비한 유럽이나 남미 팀을 상대할 때 조직력으로 승부하듯이 말이다. 생각해보면 달리 선택지가 없었다. 인적자원의 역량도, 기술력도, 자본력도 변변히 갖추지 못했던 후발주자가 선진 기업과 경쟁하기 위해서는 구성원의 강한 결속력을 바탕으로 하나로 똘똘 뭉쳐 싸울 수밖에 달리 도리가 있었겠는가!

"뭉치면 살고 흩어지면 죽는다." 후발주자로 글로벌 경쟁에 뛰어든 한국 기업들이 많이 채택했던 슬로건인데, 구성원 간 강한 결속을 기반으로 한 조직문화를 단적으로 나타낸 표현이다. 지금까지 한국의 많은 기업들은 구성원 간 '강한 연결(strong-tie)'을 강조했다. 이를 바탕으로 가족 같은 조직, 끈끈한 조식문화를 지향해왔다. 하지만 뉴노멀 시대가 되면서 이러한 조직문화는 시대에 맞지 않는 옷이 되어버렸다. 비대면의 일상화로 인해 과거와 같은 강한 연결을 시도하기 어려워졌고, 개인화로 인해 조직 구성원끼리 강하게 연결되는 것을 거부하는 경향도 나타났다. 특히 조직보다는 개인의 행복을 우선하고 워라밸을 중시하는 가치관으로 인해 직장에서 "우리가 남이가!"를 외치는 것은 어색한 풍경이 되어버렸다. 요컨대, 뉴노멀 시대가 되면서 구성원과의 관계를 새롭게 정립할 시점이 된 것이다.

뉴노멀 시대에는 구성원 간 관계를 어떻게 정립해야 할까? 대략 다음 세 가지 관점을 염두에 두면 좋겠다. **첫째, 강한 연결보다 약한 연결(weak-tie)를 지향해야 한다.** 과거 고도성장기에는 구성원들의 관계가 끈끈할수록 강한 조직력을 발휘할 수 있다고 믿었다. 하지만 뉴노멀이 되면서 조직 구성원들은 강한 연결보다는 약한 연결을 선호하게 되었다. 강한 연결을 대표하는 '가족 같은 동료'

는 상사에게는 좋은 일일지 모르겠으나 부하직원에게는 또 다른 구속의 표현일 뿐이다. 오늘날 젊은 세대 직장인은 자신의 지위나 경험, 나이 등을 앞세워 직장생활뿐만 아니라 사생활에까지 조언과 충고를 일삼는 꼰대 상사를 가족처럼 대하고 싶은 마음이 추호도 없다. 직장동료는 직장동료로 그쳐야지 더 가까워지는 것은 원치 않는다. 상사는 남일 뿐 결코 가족이 될 수 없다.

강한 연결은 주로 약자들이 취하는 전략이다. 강자는 굳이 다른 사람과 단결할 필요성을 느끼지 않는다. 혼자서도 충분히 잘할 수 있기 때문이다. 1800년대 중반 마르크스와 엥겔스가 《공산당선언》에서 "만국의 노동자여, 단결하라!" 하며 노동자의 단결을 강조했는데, 이는 무산계급인 프롤레타리아가 자본가에 비해 약자였기 때문이다. 결국 "뭉치면 살고 흩어지면 죽는다"는 말도 약자의 구호다. 따라서 스스로 약자가 아니라고 생각하는 자에게는 호소력이 적을 수밖에 없다. 7~80년대 고도성장기의 한국 기업과 구성원들은 대체로 약자였다. 자본도 기술도 빈약했고, 그 결과 경쟁력도 없었다. 그래서 그들은 똘똘 뭉칠 수밖에 없었다. 혼자는 약했지만 함께 힘을 합치면 그나마 해볼 만했다.

하지만 2000년대에 들어서면서 상황이 달라졌다. 한국 기업은 이제 세계 무대에서 더 이상 약자가 아니었다. 각 분야에서 세계 최고 반열에 올랐거나 최고와 당당히 경쟁하는 위치가 되었다. 이에 따라 기업들도 최고를 뒤쫓아가던 시절의 '패스트팔로워(fast follower) 전략'을 버리고 당당히 시장을 선도하는 '퍼스트무버

(first mover) 전략'을 취하기 시작했다. 구성원의 생각도 바뀌었다. 요즘 젊은 세대에게는 기성세대가 가진 열등감을 찾아보기 어렵다. 그들은 한 번도 스스로를 후발주자, 혹은 약자라고 생각한 적이 없다. "만국의 노동자여, 단결하라"는 약자의 구호는 이제 공감을 얻지 못하게 되었다. 그들은 기성세대가 "우리가 남이가!" 하고 외쳐도 왜 그래야 하는지 이해하지 못한다. 굳이 다른 사람과 힘을 합칠 필요성을 느끼지 못하기 때문이다. 그 결과, 조직 구성원끼리는 강하게 결속되어야 한다는 생각은 과거의 유물이 되고 말았다. 이제 리더는 구성원들과 강한 연결보다는 약한 연결을 유지한 상태에서 상호작용하는 방법을 고민해야 한다.

둘째, 집단(group)보다는 커뮤니티(community) 관계로 나아가야 한다. 과거 고도성장기 조직에서는 강한 연결을 기반으로 모두가 동일한 생각과 가치관을 가진 '집단'을 만들려고 노력했다. 집단이 추구하는 가치나 방향을 최우선으로 고려하고 이와 반대되는 생각이나 행동은 배척했다. 집단이 추구하는 방향에 맞게 모두가 동일한 생각과 일치된 행동을 하는 것이 목표 달성에 유리했기 때문이다. 하지만 뉴노멀 시대가 되면서 집단적 사고 또한 환영받지 못하게 되었다. 이제 사람들은 집단에 속해 있지만 자유로운 사고나 생각의 주체가 되기를 원한다. 따라서 단체의 성격도 그룹에서 '커뮤니티'로 바뀌기 시작했다. 커뮤니티는 개인의 필요에 따라 자유롭게 가입할 수 있고, 그 속에서 자유롭게 의견 개진이 가능하며, 가입과 탈퇴가 자유로운 새로운 공동체를 말한다. 한 마디로 자유로운 개인들이 모인 열린 소통의 공간인 셈이다.

강한 연결을 기반으로 한 집단적 조직문화에 익숙한 기성세대에게는 개인의 자유가 한껏 보장되는 커뮤니티 조직이 마치 '당나라 군대'처럼 보일 수 있다. 하지만 커뮤니티 조직은 절대 오합지졸 당나라 군대가 아니다. 그 속에도 엄연히 지켜야 할 규칙이 있고, 따라야 할 질서가 있다. 다만 집단 조직보다는 더 민주적인 절차와 통제가 있을 뿐이다. 따라서 리더는 커뮤니티 조직이 가진 특징인 열린 소통과 민주적 통제에 익숙해져야 한다. 그래야만 구성원과 원활한 상호작용을 할 수 있다.

셋째, 조직에 대한 '적정 로열티'를 요구해야 한다. 과거 고도성장기에는 조직이 개인에게 충성을 요구하는 것이 당연시되었다. 조직이 개인에게 경제적 기반과 성취 기회를 제공하고, 구성원 개개인을 끝까지 책임졌기 때문이다. 그 결과, 리더도 구성원에게 조직에 대한 충성(로열티)을 강조했고, 구성원은 무슨 일이 있더라도 조직에 대한 로열티를 끝까지 지켜야 했다. 마치 왕조시대에 백성이 국왕에게 충성하듯이, 조직 구성원은 조직과 상사에게 충성을 다해야 했다. 그렇지 못하면 조직에 대한 '배반'이자 리더에 대한 '배신'이었다. 조직은 구성원을 끝까지 책임져야 했고, 구성원은 조직에 충성을 다해야 했다.

하지만 저성장기로 접어들면서 이러한 도식이 설득력을 잃기 시작했다. 극한의 경쟁에 내몰린 조직은 이제 구성원 전체를 끝까지 책임지기 어려워졌다. 조직이 살아남기 위해서는 소위 '밥값'

을 하지 못하는 구성원을 퇴출시켜야만 했다. 이에 구성원들은 반발하기 시작했다. 이제 구성원들은 조직에 대한 무한 충성을 거두어들였다. 어쩌면 이는 매우 자연스러운 반응인지 모른다. 구성원에 대한 책임과 조직에 대한 충성이 교환되던 상황에서 한쪽이 철회하면 반대쪽도 손을 빼는 것이 지극히 당연한 일이다. 이제 조직의 리더는 구성원들에게 무한 충성을 요구하기 어려워졌다. 그렇다고 조직 구성원이 자신이 몸담은 조직에 아무런 관심이나 애착을 갖지 않는다는 것은 결코 바람직한 일이 아니다.

이제 리더는 구성원에게 조직에 대한 충성을 요청하되 합리적인 수준으로 요구해야 한다. 과거와 같은 무한 충성이 아니라 적정 로열티를 요구해야 한다. 그럼, 어느 정도가 적정한 수준일까? 여기에 대해서는 정답이 없다. 구성원에게 조직에 대한 로열티를 요구했을 때 거부감 없이 받아들일 수 있는 최고 수준이 상한선이다. 결국 리더는 조직에 대한 충성을 요구하되 구성원들이 받아들일 수 있는 수준으로 해야 한다. 그렇지 않으면 조직 관점에서만 생각하는 조직지향적 리더라는 인식을 심어주어 부하직원과 좋은 관계를 유지하기 어려워진다.

| 더 이상 복종은 없다, 자발적으로 따르게 하라

뉴노멀 시대의 리더는 부하직원에게 리더십을 발휘할 때 '어떻게 복종케 할 것인가'보다는 '어떻게 자발적으로 따르게 할 수 있는가'를 고민해야 한다. 반복하는 말이지만, 리더십은 조직의 목표를 달성하기 위해 부하직원에게 영향력을 발휘하는 과정이다. 결국 리더십은 '목표 달성'이라는 결과를 위해 '영향력 발휘'라는 수단을 사용하는 활동이다. 좋은 결과를 얻기 위해서는 효과적인 수단을 사용해야 한다. 이때 어떤 수단을 사용해야 부하직원에게 효과적으로 영향력을 발휘할 수 있는지가 중요한 관건이다.

부하직원을 효과적으로 움직이기 위해서는 어떤 수단을 사용해야 할까? 리더십 이론들을 자세히 들여다보면, 각각의 이론이 '어떠한 영향력 수단이 보다 효과적인가'에 대한 관점의 차이에서 기인했음을 알 수 있다. 예컨대 춘추전국시대에도 리더십 이론에 대한 사상 대립이 극명하게 갈렸다. 알다시피 춘추전국시대에는 제자백가(諸子百家)라 불리는 일단의 사상가 집단이 여러 군주를 찾아다니며 자신들의 통치철학을 기반으로 국가를 운영할 것을 조언했는데, 이 모습은 제자백가가 군주들에게 리더십 이론을 '세일즈(?)'하는 상황이라 할 수 있다(역사에서는 이를 유세遊說라 부른다). 이때 군주가 어떤 리더십 이론을 기반으로 통치할지를 결정하는 것은 국가의 명운이 걸린 매우 중요한 문제였다.

당시 군주들에게 가장 각광받았던 리더십 이론 문파는 유가(儒家)와 법가(法家)였다. 역사에서는 이들의 사상적 대립을 '예법투쟁(禮法鬪爭)'이라 부를 정도다. 공자(孔子)와 맹자(孟子)로 대표되는 유가에서는 백성을 덕과 예로써 다스리는 것이 좋다는 이른바 '덕치(德治)'를 주장했다. 반면, 한비자(韓非子)와 상앙(商鞅) 등이 주축이 된 법가에서는 철저한 법규를 바탕으로 엄격한 상벌로써 다스려야 한다는 '법치(法治)'를 주장했다. 덕치가 예와 덕으로 다스림으로써 백성들이 '스스로 따르게 만들라'는 주장이라면, 법치는 엄격한 상벌을 적용함으로써 '복종하게 만들라'는 주장이라 할 수 있다. 그렇다면 법치와 덕치 중 어떤 것이 더 효과적일까? 이 문제는 수천 년이 지난 오늘날까지도 여전히 논쟁 중에 있다.

현대에도 리더십 관점에 대한 논쟁이 여전한데, 그럼에도 약간의 경향성은 나타나고 있다. 최근 경영학 연구를 살펴보면 영향력 발휘 수단에 따른 리더십 이론의 변화에 큰 흐름이 포착되는데, 바로 '거래적 리더십'에서 '변혁적 리더십'으로의 이동이다. 거래적 리더십(transactional leadership)은 상사가 거래적 수단을 활용하여 부하직원에게 영향력을 미치는 방식이다. 거래적 리더십을 사용하는 리더는 주로 '수반적 보상'과 '예외에 의한 관리'라는 수단으로 영향력을 발휘한다. 수반적 보상(contingent rewards)이란 부하의 노력이나 기여에 당근을 제시하는 방법을 말하며, 예외에 의한 관리(management-by-exception)는 부하의 노력이나 기여에 대한 보답으로 벌칙을 없애주는 방법을 말한다. 말하자면 당근과 채찍을 통해 부하직원에게 영향력을 발휘하는 것인데, 전자가 당근이라면 후자는 채찍을 의미한다.

변혁적 리더십(transformational leadership)은 영향력을 발휘할 때

거래저 수단이 아닌 변혁적 수단을 사용하는 방식이다. 변혁적 리더의 영향력 발휘 수단에는 크게 세 가지가 있는데 '카리스마, 지적 자극, 개별적 배려'다. 여기서 카리스마(charisma)란 부하에게 미래에 대한 비전을 제시하며 도전적인 목표를 세우고, 부하를 그 비전과 목표에 몰입시키는 능력을 말한다. 지적 자극(intellectual stimulation)이란 부하에게 기존의 문제해결 방식에서 벗어나 새롭고 창의적인 방식으로 사고하도록 자극하는 것이며, 개별적 배려(individualized consideration)란 부하에게 개인적 관심을 가지고 배려해주며 성장하도록 도와주는 행위를 말한다. 결국, 변혁적 리더십이란 변혁적 수단(카리스마, 지적 자극, 개별적 배려)을 통해 부하직원이 스스로 열심히 하도록 만드는 리더십 행동을 말한다.

변혁적 리더십과 거래적 리더십 중 뉴노멀 시대에 어울리는 방법은 무엇일까? 변혁적 리더십이다. 조직보다는 개인의 행복을 우선하고, 전통적인 조직위계를 따르지 않는 뉴노멀 시대의 구성원에게 당근과 채찍 등 거래적 수단만으로는 그들을 자극하고 동기부여하는 데 한계가 있다. 워라밸을 추구하고 돈보다는 다른 가치를 중시하는 젊은 세대에게는 카리스마를 통해 개인의 꿈과 행복을 추구하게 만들고, 지적 자극을 통해 창의성을 자극하고, 개별적 배려를 통해 개인의 성장을 돕는 것이 보다 효과적이다. 뉴노멀 시대의 구성원들은 통제적인 수단보다는 자율성이 보장된 상태에서, 그리고 관리(management)보다는 스스로 헌신(commitment)할 수 있는 상황에서 더욱 열정과 몰입을 보이는 경향이 있다. 따라서 오늘날 리더는 어떻게 하면 복종하게 만들지보다 어떻게 하면 스스로 따르게 할지를 고민해야 한다.

│ 철저히 투명하게, 무엇보다 민첩하게

폴란드 출신의 사회학자 지그문트 바우만(Zygmunt Bauman)은 전통적인 근대성은 딱딱한 고체로, 현대의 근대성은 '액체 근대(liquid modernity)'로 명명한 바 있다. 액체 근대란 모든 견고한 것들이 녹아버리는 현대의 징후를 의미하는데, 안정적이고 견고한 고체와 달리 가볍고 불안정하고 끊임없이 변화하는 오늘날의 특징을 액체에 비유한 표현이다. 바우만에 따르면, 비교적 안정적이고 예측이나 통제가 가능했던 과거와 달리 오늘날에는 개인의 자아실현이나 일과 공동체라는 삶의 거의 모든 영역이 '액체화'되었다. 경제위기로 시작된 뉴노멀은 전염병 위기로 인해 더욱 유동적이고 예측 불가능한 상황으로 변했다.

이처럼 모든 것이 유동적이고 극도로 불확실한 상황에서 생존과 지속 가능성을 담보할 수 있는 유일한 방법은 '유연성'을 견지하는 것이다. 수시로 바뀌는 환경변화에 맞추어 유연하게 대응하는 능력은 조직의 경영자나 리더에게 반드시 필요한 역량이 되었다. 이제 리더는 조직관리 방식이나 구성원과의 관계에 있어서 유연성을 높일 수 있는 방향으로 마인드를 전환해야 한다. 이를 위해서는 관리나 경영 방식의 투명성을 높일 필요가 있다. 과거 리더들처럼 정보를 독점하고 모든 문제에 일일이 관여하는 것은—리더가 아무리 똑똑하고 능력이 뛰어나다 하더라도—현명한 대처 방식이 될 수 없다. 액체 근대 상황에서는 리더가 아무리 올바른 지시를 내리더라도 타이밍을 놓치거나 실행 과정에서 또 다른 변수가 생길 가능성이 높다. 유동적이고 급변하는 상황에서는 각자가 자기 자리에서 스스로 변화에 대처하는 것이 필요한데, 이를 위해서는 리더가 평소 관리나 경영에 있어 투명성을 높이고 모든 정보를 공유하려는 자세를 가져야 한다.

조직의 민첩성을 높이는 데도 관심을 기울여야 한다. 뉴노멀 시대에는 경영 전반에 민첩성이 요구되기 때문이다. 최근에는 '애자일 조직'이 강조되고 있는데, 여기서 애자일(agile)이란 '민첩한, 기민한'이라는 뜻으로 외부의 환경변화에 민첩하고 기민하게 대응하는 조직 체제를 말한다. 애자일 조직의 가장 큰 장점은 환경변화에 기민하게 대응하여 빠른 성과를 이끌어내는 것이다. 이를 위해서는 개인 및 부서 간 경계를 허물고 필요에 따라 소규모 팀이 효과적으로 대응할 수 있는 조직문화를 갖추는 것이 필요하다. 환경변화에 민첩하게 대응하기 위해서는 전통적인 피라미드 조직보다는 수평적인 조직 구조에서 서로 열린 소통을 하면서 구성원의 참여와 몰입을 이끌어내야 하는데, 이 또한 하드웨어적 측면보다는 리더의 소프트 역량이 결정적인 작용을 한다. 리더는 관리의 포인트를 톱다운(top-down)이 아닌 멤버들의 참여와 몰입을 이끌 수 있는 보텀업(bottom-up) 방식으로 전환하고 구성원들과 열린 소통을 할 수 있는 유연성을 갖추어야 한다.

이를 위해 전제해야 할 것이 있다. 그것은 바로 리더 자신의 윤리적 수준을 높이고 솔선수범을 실천하는 일이다. 투명성과 민첩성은 부하직원의 신뢰 없이는 작동하기 어렵다. 관리의 투명성이 없으면 구성원들이 열린 소통을 할 리가 없고, 변화에도 민감하게 반응하지 않을 것이기 때문이다. 먼저 리더가 어떠한 경우에도 윤리적으로 행동하고, 이렇고 힘든 일에 먼저 나서서 모범을 보이는 솔선수범의 자세를 견지해야만 구성원들이 마음을 열고 신뢰를 보낼 것이다. 결국 조직의 민첩성은 리더에 대한 구성원들의 신뢰 정도에 달렸다고 해도 과언이 아니다. 리더에 대한 신뢰성이 액체 근대에 대처하는 가장 효과적인 대비책이라 하겠다.

요약해보자. 뉴노멀 시대를 맞이한 리더는 이제 리더십의 관점을 완전히 바꾸어야 한다. 어떻게 바꾸어야 하는가? 무엇보다 구성원과의 관계를 근본부터 새롭게 설정해야 한다. 강한 결속에서 약한 결속으로, 경직된 집단보다는 자유로운 커뮤니티로, 그리고 조직에 대한 적정 로열티를 요구하는 방식으로 변해야 한다. 아울러 부하직원을 복종하게 만드는 거래적 리더십보다는 스스로 따르게 만드는 변혁적 리더십으로 전환해야 한다. 또한 변화하는 환경에 유연하게 대처하기 위해 조직관리의 투명성과 민첩성을 높여야 한다. 이를 위해서는 리더가 자신의 윤리적 수준을 높이고 솔선수범하는 자세를 보여야 한다. 결국 뉴노멀의 파도를 효과적으로 넘고 살아남기 위해서는 리더가 새로운 리더십이라는 무기로 재무장해야 한다.

2부

LEADERSHIP

뉴노멀을 대하는 팀장의
혁명적 태도 1 :

인간관계를 위한 새로운 표준

REVOLUTION

6장

동기부여 :
올드노멀 리더는 아직도 연봉으로만 유혹한다

물질적 보상에도 시큰둥한 이상한 나라의 MZ세대들

최근 들어 김 팀장은 황당한 경험을 했다. 팀원인 박 대리에게 솔깃한 제안을 했는데, 정작 당사자는 시큰둥한 반응을 보인 것이다. 사연은 이렇다.

그동안 회사에서 캐시카우(cash-cow) 역할을 하던 가전사업부가 경쟁 심화로 인해 실적이 악화되고 있는 상황이다. 이에 최고경영진은 회사 내 능력자들을 선발하여 일명 '어벤져스팀'을 만들고, 사업구조를 획기적으로 개선할 수 있는 턴어라운드(turnaround) 전략을 수립하여 강력하게 실행하라고 지시했다. 이번에 발족되는 어벤져스팀은 회사 사업 부문의 구조조정은 물론 리스트럭처링과 리엔지니어링 등의 혁신 활동을 통해 회사의 체질을 고부가가치 사업으로 바꾸는 중요한 역할을 수행하게 된다. 따라서 어벤져스팀의 멤버가 된다는 것은 최고경영진의 눈에 띄는 것은 물론 조직의 핵심 인재로 인정받는 계기가 되어 승진과 보상에서 유리한 위치에 서게 된다는 뜻이었다.

인력 선발을 의뢰받은 김 팀장은 고민 끝에 박 대리를 추천하기로 마음먹었다. 그는 명문대 출신으로 머리가 좋고 각종 IT 기기를 능수능란하게 다룰 줄 아는 등 전반적인 업무 추진력이 뛰어났기 때문이다. 물론 박 대리를 추천할 경우 직급이 높은 팀 내 선배들의 질투 어린 시선이 예상되기도 하지만 객관적인 능력이나 잠재력 측면에서 박 대리가 적임자라고 생각했다. 그런데 박 대리는 김 팀장의 추천 의사에 전혀 뜻밖의 반응을 보였다.

[박 대리] 제가 왜 굳이 어벤져스팀에 가야 하는지 도무지 알 수가 없습니다. 저는 그냥 지금 역할에 만족하고 있습니다.

[김 팀장] 박 대리가 잘 몰라서 그러나 본데, 어벤져스팀에 가면 업무는 조금 고되겠지만 앞으로 특별 승진이나 고액 연봉 등 엄청난 인센티브가 주어질 거야.

[박 대리] 그럴 수도 있겠지만, 저는 빨리 승진하는 것도 돈을 많이 받는 것도 별로 바라지 않습니다. 차라리 그런 걸 원하

는 다른 사람을 추천하는 게 좋지 않을까요?

[김 팀장] …….

좋은 기회를 줘서 고맙다는 대답을 예상했던 김 팀장은 아연실색하지 않을 수 없었다. 어떻게 특별 승진이나 고액 연봉을 마다하는 샐러리맨이 있을 수 있단 말인가? 이런 생각과 함께 김 팀장은 근본적인 질문을 던지게 되었다. 박 대리와 같은 신세대 직장인은 왜 돈이나 승진 같은 물질적 보상에 반응하지 않는 것일까? 오늘날 젊은 세대 직장인들을 동기부여하기 위해서는 어떻게 해야 하는 것일까?

동기부여(動機附興, motivation)란 사람을 움직이도록 자극하는 행위를 말한다. 사람은 기본적으로 자유의지를 지녔다. 따라서 누가 시킨다고 그대로 행동하지 않는다. 무언가 끌리는 게 있어야 움직인다. 즉 사람은 무엇인가에 욕구를 느껴야 행동하려는 동기 즉 동인(動因)이 생기는데, 이렇게 욕구를 자극함으로써 동인을 촉발시키는 행위가 바로 '동기부여'다. 따라서 누군가를 자신의 뜻대로 움직이려면 동기부여를 잘해야 한다. 예컨대, 부모는 자식이 공부를 열심히 하기를 바라지만 자녀는 게임을 원한다. 자녀는 공부보다는 게임에 더 끌리기 때문이다. 하지만 그린 상황에서도 부모가 동기부여를 잘하면 자녀가 게임을 끊고 책상 앞에 앉게 만들 수 있다.

마찬가지로 조직에서도 리더와 부하직원의 욕구는 서로 어긋나는 경우가 많다. 리더는 부하직원이 근무시간 중에, 때로는 근무시간 외에도 업무에 몰입하기를 바란다. 하지만 부하직원의 욕구는 이와 다르다. 업무는 최소한으로 하고, 나머지 시간은 자유롭기를 바란다. 자유를 갈망하는 부하직원의 욕구를 이해하지 못하는 건 아니지만 조직의 성과를 책임지는 리더로서는 부하직원의 자유를 무한정 허용하거나 방치할 수 없다. 그래서 리더는 부하직원에게 적절한 영향력을 발휘하여 부하의 자유시간은 최소화하고 업무에 몰입하게 만들어야 한다. 그렇지 못하면 성과를 기대하기 어렵다. 따라서 지금은 리더가 부하직원에게 동기부여라는 비기(祕技)를 펼쳐 보여야 할 상황이다.

사람은 무엇에 끌릴까? 사람의 동기를 자극하는 가장 효과적인 수단은 무엇일까? 경영학에서는 동기부여 수단을 크게 두 가지로 구분한다. 동기가 촉발되는 방향에 따라 '내재적 동기부여 수단'과 '외재적 동기부여 수단'으로 나눌 수 있다. 내재적 동기부여 수단이란 행위자의 내면에서 동인이 발생한 것으로 주로 자기만족이나 일에 대한 보람, 결과에 따른 성취감 등이 여기에 해당한다. 외재적 동기부여 수단이란 내재적 수단과 달리 외부의 무언가를 통해 행위자를 움직이게 하는 요인을 말하는데, 직장인의 경우에는 금전적 보상이나 승진, 특전, 리더의 인정과 격려 등이 여기에 해당한다.

내재적 동기부여 수단과 외재적 동기부여 수단 중 효과적인 것은 어느 쪽일까? 여기에는 징답이 없다. 조직 싱황이나 개인의 욕구, 리더의 스타일 등에 따라 반응과 결과가 달라지기 때문이다. 앞의 사례에서 김 팀장은 박 대리에게 승진과 연봉이라는 당근을 제시함으로써 동기를 부여하려 했다. 그러한 동기부여책이 박 대리에게 충분히 통할 것으로 예상했기 때문이다. 하지만 예상은 빗나갔다. 박 대리는 빠른 승진이나 금전적 보상에 끌리지 않았다. 김 팀장은 이해하기 어렵겠지만 "평안 감사도 제 하기 싫으면 그만"이다. 김 팀장은 한마디로 번지수를 잘못 찾은 것이다. 결국 리더는 부하직원에게 영향력을 발휘할 때 상대가 반응을 보일 만한 동기부여 수단을 선택하고, 그것을 시의적절하게 사용해야 한다.

가치관 대혁명 시대, 20세기형 동기부여 방식의 종말

앞서 우리는 뉴노멀 시대가 도래함에 따라 조직 구성원의 가치관이 달라졌다는 사실을 언급한 바 있다. 가치관(價値觀)이란 세상이나 사물의 가치를 평가하는 관점을 뜻하는데, 가치관이 달라졌다는 것은 삶의 우선순위가 변했다는 뜻이다. 뉴노멀 시대를 살아가는 젊은 세대는 기성세대와 삶에서 지향하는 가치의 우선순위가 다르다. 그들은 조직보다 개인의 싱공을 우선시하고, 일보다는 워라벨을 중시하며, 돈보다 더 중요한 가치가 많이 있다고 생각한다. 또 현재의 직장은 인생의 최종 목표가 아니라 수단이며 과정에 불과하다고 생각한다.

구성원의 가치관이 달라졌다는 말은, 달리 말하면 리더의 동기부여 수단에 반응하는 정도가 바뀌었음을 의미한다. 과거 기성세대가 열광적으로 반응했던 동기부여 수단이 더 이상 젊은 세대에게는 통하지 않게 된 것이다. 가령, 6~70년대만 해도 자녀에게 짜장면 한 그릇은 공부에 엄청난 동기부여가 되기도 했다. 하지만 지금은 씨알도 먹히지 않을 것이다. 무릇 시대가 변하면 사람도 변하기 마련이고, 사람이 변하면 사람을 이끄는 방법도 바뀌어야 한다. 뉴노멀 시대에는 달라진 구성원의 가치관으로 인해 동기부여 수단과 방식도 변해야 한다.

사마천의 《사기(史記)》〈화식열전(貨殖列傳)〉에는 이런 이야기가 나온다. "무릇 사람들은 자기보다 열 배 부자에 대해서는 헐뜯지만, 백 배가 되면 두려워하고, 천 배가 되면 그의 일을 해주고, 만 배가 되면 그의 노예가 된다." 사마천이 보기에 이 세상에서 가장 강력한 동기부여 수단은 '돈'이었다. 돈은 사람을 두렵게 만들기도 하고, 하기 싫은 일도 기꺼이 하게 만들며, 심지어 기꺼이 노예가 되게도 한다. 인간은 돈 앞에서는 고분고분해진다. 그만큼 돈의 힘이 막강하다는 소리다.

돈의 영향력에 대해서는 오래전에 마르크스도 인정한 바 있다. 그는 《경제학-철학 수고》에서 이렇게 썼다. "돈은 불가능한 일들을 친숙한 것으로 만들며, 자신과 모순된 것들에게 자신과 입 맞추도록 강요한다." 돈의 힘은 막강하다. 돈은 가치의 우선순위를 뒤바꾸기도 한다. 가령, 셰익스피어의 희곡 〈아테네의 티몬〉에서는 "이것은 늙어 빠진 과부에게 청혼자를 데리고 온다네"라며 노래하는데, 여기서 '이것'이란 금으로 대변되는 돈이다. 결국 현실에서는 돈이 많다면 "늙어 빠진 과부"에게도 청혼자들이 줄을 서게 만들 수 있다. 마르크스의 주장처럼 돈의 힘이 "불가능한 일들을 친숙한 것으로 만들며, 자신과 모순된 것들에게 입맞추도록 강요"하기 때문이다. 이렇듯 여러 고전에서는 돈의 힘을 증명해주고 있다. 현대의 샐러리맨도 돈 앞에서 고분고분해지는 경우가 많다. 두둑한 성과급을 제시하면 야근을 밥 먹듯이 하기도 하고, 꼰대 같은 상사의 갑질을 묵묵히 감내하기도 한다. 심지어 파우스트처럼 악마에게 영혼을 파는 사람도 있을지 모른다. 이렇듯 돈은 강력한 동기부여 수단이다.

하지만 돈의 힘이 막강하다는 여러 고전의 증언도 점점 '옛날 말씀('고전'이란 한자를 글자 그대로 풀면 '옛날古 말씀典'이란 뜻이다)'처럼 변해가고 있다. 요즘 젊은 세대 직장인에게는 돈이 전부가 아니기 때문이다. 그들에게 많은 연봉이나 높은 직급은 인생에서 가장 우선순위가 높은 사안이 아니다. 따라서 그들에게는 돈이 가장 효과적인 동기부여 수단으로 작용하지 않는다. 제니퍼 딜과 알렉 레빈슨의 조사에 따르면, 밀레니얼 세대 중에서 돈 때문에 동기부여 된다고 응답한 비율은 29%에 불과했다(《밀레니얼 세대가 일터에서 원하는 것》에서 재인용). 젊은 세대에게는 연봉이나 승진 등 물질적 보상이 강력한 동기부여 수단이 되지 못했다. 따라서 오늘날 리더는 부하직원을 동기부여할 때 과거와는 다른 방식으로 접근할 필요가 있다.

MZ세대라 불리는 요즘 젊은 세대 구성원들에게 효과적인 동기부여 수단은 무엇일까? 요즘 젊은 세대 부하직원들은 무엇에 반응할까? 엄청난 솔루션을 기대하는 리더에게는 다소 김빠지는 소리일지 모르겠지만, 시대가 변했다고 해서 동기부여 수단이 달라지는 것은 아니다. 인간의 본성이 달라지지 않은 이상 인간 욕구의 근원도 변한 게 없다. 예나 지금이나 인간은 돈이나 권력, 지위 등 물질적 수단에 끌리고, 만족이나 성취감 등 내재적 동기에 의해 움직인다. 리더의 동기부여 수단은 달라지지 않았다. 하지만 수단을 제공하는 방식은 달라져야 한다. 말하자면, 재료는 그대로이지만 요리법은 달라야 한다. 리더는 과거와 비슷한 동기부여 수단을 사용하되 젊은 세대 구성원의 입맛에 맞는 요리법을 새롭게 개발해야 한다.

오늘날 리더가 구성원의 욕구를 자극하여 행동하게 만들기 위해서는 동기부여의 관점을 바꾸어야 하는데, 외재적 수단보다는 내재적 동기부여 수단에 주안점을 두어야 한다. 반복하는 말이지만, 뉴노멀이 되면서 구성원의 가치관이 달라졌다. 조직보다는 개인의 행복을 추구하고, 돈보다 중요한 가치가 많다고 생각하는 젊은 세대 직장인에게는 더 이상 물질적 보상 위주의 외재적 동기부여 수단으로는 한계가 있다. 낚시에 비유하면, 연봉이나 승진 등의 물질적 보상이라는 미끼에는 젊은 세대 구성원들이 더 이상 입질을 하지 않는다.

밀레니얼 세대의 특성을 연구한 제니퍼 딜과 알렉 레빈슨은 이렇게 주장하였다. "밀레니얼 세대는 내적으로 동기부여되는 정도가 매우 높은 사람들이다. 즉 자신이 생각하기에 흥미 있고 가치 있다고 생각되는 일을 하고 싶어한다는 뜻이다. 이 기준을 만족시키지 못하는 일은 동기 수준을 낮추는 변인이 될 수 있다." 그들의 연구에 따르면, 밀레니얼 세대는 물질적 보상보다는 일의 흥미와 가치를 중요하게 생각한다. 이들을 동기부여하는 방식도 외재적 수단보다는 내재적 수단이 보다 효과적이다. 따라서 오늘날 조직의 리더는 어떻게 하면 내재적 동기부여 수단을 효과적으로 사용할지를 고민해야 한다.

시대에 맞게, MZ세대를 동기부여하는 방식

| 보편적 욕망의 종말! 개별 욕구에 맞춤형 자극으로

뉴노멀 시대의 리더가 구성원을 동기부여할 때 가장 먼저 생각해야 할 포인트는 가치관의 변화다. 저성장, 불확실성, 개인화 등을 특징으로 하는 뉴노멀 시대의 직장인들은 과거와는 다른 가치관을 지닌 채 직장생활을 하고 있다. 과거 기성세대는 조직생활을 통해 얻고자 하는 것과 추구하는 바가 대개 비슷했다. 그들은 대체로 경제적 안정과 내 집 마련, 자녀교육과 노후대책 등 물질적 행복을 목적으로 직장생활을 했다. 게다가 대부분 사람들의 목표가 비슷했다. 모두가 경제적 안정을 중심으로 한 정형화된 인생 목표를 추구했다. 따라서 당시 리더들의 동기부여 기술도 비교적 단순했다. 리더는 소위 '당근'만 잘 제시해도 어렵지 않게 구성원의 의욕을 고취시킬 수 있었다.

하지만 뉴노멀 시대 직장인들은 물질적 행복보다는 마음의 여유와 일상의 소소한 행복을 추구하려는 경향이 많아졌다. 이는 경제적 궁핍을 모르고 자란 탓도 있겠지만 직장생활만으로는 경제적 성공을 기대하기 힘든 현실적인 요인도 작용했다(억대 연봉을 받아도 월급만으로 서울 강남의 수십 억을 호가하는 아파트를 구입한다는 것은 쉽지 않은 일이다). 게다가 개인차도 심해졌다. 여전히 경제적 안정을 최우선으로 생각하는 이가 있는가 하면, 자아실현에 중점을 두는 이도 있고, 돈과 무관하게 일의 의미와 가치에 매진하는 이도 있다. 한마디로 뉴노멀 직장인들은 서로 다른 목표와 가치, 행복을 추구하는 것으로 변했다.

이러한 변화는 동기부여 방식도 바뀌어야 함을 의미한다. 이제 과거처럼 천편일률적인 동기부여 방법으로는 더 이상 효과를 기대하기 어려워졌다. 따라서 리더가 고려해야 할 점은 '어떤 수단이 동기부여에 효과적일까'가 아니다. '누구에게 어떤 방법이 적절한가'를 고민해야 한다. 즉 개인의 욕구를 살펴서 그에 맞는 맞춤형 동기부여 방법이 필요하다는 뜻이다. 개인화를 특징으로 하는 뉴노멀 시대에 맞게 동기부여 방법도 '개별화'해야 한다.

| 불만족 요인보다 만족 요인에 집중하라

인간의 욕구를 단순하게 둘로 구분하면 다음과 같다. '불만족을 회피하려는 욕구'와 '만족감을 높이려는 욕구'다. 이 둘은 비슷해 보이지만 불만을 없애는 것과 만족을 늘리는 것은 차원이 다른 문제다. 심리학자 프레드릭 허츠버그(Fredrick Herzberg)는 이를 '2요인 이론(dual factor theory)'이라 불렀다. 그에 따르면, 인간의 욕구는 '위생요인(hygiene factor)'과 '동기요인(motivator)'으로 구분되는데, 이 둘은 작용하는 방식과 차원이 달라서 서로 구분하여 관리해야 한다.

불만족 요인인 위생요인은 그것이 충족되지 않으면 불만족이 생성되는 것이다. 가령, 군인에게 제때 식사가 제공되지 않거나 직장인에게 최소한의 의식주도 영위하기 힘든 저임금이 지급되거나 근무환경이 열악하여 사고 발생이 잦거나 하면 불만족이 증가한다. 이러한 위생요인이 그대로 방치되면 구성원들은 불만족이 늘어나서 동기가 저하되고 생산성이 낮아진다. 따라서 리더는 이러한 위생요인을 충족시킴으로써 불만족이 최소화되도록 관리해야 한다. 그런데 위생요인은 그것이 아무리 훌륭하게 제공된다

하더라도 동기를 극대화하는 방향으로는 작용하지 않는다. 가령, 군인에게 하루 한 끼만 제공되면 불만족이 증가하여 전투력이 급격히 하락하지만, 그렇다고 열 끼를 준다고 해서 전투력이 열 배가 되는 것은 아니다. 위생요인인 식사는 정량(定量), 다시 말해 하루 세 끼면 충분하다. 결국, 위생요인은 불만족 상태에서 불만족을 제거하기 위한 처방이다. 그래서 위생요인은 만족감을 높이기 위한 처방은 될 수 없다.

만족감을 높이기 위해서는 동기요인을 자극해야 한다. 동기요인이란 구성원의 내재적 욕구를 자극하여 만족감을 높이는 수단을 말한다. 따라서 동기요인은 위생요인과는 작용하는 차원이 다르다. 예컨대 직장인이 난이도가 높지 않은 업무를 수행할 때 그 일이 자신의 역량 개발에 도움이 되지 않는다는 이유로 불만을 제기하는 경우는 드물다. 반면, 어려운 업무를 수행했는데 그 과정에서 능력이 향상되었다는 느낌이 들면 의욕이 샘솟는 경우는 있다. 이처럼 동기요인은 그것이 제공되지 않더라도 특별히 불만이 생기지는 않지만, 그것이 제공될 경우 만족감이 향상되면서 동기가 고취되는 특성이 있다.

전통적인 동기부여 이론에서는 불만족 상태를 없애주면 만족 상태가 된다고 보았다. 하지만 허츠버그의 이론에 따르면 이는 잘못된 판단이다. 불만족 요인(위생요인)을 충족시키면 단지 '불만족 없음' 상태는 될 수 있으나 만족 상태에 도달하지는 못한다. 만족 상태에 도달하려면 만족 요인(동기요인)을 자극해야 한다. 허츠버

그는 위생요인으로 임금 수준, 작업조건, 회사의 정책과 제도, 업무량, 인간관계나 감독 수준 등을 제시한 반면, 동기요인으로는 승진 기회, 상사·동료의 인정, 책임감·성취감·자긍심·성장 기회 등을 소개했다.

오늘날 뉴노멀 시대 직장인들은 과거보다 위생요인에 대한 욕구는 크지 않다. 주52시간 근로시간제, 직장 내 성희롱 방지법, 괴롭힘 방지법 등 근무조건과 인권을 개선하려는 노력이 범정부 차원에서 진행되고 있으며, 기업 스스로도 선진화된 경영관리 체제를 도입하고 민주화된 조직문화를 만들려는 노력을 기울이기 때문이다. 반면, 경제적 안정보다는 개인의 성장과 행복을 추구하려는 뉴노멀 시대 직장인에게는 동기요인에 대한 갈망이 점점 커지고 있다. 특히 일을 통한 성취와 보람을 추구하고, 직장 경험을 통해 개인의 성장 기회를 마련하는 일은 무엇보다 중요하게 생각한다. 따라서 리더는 구성원을 동기부여할 때 이러한 특성을 잘 활용해야 한다. 요컨대, 뉴노멀 시대의 조직 리더는 불만족 요인(위생요인)에 집중하기보다는 어떻게 하면 구성원의 만족 요인(동기요인)을 고취시킬 수 있을지를 고민해야 한다.

| 구성원 개인의 인생 목표와 연결하라

뉴노멀 시대 직장인들이 현재 직장이나 직업을 인생의 최종 목

표로 삼는 경우는 드물다. 그들에게 현재의 직장이나 직업은 궁극적인 목표를 향해 나아가는 과정일 뿐이다. 과거 기성세대는 인생의 꿈과 목표가 조직 내에 있는 경우가 많았다. 고도성장기에는 '우리 회사에서 사장이 되겠다'거나 '우리 조직에서 정년퇴직을 하겠다'는 꿈을 꾸는 사람이 많았고, 실제 그 꿈을 이루는 경우도 적지 않았다. 하지만 저성장기에 접어든 뉴노멀 직장인들은 더 이상 조직 내에 꿈을 두지 않는다. 현재 조직에서 사장이 되겠다거나 정년퇴직을 하겠다는 목표는 현실적이지 않은 꿈이 되고 말았기 때문이다.

정년은 짧아지고 수명은 늘어나면서 사람들은 자신의 꿈과 목표를 조직 외부에 설정하게 되었다. 그 결과 지금은 '조직의 비전과 개인의 비전을 일치(align)시켜라'는 표현은 사람들의 공감을 얻기가 힘들어졌다. '조직의 성공이 곧 개인의 성공'이라는 말도 구성원의 가슴을 뛰게 만들지 못한다. 뉴노멀 시대 구성원들은 조직 내에서 자신의 비전을 찾지 않으며, 조직과 개인을 동일시하지 않기 때문이다. 요컨대, 오늘날 조직 구성원은 조직을 꿈꾸지 않는다. 한국 사람들이 이제는 '아메리칸 드림'을 꿈꾸지 않듯이, 오늘날 직장인들도 '컴퍼니 드림'을 꿈꾸지 않게 되었다.

따라서 관점의 전환이 필요하다. 과거에는 동기부여의 목적이 결국 '조직을 위해서'였다. 조직의 목표를 달성하고 성과를 높이기 위해서 구성원의 동기를 자극하고 열정과 몰입을 끌어냈다. 하지만 이제 이러한 '조직 관점'은 효력을 발휘하기 어려워졌다. 리더가 조직 관점을 견지한 채 접근하면 구성원들은 리더의 진정성을 의심하게 된다. 뉴노멀 직장인은 조직의 관점과 입장을 우선시하는 논리에 수긍하지 않기 때문이다. 따라서 오늘날 리더는 조직보다는 개인의 관점과 가치를 더 내세워야 한다.

물론 그렇다고 조직 관점을 무시하라는 뜻은 아니다. 리더는 어떤 일이 있어도 조직의 목표와 성과에 책임을 져야 한다. 리더가 곧 조직이다. 리더는 항상 조직의 관점을 생각해야 한다. 하지만 그것은 어디까지나 리더의 입장에 불과하다. 입장이나 지향하는 관점이 다른 구성원을 대할 때는 자신의 관점과 입장을 전면에 내세워서는 곤란하다. 리더가 조직의 관점을 유지한 채 구성원에게 접근하면 동기를 높이기보다는 낮추는 요인이 될 수 있다.

한편, 리더는 조직을 대표하는 사람이기도 하지만 부하직원을 이끄는 사람이기도 하다. 이때 '이끈다' 함은 조직의 목표 달성을 위해 부하직원을 수단으로 활용한다는 의미가 아니다. 정확히는 구성원 개개인의 인생 목표와 행복으로 이끌어준다는 의미가 더 크다. 따라서 리더는 조직의 관점과 개인의 관점을 동시에 가져야 한다. 하지만 뉴노멀 시대가 되면서 조직보다는 개인의 관점에 비중을 좀 더 둬야 한다. 그래야만 구성원이 리더를 신뢰하고 리더의 말을 따르기 때문이다. 따라서 리더는 구성원을 동기부여할 때 개개인의 인생 목표와 연계시키려고 노력해야 한다. 현재의 업무나 활동이 개인의 인생 목표에 어떤 도움이 될 수 있는지를 알려주어야 한다. 눈치 빠른 신세대 직장인들은 자신에게 도움이 된다

싶으면 누구보다 열정적으로 몰입하는 특성이 있다. 요컨대 리더는 조직의 목표만이 아니라 구성원 개인의 성공과 행복에도 관심을 두면서 동기부여를 해야 한다.

지금까지 뉴노멀 시대에 맞는 동기부여 방법에 대해 살펴보았다. 뉴노멀이라는 환경변화로 인해 구성원의 가치관이 달라졌고, 그 결과 과거의 동기부여 방법이 더 이상 통하지 않는 상황이 되었다. 그렇다고 해서 동기부여 수단이 달라진 것은 아니다. 다만 젊은 세대 구성원의 특성에 맞게 접근방식을 바꾸어야 한다. 모든 구성원에게 천편일률적으로 접근할 것이 아니라 개개인의 욕구를 살펴서 맞춤형 동기부여 방법을 사용해야 하며, 위생요인보다는 동기요인을 충족시키는 방안을 고민해야 한다. 아울러 조직이 아닌 개인의 가치에 초점을 맞추고 개개인의 인생 목표와 연계하여 구성원의 욕구를 자극한다면 보다 효과적으로 동기를 고취시킬 수 있을 것이다.

7장

소통 :
언택트의 맛, 피할 수 없으면 즐겨라!

언택트 소통이라는 모순

김 팀장은 평소 대인관계나 커뮤니케이션 기술만큼은 누구에게도 뒤지지 않는다고 자부하고 있었다. 대인 감수성도 풍부하고, 평소 상대방의 입장에서 생각하고 타인의 어려운 처지를 잘 배려해서 선후배 가리지 않고 두루두루 좋은 관계를 맺고 있다. 하지만 최근 들어 자신의 소통 능력에 의구심이 들 때가 있다. 이런 배경에는 대면보다는 비대면 상황에서 소통하는 일이 많아진 탓이 결정적이다.

김 팀장의 부서만 하더라도 요즘에는 전체 구성원이 모이는 대면 회의를 거의 하지 않는다. 대신 카카오톡 채팅방에서 개인 또는 단체로 의견을 교환한다. 가끔은 화상회의를 진행하기도 한다. 이러한 비대면 소통은 김 팀장이 선호하는 방식이 아니다. 하지만 구성원들은 얼굴을 마주 보며 회의를 하거나 업무 지시와 보고를 받는 것은 시간 낭비일 뿐 아니라 비효율적이라고까지 생각한다. 이에 김 팀장도 꼰대 소리를 듣지 않기 위해서라도 비대면 소통 방식을 채택할 수밖에 없었다.

하지만 비대면으로 소통하면서 김 팀장은 답답함을 느낄 때가 많다. 비대면 소통으로는 자신의 지시가 부하직원에게 제대로 전달되었는지 확신하기 어렵고, 상대방의 생각이나 태도를 파악하는 데도 한계가 있기 때문이다. 또 온라인 메신저를 통해 업무 지시를 내려도 아예 확인조차 하지 않는 경우도 생겨났다. 대면 상황이라면 있을 수 없는 일이 언택드(비대면) 상황에서 발생하고 있는 것이다. 말로 전달하면 간단히 끝날 대화도 문자메시지로 전달하려니 여간 번거로운 게 아니다. 문자를 통한 커뮤니케이션은 시간도 오래 걸리고, 하고 싶은 말을 제대로 표현하는 데도 한계가 있고, 맞춤법이나 오탈자도 신경이 쓰였다. 그 결과, 구성원들과의 소통이 예전만 못해지고 인간관계마저 소원해지는 느낌이 든다.

이처럼 소통 방식이 대면에서 비대면으로 바뀌면서 대면 상황에서 김 팀장이 가졌던 강점이 별 쓸모가 없어졌다. 대신 새로운 소통 환경에 적응해야 하는 과제만 고스란히 남게 되었다. 이제 김 팀장은 어떻게 해야 할까? 새로운 비대면 상황에서 소통을 잘하기 위해서는 어떻게 해야 할까?

둘 이상의 사람이 특정한 목표를 달성하기 위해 상호작용하는 과정을 '소통(커뮤니케이션)'이라 부른다. 당연한 말이지만, 조직이 기대한 목표를 달성하기 위해서는 구성원 간 원활한 소통이 필수적이다. 비유하자면 소통은 혈액순환과도 같다. 소통이 잘되는 조직은 혈액순환이 원활하게 잘 되어서 건강하다. 반면, 소통이 잘되지 않으면 막힌 곳이 많아서 곳곳이 아프고 문제가 발생하게 된다. 커뮤니케이션은 '나누다'라는 의미의 라틴어 'communicare'에서 유래했다. 이 말은 원래 신(神)이 자신의 덕(德)을 인간에게 나누어 주거나 어떤 물체의 열이 다른 물체로 전해지는 분여(分與)나 전위(轉位)의 뜻으로 사용되었으나 근래에는 어떤 사실을 타인에게 전하고 알리는 심리적인 전달의 뜻으로 사용되고 있다. 커뮤니케이션의 정의를 '어떤 사실을 타인에게 알리는 심리적인 전달'이라고 할 때, 핵심은 '사실'이 아니라 '심리'라는 단어에 있다. 즉 커뮤니케이션은 사실이나 정보의 전달이 아니라 심리의 전달이 중요하다는 뜻이다.

한국에서는 커뮤니케이션을 보통 '의사소통(意思疏通)'이라고 번역하는데, 이는 커뮤니케이션을 말하는 이의 '의사(意思)' 즉 생각과 뜻을 듣는 이에게 전달하는 행위로 본 것이다. 그런데 사람들은 커뮤니케이션을 할 때 자신의 의사(생각과 뜻)를 온전히 표현하지 않는 경우도 많다. 가령, 데이트를 하다가 밤이 늦어 남성이 여성을 집까지 바래다주었다. 여성은 집 앞에서 돌아가려는 남성에게 이렇게 말했다. "라면 먹고 갈래요?" 이에 남성이 "지금은 배기 불러서 라면은 좀 부담스러운데요"라고 답하면 이렇게 될까? 결과는 굳이 말하지 않아도 뻔하다. 남성은 지금 의사소통에 실패했다. 여성의 "라면 먹고 갈래요?"라는 말은 라면을 먹을지 말지 의견을 묻는 것이 아니기 때문이다. 이처럼 커뮤니케이션에서는 상대가 한 말의 정보가 중요한 것이 아니다. 그 말에 담겨 있는 마음(심리)이 전달되는지가 더 중요하다.

소통(疏通)이란 단어의 의미도 새겨둘 만하다. 소통은 '막힌 것을 트다'는 의미의 '소(疏)'와 '연결하다'는 뜻의 '통(通)'이 결합된 말이다. 결국 소통이란 '막힌 것을 터서 서로 연결한다'는 뜻이다. 따라서 소통이 잘되기 위해서는 두 가지가 필요하다. (1)막힌 것이 없을 것, (2)서로 연결할 것. 중요한 사실은 서로 연결되기 위해서는 먼저 막힌 것이 없어야 한다는 점이다. 즉 '소(疏)'가 '통(通)'의 전제조건이다. 만약 무엇인가 막힌 것이 있는 상태에서는 '통'하려고 시도해도 제대로 연결되지 않는다. 예컨대, 리더와 구성원 사이에 막힌 것이 있는 상태에서는 아무리 연결을 시도해도 뜻대로 되지 않는다. 무엇인가 막힌 것이 있는 상태에서는 자신의 속내를 털어놓거나 진심을 드러내지 않기 때문이다.

앞의 사례에서 김 팀장이 답답함을 토로한 이유도 소통의 문제 때문이다. 대면 상황에서는 의사소통을 잘해왔던 그가 비대면 상

황이 되자 부하직원의 의사를 파악하기도 어렵고 자신의 생각을
제대로 전달하는 데도 애를 먹고 있다. 어쩌면 김 팀장과 구성원
사이에 막힌 것이 있는지도 모른다. 그 결과 그는 부하직원과 마
음을 터놓고 진심을 주고받는 소통을 하고 싶지만 현실은 뜻대로
되지 않았다. 비대면 상황에서 소통을 효과적으로 잘하기 위해서
는 어떻게 해야 할까? 이 과제는 김 팀장만의 문제가 아니다. 비대
면을 특징으로 하는 뉴노멀 시대의 리더 모두에게 주어진 과제다.

피할 수 없는 언택트, 즐겨야 이길 수 있다

　"피할 수 없으면 즐겨라"는 말이 있다. 이 표현은 미국의 심장
전문의 로버트 엘리엇(Robert S. Eliet)이 그의 저서 《스트레스에
서 건강으로 : 마음의 짐을 덜고 건강한 삶을 사는 법(From Stress
to Strength : How to Lighten Your Load and Save Your Life)》에서 처음
한 것으로 알려져 있는데, 자신에게 주어진 상황을 긍정적으로 받
아들여서 삶의 고통을 줄이고, 적극적으로 살라는 인생 지침이다.
하지만 "피할 수 없으면 즐겨라"는 식의 교훈을 전한 사람은 이전
부터 꽤 많았다. 오래된 기원을 살펴보자면 스토아 철학자에게서
도 그 연원을 발견할 수 있다.

　인생을 살다 보면 우리는 원치 않은 현실에 직면할 때가 있다.
가령, 예상치 못한 교통사고로 상해를 입을 수 있고, 연인으로부

터 이별 통보를 받을 수도 있다. 또 생각지도 못한 전염병(예컨대, 2020년 코로나19 사태처럼)으로 인해 실업자가 되거나 사업에 큰 타격을 입을 수도 있다. 이처럼 살면서 불행한 현실과 맞닥뜨릴 때는 어떻게 대처해야 할까? 스토아학파의 대표 철학자인 세네카는 사람들에게 언제든지 좌절감을 주는 현실이 닥칠 수 있다고 경고하였다. "모든 것에 기대를 거는 한편으로 어떤 일이든 닥칠 수 있다고 예측해야 한다." 그의 주장은 그다지 유쾌하지 않지만 세상만사가 뜻대로만 풀리지 않는다는 만고의 통찰을 남기고 있다.

하지만 세네카는 다른 한편으로 나쁜 일의 결과가 우리가 두려워하는 것만큼 나쁘지 않을 수 있다고 덧붙였다. 예컨대, 대한민국 남성들에게 '입영 통지서'는 무엇보다 '나쁜' 것이다(요즘은 다를지 모르지만 예전에는 '입영전야'가 되면 친구들과 모여서 거나하게 술판을 벌이면서 불행을 달랬다. 군 입대는 청춘들에게 가장 큰 불행 중 하나이다). 하지만 막상 군대를 가보면 생각만큼 나쁜 일만 있는 것은 아니다. 지금까지의 삶을 성찰해보고 제대 이후를 새롭게 설계할 수도 있다. 그곳도 사람 사는 곳이라 새로운 친구를 만날 수 있고, 신체를 건강하게 만들 수도 있다. 세네카가 주장했듯이, 군 입대라는 불행의 결과가 실제로는 생각만큼 나쁘지 않을 수 있다.

세네카는 또 "인간이 운명과 죽음 그리고 신을 바꿀 수는 없지만, 이에 대한 인간 스스로의 관점과 태도는 충분히 조정할 수 있으며 그것을 통해 운명과 죽음과 신에게 승리할 수 있다"고 했다. 우리에게는 찾아오는 불행을 막을 만한 힘이 없다. 가혹한 현실

그 자체를 바꿀 힘도 없다. 하지만 현실을 바라보는 자신의 관점과 태도는 바꿀 수 있다. 불행이 닥쳐도 관점과 태도를 조정함으로써 불행에 현명하게 대처할 수 있다는 뜻이다. 결국 우리의 행복과 불행을 결정하는 것은 외부에서 닥쳐온 환경이 아니다. 환경에 대처하는 우리의 자세에 달렸다. 그렇기 때문에 원치 않는 불행을 피할 수 없다면 차라리 즐겨야 한다.

"피할 수 없으면 즐겨라"는 말은 뉴노멀 시대 리더들에게도 피와 살이 되는 교훈이다. 앞에서도 말했지만, 비대면을 특징으로 하는 뉴노멀 시대는 소통에 있어 새로운 과제를 던져주고 있다. 그동안 대면 상황에서 의사소통 기술을 익혀왔던 조직 리더는 전혀 익숙하지 않은 환경에 내던져졌다. 언택트 상황에서 부하직원과 소통해야 하는 강제적인 상황에 내몰린 것이다. 지금 이 사태는 피할 수 없는, 받아들여야만 하는 상황이다. 리더에게는 뉴노멀로 인해 촉발된 비대면 소통 상황을 대면으로 바꾸거나 거부할 힘이 없다. 물이 위에서 아래로 흐르는 것이 자연법칙이듯, 비대면 상황이 늘어나는 것은 정보기술과 디지털 혁명이 만들어낸 새로운 자연법칙에 가깝다. 따라서 리더는 이러한 변화를 단순히 받아들이는 수준을 넘어서 익숙해져야 하고, 차라리 즐길 줄 알아야 한다. 피할 수 없다면 즐겨야 한다.

문제는 비대면 소통이 대면 소통보다 효과가 떨어진다는 데 있다. 왜 그럴까? 그 이유는 의사소통에 있어 메시지(정보)의 내용보다는 시각과 청각 이미지가 더 중요하기 때문이다. 미국의 심리학자 앨버트 메라비언(Albert Mehrabian) 교수의 연구에 따르면, 의사소통 과정에서 상대방으로부터 받는 이미지의 영향력은 표정이나 보디랭귀지 등 시각적 요소가 55%, 목소리 톤과 같은 청각적 요소가 38%인 반면, 말의 내용은 7%에 불과하다(이를 '메라비언의 법칙the law of Mehrabian'이라 부른다). 말하자면, 의사소통에서는 얼굴표정이나 제스처, 목소리 톤 등 비언어적 요소의 영향이 훨씬 크다는 뜻이다. 메라비언의 법칙을 적용하면 비대면 소통이 대면 소통보다 효과가 떨어지는 이유를 쉽게 이해할 수 있다. 비대면 상황에서의 소통은 시각과 청각 이미지를 전달하는 데 한계가 있어 완전한 의사 전달에 실패할 가능성이 높다.

한편, 사람들은 대화 속 언어가 지시하는 대상이나 의미가 명료하다고 생각하지만 현실은 전혀 그렇지 않다. 겉으로의 표현과 그 말이 내포하는 의미가 서로 다른 경우도 많다. 이를 '언어의 이중성'이라 부르는데, 언어에는 '표시적 기능(denotation)'과 '암시적 기능(connotation)'이 동시에 존재한다. 표시적 기능이란 겉으로 드러나는 것으로 주로 해당 언어가 가진 사전적 의미에 해당한다. 암시적 기능이란 그 표현이 내포하는 의미로 이는 상황과 맥락에 따라 달라진다. 가령, "라면 먹고 갈래?"라는 표현도 엄마가 독서실을 가려는 아들에게 말할 때와 밤 늦은 시간에 여성이 남성에게 말할 때 암시하는 바는 서로 다르다. 전자는 표시적 기능과 암시적 기능에 별 차이가 없지만, 후자는 전혀 다르다. 따라서 소통할 때 상대방의 말에서 겉으로 드러나는 표시적 기능에만 주목한다면 제대로 된 소통을 할 수 없다.

우리가 어떤 언어를 제대로 이해하기 위해서는 해당 표현의 사전적 의미를 아는 것만으로는 부족하다. 특히 암시적 의미를 제대로 파악하기 위해서는 그 말이 어떠한 용법이나 용례로 사용되는지에 대해 이해해야 한다(대한민국 사람이라면 "라면 먹고 갈래?"가 함께 있고 싶다는 말을 돌려 말한 거라는 걸 쉽게 이해할 것이다. 2001년에 상영된 영화 〈봄날은 간다〉에서 사용된 후 여러 방송에서 패러디된 적이 있기 때문이다. 하지만 한국말을 처음 배운 외국인이라면 그 말의 암시적 의미를 파악하기가 쉽지 않을 것이다). 즉 해당 표현이 사용된 맥락과 용법을 알아야 제대로 된 의미 파악이 가능하다.

젊은 세대들 사이에 스마트폰을 활용한 문자메시지가 일상화되면서 신조어나 축약어의 사용이 보편화되었다. 그 결과, 새로운 용어들이 계속해서 생겨나고 있다. 심지어 신조어 사전이 등장할 정도다. 하지만 그러한 신조어가 어떤 맥락에서 어떠한 용법으로 사용되는지를 이해하지 못하는 기성세대는 자칫 오해하는 경우도 많다('문상'을 '문화상품권'이 아니라 상갓집에 조문 가는 것으로 이해하거나 슬세권(슬리퍼 차림으로 편의시설 이용이 가능한 주거권), 갑통알(갑자기 통장을 보니 알바를 해야 할 듯), 롬곡옾눞('폭풍눈물'을 180도 뒤집은 단어) 등 쉽게 이해하기 힘든 신조어도 많다). 더구나 스마트폰과 SNS의 활용이 증가하면서 이러한 경향은 점점 강해지고 있어서 기성세대가 이러한 신조어들을 학습하는 것은 더욱 어려워지고 있다.

뉴노멀 시대가 되면서 언택트도 일상화되었다. 이제 리더의 소통 수단과 방식도 달라져야 한다. 물론 비대면 소통은 리더에게 불리한 측면이 있는 것이 사실이다. 그렇다고 비대면 소통을 외면할 수도 없다. 결국 오늘날 리더는 비대면 소통을 활용하면서도 의사소통의 부작용을 최소화하는 방안을 찾아야 한다. 피할 수 없으면 즐겨야 하겠지만 어색한 상태에서 즐길 수는 없다. 먼저 변화를 있는 그대로 받아들이고 익숙해지려고 노력해야 한다. 그러면서 즐길 수 있는 방법도 찾아야 한다. 하늘이 무너져도 솟아날 구멍은 있는 법이니까.

시대에 맞게, 언택트로 오류 없이 소통하는 방법

| 스몰토크, 소소하게 시작해서 위대하게 끝내라

커뮤니케이션 수단의 관점으로만 보면, 비대면 소통은 대면 소통보다 본질적으로 비효율적일 수밖에 없다. 비대면 상황에서는 시각 및 청각 이미지 등의 비언어적 커뮤니케이션 수단을 활용하는 데 제약이 따르기 때문이다. 따라서 리더는 구성원과 언택트 상황에서 소통해야 하는 경우에는 비대면 소통의 핸디캡을 극복할 수 있는 방안을 강구해야 한다. 어떻게 해야 할까?

소통 수단의 비효율성을 다른 요소로 보완해야 한다. 바로 '마음의 연결'이다. 불교 용어 중에 '염화미소(拈華微笑)'라는 말이 있다. 염화미소는 석가모니가 여러 사람이 모인 회합에서 연꽃 한 송이를 들어 보이자 제자인 마하가섭(摩訶迦葉)만이 그 뜻을 깨닫고 미소를 지었다는 데서 유래한 것으로, 말로 통하지 아니하고 마음에서 마음으로 전한다는 뜻이다. 즉 서로가 마음으로 잘 연결되어 있다는 의미다. 언택트 소통 비율이 높아지는 뉴노멀 시대일수록 리더는 평소 구성원과의 마음의 연결을 중시해야 한다. 그래야만 비대면 상황에서도 구성원들이 리더의 뜻과 의도를 잘 이해해 의사소통 과정에 오류가 없어진다.

리더가 구성원과 이심전심의 관계를 만들려면 어떻게 해야 할까? 평소 스몰토크(small talk)를 많이 해야 한다. 스몰토크란 어색한 분위기를 누그러뜨리는 가벼운 대화를 의미하는데, 주로 잡담이나 수다 등 가벼운 주제로 대화를 시작하는 것을 말한다. 사람은 처음부터 크고 무거운 주제로 이야기하는 것을 부담스러워한다. 처음에는 소소하고 가벼운 주제로 대화하다가 서로 통한다 싶으면 진지한 본론으로 자연스럽게 넘어가는 게 좋다. 즉 스몰토크는 본론에 앞서 서로의 마음을 연결하는 소위 '몸풀기 대화'에 해당한다. 스몰토크는 이름처럼 작고 가벼운 대화다. 하지만 그 효과는 결코 가볍지 않다. 스몰토크로 서로의 마음이 연결된 사람끼리는 '빅토크'로 쉽게 이어지기 때문이다.

조직에서 리더와 부하직원의 관계도 마찬가지다. 업무 얘기만

하는 사이라면 마음의 연결을 기대하기 어렵다. 업무 관련 대화는 서로 간에 거리감을 만들고, 부하직원을 방어적으로 만들기 쉽다. 특히 업무 진행과정이나 결과에 부담을 느끼는 부하직원이라면 마음을 쉽게 열지 않는다. 따라서 리더는 구성원들과 평소에 농담이나 업무와 무관한 잡담 등 스몰토크를 많이 해야 한다. 스몰토크가 많을수록 서로 공유하는 정보의 양이 많아지고, 상호 신뢰와 감정적 교감이 깊어진다. 그 결과 서로 간의 거리감이 줄어들고 마음의 연결이 강화된다. 구성원과 마음이 잘 연결된 리더라면 비대면 소통 수단을 사용하더라도 대면 소통과 비슷한 효과를 얻을 수 있다.

│ 디지털 문자는 늘 마음의 온기를 원한다

기성세대와 신세대를 구분하는 기준에는 여러 가지 있겠지만 주된 소통 수단이 무엇인가로도 구분할 수 있다. 평소 업무 중에 타인과 소통할 때 전화를 많이 사용하는가, 문자를 주로 사용하는가에 따라 기성세대와 신세대로 구분할 수 있다. X세대 이상의 기성세대는 아무래도 대면이나 전화에 익숙하다. 특히 중요한 문제에 대해서는 직접 얼굴을 보고 말하거나 전화기를 들고 목소리를 교환해야 직성이 풀린다. 반면, MZ세대는 모든 대화를 문자메시지로 해도 불편함을 느끼지 않는다.

하지만 이러한 구분도 옛말이 되어가고 있다. 문자 소통이 일상화된 지금은 기성세대도 점점 문자메시지를 주고받는 데 익숙해지고 있기 때문이다. 하지만 여전히 기성세대와 신세대가 사용하는 문자에는 질적 차이가 존재한다. 기성세대가 보내는 문자메시지는, 말 그대로 '문자'로만 구성된 경우가 많다. 하지만 젊은 세대가 보내는 문자메시지는 훨씬 다채롭다. 문자만이 아니라 각종 이모티콘이나 특수문자를 활용한 그림 언어가 동시에 사용된다.

이모티콘(emoticon)이란 감정(emotion)과 아이콘(icon)의 합성어로, 문자를 이용해 만든 감정 기호를 일컫는 말이다. 2000년대 들어서면서 문자 기호로만 작성되던 이모티콘이 그림 이미지로 발전했다. 각종 메신저와 스마트폰의 등장으로 이모티콘의 사용이 보편화되면서 각종 캐릭터를 활용한 그림 이미지의 이모티콘이 등장하기 시작했다. 심지어 유료로 판매될 정도다. 이러한 이모티콘은 단조로운 문자메시지에 감정까지 표현할 수 있는 일종의 메타 커뮤니케이션 도구로 활용된다. 그래서 이모티콘을 많이/잘 활용할수록 문자 소통에 감정 표현이 풍부해진다. 문자메시지를 통한 소통에 불편함을 느끼는 리더라면 다양한 이미지 이모티콘을 활용하여 자신의 감정을 명확하게 표현할 필요가 있겠다.

더불어 권하고 싶은 방법은 '포스트잇'의 활용이다. 김소운 시인의 수필《가난한 날의 행복》에 참고할 만한 에피소드가 나온다. 실직한 남편이 아침을 굶고 출근한 아내를 위해 점심을 준비했다. 아내가 집에 와보니 남편은 보이지 않고, 신문지에 덮인 밥상이

차려져 있다. 아내가 신문지를 걷어내자 그곳에는 따뜻한 밥 한 그릇과 간장 한 종지가 놓여 있다. 쌀은 어떻게 구했지만 반찬까지는 마련할 수 없었던 모양이다. 밥상 한쪽에는 남편이 쓴 쪽지가 놓여 있었는데, 거기에는 이렇게 쓰여 있다. "왕후의 밥, 걸인의 찬…… 이걸로 우선 시장기만 속여 두오." 순간 아내는 눈물이 핑 돌았고, 왕후가 된 것보다 더 행복했다고 한다. 쪽지에 담긴 짧은 글에서 아내를 향한 남편의 마음이 진하게 전해졌기 때문이다.

부하직원에게 마음을 진하고 싶은 리더라면 포스트잇에 자신의 마음을 담은 짧은 글을 써서 전달하는 것도 시도해볼 필요가 있겠다. 인터넷 메신저나 스마트폰 문자메시지가 익숙할수록 가끔은 아날로그 방식이 더 큰 효과를 발휘할 때가 있다. 요컨대, 문자메시지가 일상화될수록 리더는 자신의 감정을 담을 수 있는 방법을 고민해야 한다. 궁극적으로 우리가 소통하려는 것은 정보가 아니라 마음이기 때문이다.

| 업무 관계를 넘어 인생의 친구가 되는 즐거움

인간을 다른 동물과 구분할 때 '호모(homo)'라는 단어로 표현하는 경우가 있다. 예컨대, 생각하는 사람이란 뜻의 '호모 사피엔스'나 도구를 사용하는 사람이란 뜻의 '호모 파베르' 등이 대표적이다. '호모'로 시작되는 말 중에 '호모 나랜스(homo narrans)'도 있다. 호모 니랜스는 '이야기하는 사람'이라는 뜻으로, 미국 캘리포니아대학교 영문학 교수인 존 닐(John D. Niles)이 1999년 출간한 《호모 나랜스(Homo Narrans)》라는 책에서 비롯된 신조어다. 존 닐에 따르면, 인간은 이야기하려는 본능이 있고, 이야기를 통해 사회를 이해한다. 인간의 본능에는 이야기를 하고 싶은 욕구가 들어 있다는 뜻으로 모든 인간은 일종의 스토리텔러인 셈이다.

사람들은 무슨 이야기가 그렇게 하고 싶을까? 회사나 업무에 관한 이야기를 하고 싶은 것일까? 아니다. 호모 나랜스를 뜻하는 영어 '스토리텔러(storyteller)'는 정보에 대한 사실이 아니라 개인적이고 주관적인 이야기를 나누는 사람을 뜻한다. 만약 그가 일 중독자라면 업무 이야기에도 빠져들 것이다. 하지만 그런 경우는 드물다. 대부분은 일보다는 개인의 인생사에 대해 이야기하고 싶어한다. 구성원과 마음을 주고받는 소통을 하고 싶은 리더라면 업무 관련 이야기에 머물러서는 곤란하다. 업무를 넘어 개개인의 관심사에 관한 이야기로 확장할 수 있어야 한다.

회사에서 사적인 이야기를 하는 게 맞는가, 하고 의문을 가지는 사람이 있을지도 모르겠다. 일리 있는 지적이다. 하지만 뉴노멀 시대의 직장인들은 회사와 일이 인생의 목적이나 목표가 아니다. 직장이나 직업은 자신의 꿈과 행복으로 나아가기 위한 수단이자 과정일 뿐이다. 그렇기 때문에 그들의 궁극적인 관심사는 직장이나 직업 너머에 있다. 이는 리더에게도 해당되는 말이다. 리더와 구성원은 자신의 인생을 설계하고 추구하는 가운데 현재 직장에서 잠시 만났을 뿐이다. 서로의 관계가 현재 단계에 머물지, 앞으로도 지속될지는 각자의 선택이다. 만약 인생의 벗이 되어 관계를 지속하고 싶은 사이라면 현 단계의 소통에서도 한층 친밀감이 생길 수밖에 없다.

결국 리더가 조직의 목표와 성과를 위해서만 구성원과 관계를 맺을 것인가, 아니면 조직을 넘어 서로의 인생에 도움이 되는 동반자까지 고려할 것인가에 따라 관계의 질적 수준이 달라진다. 현재의 인연이 장기적인 동반자 관계로 나아가기를 원하는 사이라면 마음을 주고받는 소통이 자연스럽게 이루어질 수 있다. 리더가 단순히 업무 목적으로만 인간관계를 맺고자 한다면 좋은 소통은 결코 기대하기 어렵다.

비대면이 일상화가 되는 뉴노멀 시대에는 소통의 수단과 방식도 달라져야 한다. 부하직원과의 원활한 소통을 통해 조직의 성과를 만들어야 하는 리더는 비언어적 수단이 제한된 비대면 소통 상황에서도 나름의 방법을 찾아야 한다. 이를 위해서는 비대면 소통 방식을 거부하지 말고 즐겨야 하며, 나아가 스몰토크나 이모티콘의 활용을 통해 비대면 소통의 핸디캡을 극복해야 한다. 궁극적으로는 업무적 관계가 아니라 인생의 동반자가 되어 마음과 마음을 주고받을 수 있는 관계로 나아가야 한다. 뉴노멀 시대에도 소통은 조직관리에 있어 여전히 필수적인 기술이다. 언택트 소통, 피할 수 없다면 즐겨야 한다.

8장

협업 :
뉴노멀 시대 가장 강력한 생존 전략

지극히 개인적이고 철저히
이질적인 세대와 함께 일한다는 것

김 팀장은 요즘 시장의 흐름이 급격하게 변하고 있음을 실감하고 있다. 오프라인 시장의 매출은 감소하는 반면, 온라인 시장은 가파르게 성장하고 있다. 회사의 핵심 비즈니스인 가전사업부도 예외는 아니다. 가전사업부는 주로 고가의 고관여 상품 위주라서 지금껏 소비자들은 오프라인 매장에서 상품의 외관과 기능을 꼼꼼히 비교한 후 상품을 구매하는 경향을 보여왔다. 그래서 온라인 판매는 상대적으로 미미한 편이었다. 하지만 최근에는 오프라인 매출이 급격히 줄어들고, 온라인에서의 판매는 눈에 띄게 증가하고 있다. 특히 오프라인 매장에서 물건을 살펴본 뒤 온라인에서 최저가로 구매하는 '쇼루밍(showrooming) 현상'으로 인해 오프라인 채널에서는 매출뿐만 아니라 수익률도 악화되고 있다.

이에 회사로부터 온·오프라인을 유기적으로 결합한 마케팅 전략을 강구하라는 지시가 내려졌다. 김 팀장은 오프라인 유통을 담당하던 박 과장과 온라인 마케팅을 담당하던 강 대리를 신규 프로젝트 멤버로 참여시켰다. 두 사람은 각각의 유통 채널과 마케팅의 전문가로서 잘만 진행한다면 좋은 시너지가 날 것 같았다. 김 팀장은 두 사람에게 회사의 사활이 걸린 프로젝트인 만큼 잘 협력하여 팀워크를 만들어줄 것을 당부하기까지 했다. 하지만 신규 프로젝트가 시작된 지 보름 만에 이상기류가 감돌았다. 두 사람 사이에는 팀워크는커녕 반목과 갈등만이 난무했다. 그러다 박 과장과 강 대리가 각각 김 팀장을 찾아와 함께 일을 못하겠다며 하소연하기에 이르렀다.

[박 과장] 강 대리와는 도저히 함께 일을 못하겠습니다. 강 대리는 온라인 시장이 오프라인과는 다르다면서 자기주장만 내세울 뿐, 도무지 협력 마인드라고는 찾아볼 수가 없습니다. 또 은근히 선배인 저를 무시하는 듯한 태도를 보일 때도 있습니다.

[강 대리] 팀장님. 박 과장과는 도무지 대화가 되지 않습니다. 업무 회의에서도 '지금까지 오프라인 사업이 회사를 먹여 살렸으니 오프라인을 중심에 두고 판단해야 한다'며 고집을 피우고, 다른 사람의 말은 듣는 척만 하고 결국에는 자기 의견을 관철시키려 합니다. 또 나이 차이도 별로 나지 않는데 직급이나 나이를 들먹이면서 은근히 꼰대처럼 행동할 때가 한두 번이 아닙니다.

서로의 성향과 이해관계가 다르다는 점을 감안하더라도 솔직히 김 팀장은 이 상황이 이해되지 않았다. 조직에서는 자기와 마음이 잘 맞는 사람하고만 일을 할 수는 없다는 사실을 모르지도 않을 텐데, 두 사람 모두 자기 입장만 내세우고 있다. 이게 다 뉴노멀 시대의 특징 중 하나인 개인화의 영향이 아닌가 싶은 생각도 들었다. 그럼, 뉴노멀 시대에는 구성원끼리 협력하고 팀워크를 발휘하는 일은 포기해야 하는 것일까? 서로의 입장과 색깔이 다른 구성원들을 함께 모아서 협력하며 일을 하게 할 수는 없는 것일까?

21세기 들어 우리 사회는 과거와는 비교할 수 없을 정도로 빠르게 변하고 있다. 앨빈 토플러는 《제3의 물결(The Third Wave)》에서 인간 사회의 변화를 물결(wave)에 비유한 바 있다. 그에 따르면, 인류의 역사에는 거대한 물결이 세 번 몰아쳤다. 첫 번째 물결은

'농업혁명'이다. 인류는 농업혁명이라는 거대한 물결로 인해 수렵 채집 사회를 마감하고 농경사회를 맞이했다. 두 번째 물결은 18세기 중후반에 불어닥친 '산업혁명'인데, 이로 인해 인류는 고도화된 산업사회로 변모하었다. 세 번째 물결은 20세기 후반에 시작해 21세기에 본격화될 '정보혁명'인데, 이로 인해 기존과는 전혀 다른 새로운 미래 문명이 도래할 것을 예견했다.

토플러가 예견한 미래는 어느덧 현재가 되었다. 현대사회를 보면 토플러의 예견은 거의 틀리지 않았다. 하지만 토플러는 제3의 물결에 연이어 제4의 물결이 닥쳐올 것이라는 점은 예측하지 못했다. 우리는 이미 제4의 물결이라 할 수 있는 4차 산업혁명을 경험하고 있으며, 이러한 변화는 탁월한 미래학자의 예측 범위와 상상력마저 초월했다. 토플러의 미래 예측이 방향에 있어서는 틀리지 않았으나 속도만큼은 빗나갔다고 해야 할까. 이처럼 오늘날 변화의 속도는 탁월한 식견과 통찰을 가진 미래학자조차 따라가지 못할 정도로 빠르다. 변화의 속도는 인류의 상상력을 뛰어넘었다.

상황이 이렇다 보니 현대를 살아가는 사람들은 인류 역사에 생존했던 그 어떤 사람들보다도 특별한 경험을 하는 중이다. 인류 대부분은 자기 생애에서 '물결'을 한 번도 경험하지 못했다. 생각해보라. 500만 년에 달하는 인류 역사에서 현재까지 물결은 단 네 번 찾아왔다. 그러니 물결을 경험한 사람은 극히 소수일 수밖에 없다. 하지만 20세기 후반에 태어난 사람들은 자기 생애에서 이미 두 번의 물결을 연거푸 경험하고 있다. 그리고 살아생전에 또 다른 물결을 만날지도 모른다. 남들온 평생 한 번 만나기도 힘든 인연을 두 번이나 만났으니 얼마나 대단한 일인가! 그런데 이를 행운이라고 불러야 할지는 의문이다. 어쩌면 마른하늘에 날벼락을 연달아 두 번 맞는 것일 수도 있다.

아무튼 21세기에 접어들면서 우리 사회는 산업사회를 거쳐 정보화 사회로, 또다시 4차 산업혁명이 만들어낸 뉴노멀 사회로 빠르게 변하고 있다. 이러한 사회적 변화는 기업에게 새로운 환경에 걸맞는 업무 방식을 요구한다. 과거 산업사회에 적합했던 업무 방식은 포드시스템으로 대표되는 '분업'이었다. 분업의 핵심은 '나눔'이다. 분업은 하나의 결과물을 생산하기 위해 전체를 여러 부분으로 나누어서 각각 자신이 맡은 업무를 수행하는 작업 방식이다. 따라서 산업사회에서는 전체 과업을 얼마나 잘 나누고, 개인이 자신에게 할당된 단위업무를 얼마나 효율적으로 하는가에 따라 조직의 생산성이 좌우되었다.

산업사회가 저물고 정보화 사회가 도래하면서 분업보다는 협동(cooperation)이 강조되었다. 협동이란 말 그대로 '함께(co) 작동한다(operation)'는 뜻으로, 정해진 프로세스와 역할 내에서 서로 협조하여 업무를 수행하는 방식을 말한다. 각자 담당한 업무는 그대로 수행하면서 유관부서와 유기적으로 협력하는 것이다. 정보화 사회에서 협동이 강조되면시 조직 구성원들에게는 자기 역할에 충실하면서 동시에 유관부서와 잘 협조하여 과제를 수행하는 것이 중요해졌다. 이후 정보화에 디지털 혁명이 가속화되면서 우리

사회는 새로운 표준이 작동하는 뉴노멀 시대로 넘어왔다. 이에 조직의 업무 방식도 협동에서 협업(collaboration)으로 바뀌었다.

협동과 협업은 어떻게 다른가? 이 둘은 다른 사람과 협력한다는 점에서는 비슷하지만, 디테일에 차이가 있다. 협동은 각자의 고유한 역할이 정해진 상태에서 서로 협조하는 것이라면, 협업은 각자의 역할을 넘어서서 유기적으로 협력하는 것을 말한다. 협동이 물리적 결합이라면, 협업은 화학적 융합이라 할 수 있다. 협업은 구성원들이 자신의 고유한 업무나 역할에 얽매이지 않고 유기적으로 협력하여 새로운 가치를 만들어냄으로써 성과를 창출하는 과정을 말한다. 요컨대, 뉴노멀 시대의 새로운 업무 방식은 '협업'이다. 이 새로운 시대의 리더는 구성원들의 협업을 촉진하고 시너지를 만들어내는 사람이다.

개인화를 인정하면서 협업을 해야 하는 시대

지금 우리가 경험하고 있는 뉴노멀 시대는 기본적으로 디지털 혁명과 더불어 4차 산업혁명이 본격적으로 시작되는 시기다. 이 새로운 시대는 다양한 디지털 기기와 인간, 물리적 환경의 융합으로 모든 것이 연결되고 보다 지능적인 사회를 그 특징으로 한다. 말하자면, 인공지능(AI)과 빅데이터, 사물인터넷 등 다양한 기술이 결합하여 보다 지능적인 사회로 진화한 시대다. 3차 산업혁명이 '정보화 사회'로의 도약이라면, 4차 산업혁명은 '지식사회'다. 이 시대에는 다양한 정보들이 공유되고 융합함으로써 새로운 지식이 무한정 생성되고 있다. 정보의 폭발과 지식의 무한 생산, 이것이 4차 산업혁명이 만들어낸 새로운 흐름이다.

정보화 시대에는 정보가 곧 힘이었다면 뉴노멀 시대에는 지식이 권력이다. 이제 자본이나 토지, 사람이나 기계를 많이 소유했다고 해서 기득권이 아니다. 진정한 힘은 지식에서 나온다. 지식은 어디에서 나오는가? 데이터나 정보가 곧 지식은 아니다. 지식은 정보의 융합에서 나온다. 정보를 잘 연결하고 결합해 도출한 의미 있는 통찰력을 갖춘 관점이 바로 지식이다. 결국 뉴노멀 시대의 성공은 넘쳐나는 정보들을 얼마나 잘 결합하고 융합하여 의미 있는 지식을 만들어내는가에 달렸다. 오늘날 빅데이터나 인공지능의 융합기술이 강조되는 이유도 바로 여기에 있다.

혹자는 산업혁명을 두고 "인간의 능력이 얼마나 하찮은지를 보여주는 사건"이라고 표현한 바 있다(《한 권으로 정리하는 4차 산업혁명》, 최진기). 이는 매우 충격적인 주장으로 큰 진실을 담고 있다. 아닌 게 아니라 산업혁명이 진행되면서 인간의 위치는 점점 중심에서 주변으로 밀려나고 있다. 기계화를 촉발시킨 산업혁명 때문에 인간은 기계에게 자리를 내어줬고, 정보화 혁명으로 인해 인간은 주도권을 컴퓨터에게 넘겨주었다. 4차 산업혁명이 본격적으로 진행된다면 인간은 인공지능에게 바통을 넘겨주고 산업현장에서 아예 퇴출되는 일이 발생할지 모른다.

따라서 뉴노멀 시대를 사는 개인이나 기업은 기본적인 마인드와 일하는 방식을 바꾸어야 한다. 중세에 살았던 돌궐족 장군 톤유쿠크가 "성을 쌓는 자는 반드시 망할 것이며 끊임없이 이동하는 자만이 살아남을 것이다"라는 유명한 말을 남겼는데, 그의 주장은 오늘날 현대인들에게 더 어울리는 말이다. 지식이 곧 힘인 뉴노멀 시대에는 혼자 골방에 틀어박혀서 지식을 습득하는 자는 더 이상 살아남을 수 없다. 혼자서 아무리 열심히 노력해도 인류 전체의 지식에는 미칠 수 없기 때문이다. 게다가 지금은 성보와 정보의 결합, 지식과 지식의 융합을 통해 새로운 지식이 끊임없이 만들어지는 시대다. 따라서 오늘날에는 살아남기 위해서라도 성문을 열어야 한다. 내가 가진 지식을 내놓고 타인의 지식을 받아들여야 한다. 그러한 과정을 통해 서로 결합하고 융합하면서 새롭게 가치 있는 지식을 창조해야 한다. 이처럼 정보와 지식을 결합하고 연결하는 행위가 협업이다.

원활한 협업을 위해서는 구성원들의 마인드 전환이 필요하다. 그것은 바로 '융합 사고'로의 전환이다. 유유상종이라는 말이 있듯이, 인간은 자신과 비슷하거나 유사한 경향의 사람을 선호한다. 그런 사람과는 대화도 잘 통하고 공감하기도 쉽다. 하지만 협업을 위해서는 유유상종을 피하는 것이 좋다. 비슷한 사람끼리 모여 있으면 마음은 편할지 모르지만 새로움이나 시너지를 만들어내기는 어렵기 때문이다. 불편함과 어색함을 무릅쓰고 낯선 사람과도 기꺼이 교류하면서 소통하는 태도, 이는 융합적 마인드가 없이는 어려운 일이다. 융합 사고란 이질적인 사람들끼리 서로 융화되어서 새로운 가치를 만들어내려는 태도나 생각을 말한다.

융합 사고를 바탕으로 협업을 이끌고 새로운 가치를 만들었던 예로는 르네상스를 이끌었던 메디치 가문을 들 수 있다. 중세 르네상스 시대의 황금기를 열었던 메디치 가문은 은행업으로 큰돈을 벌었다. 그들은 막강한 자금력으로 문화예술가, 철학자, 과학자 등 여러 분야의 전문가들을 후원하였다. 이렇게 해서 모인 이질적 집단 간의 교류가 활발해지자 자연스럽게 서로의 역량이 융합되면서 새로운 시너지가 만들어졌고, 그 힘으로 찬란한 르네상스 시대를 열 수 있었다. 그래서 생겨난 말이 '메디치효과(Medichi effect)'다. 메디치효과는 서로 관련 없을 것 같은 다양한 분야가 교류, 융합하여 독창적인 아이디어나 뛰어난 생산성을 만들어냄으로써 새로운 시너지를 창출할 수 있다는 이론이다. 한마디로 융합 사고를 바탕으로 협업을 통해 시너지를 만들어내는 것을 말한다.

융합 사고와 협업이 강조되는 뉴노멀 시대의 리더에게는 새로운 과제가 주어졌다. 이질적인 구성원들을 서로 협업하게 만들어서 새로운 시너지를 창출하는 역할이다. 하지만 이를 실제 실천으로 옮기는 것은 결코 쉬운 일이 아니다. 앞에서도 언급했지만 뉴노멀 시대는 개인화를 그 특성으로 하고 있다. 하지만 뉴노멀 시대가 추구하는 업무 방식은 협업이다. 개인화와 협업, 이 둘은 물과 기름처럼 서로 섞이지 않는 성질을 지녔다. 협업은 구성원의 개인화를 최소화하여 한데 뭉쳐야 가능하고, 개인화는 전체적인 통제에서 벗어나 자유롭게 활동하려는 것이 그 본성이다.

뉴노멀 시대에는 협업과 개인화 중에서 어느 것이 더 강조되어야 할까? 당연히 협업이다. 사회가 산업사회에서 정보화 사회로, 뉴노멀 시대로 끊임없이 변해왔지만 조직의 본질마저 변한 것은 아니다. 시대나 사회가 어떻게 변하든 조직은 성과를 창출해야 한다. 성과를 만들어내지 못하는 조직은 예나 지금이나 존재할 이유가 없다. 따라서 리더는 외부환경이 어떻게 변하든 성과를 창출해야 한다. 그러기 위해서는 시대에 맞는 업무 방식을 채택하고 그것이 잘 작동하도록 관리해야 한다. 결국 뉴노멀 시대의 리더는 이질적인 두 마리의 토끼를 동시에 잡아야 한다. 아무리 개인화가 그 특성이라 해도 구성원 간의 협업을 통해 시너지를 끌어내야 한다. 뉴노멀 시대에 협업은 포기할 수 없는 전략이기 때문이다.

시대에 맞게, 개인주의자를 협업으로 이끄는 방법

| 나무 사고에서 리좀 사유로

뉴노멀 시대 리더는 이질적인 구성원들을 협업으로 이끌어야 하고, 이를 위해서는 융합 사고가 필요하다고 이야기했다. 그렇다면 융합 사고란 구체적으로 무엇인가? 융합(融合)이란 말 그대로,

'녹여시(融) 합치는(合)' 것이다. 즉 서로 다른 종류의 것을 녹여서 서로 구별이 없게 하나로 합치는 것을 말한다. A와 B를 합쳐서 AB를 만드는 것이 아니라 기존과는 전혀 다른 성질의 C를 만드는 것이다. 융합된 C에서는 이전의 A와 B의 성질을 찾아볼 수 없다. 전혀 새로운 성질로 변해버렸기 때문이다. 즉 융합 사고를 한다는 말에는 자신이 가진 기존의 성질을 기꺼이 버릴 수 있어야 한다는 전제가 내포되어 있다.

철학에서는 융합 사고와 비슷한 개념으로 '리좀(rhizome)'이라는 것이 있다. 리좀은 들뢰즈와 가타리의 공저《천 개의 고원》에서 사용된 개념으로 땅속에 있는 식물의 줄기를 뜻한다. 리좀과 대비되는 개념은 '나무'다. 나무는 뿌리와 가지, 줄기, 잎이 위계를 가지며, 뿌리와 줄기를 중심으로 질서정연하게 구조화된 형태다. 이 나무 구조와 반대되는 개념이 '리좀'이다. 리좀은 땅속에서 수평으로 뻗어나가는 구근이나 덩이줄기 형태의 뿌리를 말하는데, 서로가 엉키면서도 뿌리를 내리지 않은 지역까지 퍼져나갈 수 있다. 리좀은 고정된 체계나 구조가 없고, 중심은 물론 질서도 없다.

들뢰즈와 가타리에 따르면, 근대사회는 나무 구조를 가졌다. 나무처럼 구조화되어 있으며, 군대처럼 질서화되어 있고, 피라미드처럼 위계적이다. 그들은 나무 구조인 근대사회를 비판하면서 새로운 사유체계인 리좀의 필요성을 제안했다. 리좀은 특별한 중심도 없고, 고정된 체계도 없고, 구체적인 질서도 없는 구조다. 탈중심, 탈구조, 탈영토화를 특징으로 한다. 이질적인 대상들이 서로 융합하기 위해서는 나무 구조와 리좀 사유 중에서 어떤 쪽이 효과적일까? 당연히 리좀 사유다. 따라서 오늘날 리더는 나무 사고에서 벗어나 리좀 사유로 생각의 방식을 전환해야 한다.

리좀 사유는 고정된 체계나 구조가 없다. 중심도 없다. 대신 '연결과 배치'가 있을 뿐이다. 리좀 사유로 조직을 바라보면, 어떠한 조직도 변치 않는 본질은 없다. 어떻게 연결되고 무엇과 관계하는가에 따라 끊임없이 변할 수 있다. 핀란드의 국민 기업이라 불리는 노키아의 예를 보자. 2000년대 초반까지만 해도 노키아는 전 세계 휴대폰 시장의 절대 강자였다. 하지만 그들의 아성은 애플 아이폰의 등장으로 순식간에 무너졌다. 급기야 노키아는 휴대폰 사업을 MS에 매각하기에 이른다. 하지만 그들은 그대로 몰락하지 않았다. 노키아는 세계적인 디지털통신 인프라 기업으로 화려하게 부활했다.

그 배경에는 2012년 침몰하던 선단의 키를 넘겨받은 CEO 리스토 실라스마(Risto Siilasmaa)의 리좀적 사유가 있다. 그는 노키아가 휴대폰 회사라는 관념을 고집하지 않았다. 리좀 사유에서는 고정된 구조나 체계, 중심이 없기 때문이다. 그는 합자회사였던 노키아지멘스네트워크(NSN)의 소유권을 완전히 매입했고, 프랑스 알카텔루슨트를 인수해 노키아를 유·무선을 아우르는 통신기업으로 탈바꿈시켰다. 대신 휴대폰 부문은 MS에 과감히 매각했다. 새로운 연결과 단절을 통해 노키아를 완전히 다른 기업으로 변모시킨 것이다. 만약 그가 나무 사고를 가졌더라면, 그래서 휴대전화

시장의 절대 강자라는 관념을 버리지 못했다면 침몰하는 배를 건져내지 못했을 것이다.

이처럼 리좀 사유는 고정된 본질과 구조를 지향하는 나무 사고와는 다르다. 이질성과 다양성을 추구하고, 수시로 연결과 단절을 시도한다. 정해진 본질이나 체계는 없다고 생각하기 때문이다. 이러한 사고는 협업을 추진하는 리더에게 꼭 필요한 덕목이다. 이질적인 분야가 모여서 새로운 가치를 창조하기 위해서는 나무 사고에서 탈피하여 리좀 사유로의 전환이 필요하다.

| 조직의 막힌 담 사일로를 제거하라

조직에서 협업을 추진하는 이유는 서로 다른 분야가 협력하여 시너지를 창출할 수 있으리라는 기대 때문이다. 하지만 협업을 한다고 해서 모두 시너지로 이어지는 것은 아니다. 오히려 협업 이전보다 나쁜 결과를 가져오는 경우도 많다. 역(逆)시너지가 나타나는 것인데, 이를 '링겔만효과(Ringelmann effect)'라고도 한다.

링겔만효과는 집단에 참여하는 개인의 수가 늘어갈수록 성과에 대한 일인당 공헌도가 떨어지는 현상을 말한다. 이는 독일의 심리학자 링겔만이 줄다리기 시합에서 집단에 속한 각 개인의 공헌도 변화를 측정하는 실험에서 밝힌 이론인데, 그는 개인이 당길 수 있는 힘의 크기를 100으로 보았을 때 인원이 많을수록 개인이 당기는 힘이 점점 약해진다는 사실을 발견했다. 즉 집단에 참여하는 인원이 늘어날수록 집단을 위한 개인의 노력이 약해지는 현상을 말한다. 일반적으로 조직 규모가 커질수록 개개인의 기회주의적 선택의 가능성이 높아지고, 무임승차자(free rider)가 나타날 확률이 커진다. 그 결과, 시너지를 기대하고 협업을 시도했으나 결과는 오히려 반대로 나타나게 된다.

링겔만효과가 나타나는 이유는 무엇일까? 여러 이유가 있겠지만, 가장 보편적인 원인은 '사일로효과(silo effect)' 때문이다. 사일로효과란 조직의 부서들이 다른 부서와는 소통하지 않고 내부의 이익만을 추구하는 부서 간 이기주의 현상을 말한다. 원래 사일로(silo)는 곡식이나 사료를 저장해두는 굴뚝 모양의 창고를 가리키는 말이다. 곡식이나 사료를 다른 사람과 나누지 않고 쌓아둔 채 혼자서만 독식하려는 것에 빗대어, '회사 내에서 성이나 담을 쌓은 채 다른 부서와 소통하지 않고 자신의 이익만 좇으면서 따로 놀아 폐해를 끼치는 부서나 부문'을 뜻하게 되었다. 이러한 사일로 현상은 부서 단위로만 작동하는 것이 아니다. 같은 부서 내 개인 간에도 얼마든지 발생할 수 있다. 사일로 현상이 팽배한 조직문화에서는 협업을 통한 시너지를 기대하기 어렵다. 그렇다면 사일로 현상은 왜 발생하는 것일까? 주요 요인은 다음과 같다.

지나친 성과주의
최근 들어 기업들이 성과향상을 위해 성과 중심의 인사제도와 인센티브 시스템을 도입하는 경우가 많아졌다. 성과주의란 성과를 얼마나 냈는지를 냉정하게 평가하여 이를 기반으로 보상함으로써 구성원의 동기를 자극하는 방법이다. 하지만 성과주의가 지나치면 부서나 개인 간 경쟁이 과열되어 조직 전체를 위해 희생하려는 이타적 태도를 줄이고 눈앞의 성과가 없으면 협력하지 않는 기회주의적 태도를 키우게 된다. 지나친 성과주의는 협력보다는 경쟁을 낳고, 이는 자기(부문)만의 이익을 추구하는 사일로 현상으로 이어진다.

적대적 조직문화

사일로를 일으키는 또 다른 요인으로 적대적 조직문화를 꼽을 수 있다. 예컨대, 합병 기업에서 인수 기업 소속 직원과 피인수 기업 소속 직원 사이에는 조직문화가 적대적인 경우가 많다(점령군과 피점령군이라는 인식). 같은 기업 내에서도 기존 사업을 하던 직원과 신규 사업을 시작하는 직원들 사이에 적대 관계가 형성되는 경우가 있다. 이처럼 조직문화가 상호 적대적인 관계로 형성된 경우라면 아무래도 서로의 입장과 이해가 달라 협력을 거부하는 경향이 나타날 수 있다. 결국 조직문화가 적대적인 경우라면 협업을 진행해도 사일로 현상이 발생하기 쉽다.

구성원 간의 이질성

구성원 간 이질성이 강할수록 사일로가 발생할 가능성이 높아진다. 협업을 추진하는 주체 간의 성별, 나이, 학력, 직급, 직책, 역할, 근무지역, 지위(정규직 여부) 등에서 차이가 현격하면 사일로가 발생하기 쉽다. 함께 일을 하지만 각자의 위치나 입장이 달라서 소통에 어려움을 겪는 경우가 많다. 최근 글로벌화가 진행되면서 한 사업장에 여러 민족이 함께 일을 하는 경우가 많은데, 국가와 민족의 이질성도 사일로의 주요 원인이 된다.

협업을 저해하는 조직구조나 인센티브 시스템

협업을 저해하는 요인으로 조직구조나 인센티브 시스템의 영향도 무시할 수 없다. 예를 들어, 특정한 목적을 위한 TFT(task force team)를 통해 협업을 추진하는데 기존 부서에서의 업무를 여전히 담당하고 있다거나 인사평가를 기존 부서장에게 받는다거나 하는 경우라면 아무래도 새로 맡은 협업 프로젝트에 충실하기보다 기존 업무나 기존 부서장의 영향을 받을 수밖에 없다. 이는 협업을 추진하는 팀에게 비효율의 원인이 되고 구성원 간 사일로로 이어지기 쉽다.

따라서 협업을 추진하는 리더는 사전에 사일로 현상을 일으킬 만한 요인이 어떤 것이 있는지 면밀히 살핀 후 이를 예방하거나 사일로의 영향을 최소화할 수 있는 대책을 강구해야 한다.

따로 또 같이, 협업을 문화로 만들어라

협업을 이끄는 리더는 조직의 체질을 협력적 문화로 바꾸어야 한다. 협력적 문화라고 해서 무조건 '우리는 하나다'라는 기치 아래 대동단결하라는 의미는 아니다. 뉴노멀 시대에는 개인화를 추구하는 구성원의 특성으로 인해 일체의 반론이나 다양성이 허용되지 않는 전체주의식 협력으로는 구성원의 참여를 이끌어내기 어렵다. 따라서 조직 리더는 구성원의 자발적인 참여 속에서 서로 협력하는 문화를 만들어야 한다. 구성원 간 자발적 상호 협력이 자연스럽게 이루어지기 위해서는 무엇이 필요할까? 대략 다음 세 가지가 필요하다.

구성원이 공동의 목표를 향해 한 방향으로 정렬되어야 한다

창조적 협업을 통해 시너지를 창출하기 위해서는 제일 먼저 구성원 모두가 공동의 목표에 몰입해야 한다. 따라서 협업 리더라면 서로 다른 이해관계로 모인 협업 주체들을 하나로 모을 수 있는 공동의 목표를 설정해야 한다. 만약 공동의 목표를 설정하지 않으면, 멤버들의 생각이 따로 흩어져 힘을 모을 수 없다. 공동의 목표가 있어야 구성원의 힘을 하나로 모으는 '한 방향 정렬'이 가능하다.

이때 목표는 사람들에게 열정을 불러일으키는 것이어야 한다. 목표가 조직의 관점으로만 설정되면 구성원의 자발적 몰입을 이끄는 데 한계가 있다. 뉴노멀 시대 구성원들은 개인의 비전과 삶의 방향이 조직 내부에 있는 경우가 드물다. 따라서 리더는 조직 목표를 달성하는 것이 개인의 목표와 어떻게 연계될 수 있는지를 설명해주어야 한다. 협업 프로젝트의 목표가 개인의 성장과 비전 달성에 밑거름이 될 수 있음을 어필할 수 있어야 한다.

각자의 역할과 책임을 명확히 하고, 이를 공유해야 한다

협업 프로젝트를 진행할 경우, 협력과 공동의 목표가 강조되어 자칫 개개인의 역할과 책임이 모호해지는 경우가 생길 수 있다. 역할이란 '주어진 사회적 지위나 위치에 따라서 개인에게 기대되는 행동'을 뜻한다. 역할의 정의에서도 알 수 있듯이, 역할을 결정하는 것은 당사자의 지위나 위치가 아니다. 지위와 위치에 따른 '기대'에 따라 결정된다. 자리가 아니라 기대가 더 중요하다는 뜻이다. 사람들은 흔히 개인에게 어떤 직책이나 업무가 주어지면 당사자가 자신의 역할을 명확히 인식한다고 믿는다. 하지만 똑같은 위치에 있어도 사람마다 자신의 역할을 인식하는 정도가 다르다.

예컨대, 어떤 사람이 대리에서 과장으로 진급했다고 하자. '어른 장(長)' 자가 붙었으니 관리자가 되었다는 뜻이리라. 하지만 과장의 역할에 대한 인식 정도는 개인마다 다르다. 여전히 대리 같은 과장이 있는가 하면, 팀장 역할도 거뜬히 할 만큼 큰 역할을 하는 과장도 있다. 따라서 리더는 구성원들에게 역할을 부여할 때, 그 역할에 대한 기대를 분명히 밝혀야 한다. 리더의 기대에 따라 구성원이 갖는 역할 인식의 정도가 달라지기 때문이다.

한편, 역할 인식의 정도에 따라 당사자가 느끼는 책임의 범위와 크기도 달라진다. 일반적으로 역할에 대한 인식이 클수록 책임도 중하게 여긴다. 구성원에게 자신의 역할과 책임을 명확히 인식시키고 공유하는 것은 협업을 추진하는 리더에게 무엇보다 중요하다.

구성원에게 존중과 사랑을 베풀어야 한다

협력의 문화를 만들어 위해서는 리더가 먼저 구성원들을 존중하고 사랑해야 한다. 《존중하라》의 저자 폴 마르시아노(Paul L. Marciano) 박사에 의하면, 사람은 존중받을 때 조직의 목표 달성을 위해 업무에 더욱 몰입하고 성실하게 일한다. 즉 자신이 존중받는다고 느낄 때 당사자는 자신이 속한 집단과 조직의 발전을 위해 자발적인 노력을 더 하게 된다. 구성원이 자발적으로 조직에 몰입하기 위해서는 리더가 먼저 구성원을 존중하고, 상호존중의 문화가 정착될 수 있도록 노력해야 한다.

구성원을 존중한다는 것은 어떻게 행동하는 것일까? 단지 함부로 대하지 않고 높임말을 사용하면 되는 것일까? 마르시아노 박사는 실증연구를 통해 총 일곱 가지의 존중 모델을 제시하였다. 그것은 '인정, 긍정적 피드백, 역량 강화, 파트너십 형성, 기대, 배려, 신뢰' 등이다. 리더는 구성원에게 인정의 표현을 자주 하고, 가급적 긍정적인 피드백을 제공해야 한다. "칭찬은 고래도 춤추게 한다"는 말도 있듯이 구성원을 인정해주고 긍정적인 피드백을 통한 칭찬을 자주 해주면 존중받는다는 느낌이 들어서 기분이 좋아지고, 더욱더 즐겁게 업무에 몰입하게 되며, 리더와의 관계도 원만해진다. 또한 업무를 통한 구성원의 역량 강화도 염두에 두어야 한다. 상하관계가 아니라 리더와 구성원, 또 구성원 간 파트너 관계임을 명확히 해주면 좋다.

리더는 구성원에게 사랑을 베풀어야 한다. 여기서 사랑이란 애정이나 친근감의 표현에 머무는 것이 아니다. 리더가 구성원을 사랑한다는 것은 업무의 편의만이 아니라 개인의 성장과 행복에도 적극적으로 관심을 갖는 것을 의미한다. 리더가 조직을 위해 일만 시키는 것이 아니라 개개인의 성장과 발전, 그리고 행복에까지 신경 쓴다는 점을 이해한다면 구성원들은 리더를 신뢰함은 물론이고 마음을 열고 따르게 된다. 그 과정에서 서로 돕고 협력하는 자세는 자연스럽게 생겨나게 된다.

칸트는《실천이성비판》에서 이런 말을 했다. "언제 어디서나 다른 사람을 수단이 아닌 목적으로 대하라." 리더가 구성원을 조직의 목표 달성이나 자신의 출세를 위한 수단으로 삼는다면 아무리 잘해줘도 사랑을 베푸는 것이 아니다. 사람은 누구나 인생을 살아가는 목적이 있다. 그 목적 때문에 현재의 직장에도 다니는 것이다. 목적이 직장에서의 성취보다 궁극적인 것이다. 따라서 리더가 구성원을 수단이 아니라 목적으로 대하는 것이 진정한 사랑이다. 부하직원이 리더가 자신의 인생 목적까지 고려하며 대한다는 사실을 인지한다면 신뢰는 물론이고 리더를 진심으로 따르게 된다.

반복되는 말이지만, 뉴노멀 시대에도 협업은 포기할 수 없는 전략이다. 하지만 리더가 구성원들의 협업을 이끌어낸다는 것은 생각만큼 쉬운 일이 아니다. 개인화의 특성을 유지하면서도 함께 협력하도록 만들어야 하기 때문이다. 이를 위해서는 리더의 솔선수범이 중요하다. 리더가 먼저 나무 사고가 아닌 리좀 사유로 마인드를 전환하고, 조직 내에 만연할 수 있는 사일로 현상 등 협업을 가로막는 장벽을 제거해야 한다. 나아가 공동의 목표를 제시하고, 역할과 책임을 명확히 하며, 구성원을 존중하고 사랑함으로써 서로 협력하게 만드는 노력을 기울여야 한다. 경쟁이 심화되고 불확실성이 증가하는 기업 환경에서 살아남기 위해서는 협업을 이끄는 리더의 노력이 필수적으로 요구된다.

9장

코칭 :
교학상장, 가르친의 새로운 패러다임

원하지도 않는 이를 코칭한다는 것

김 팀장은 최근 코칭 관련 책을 한 권 읽었다. 구성원의 역량을 키워서 조직의 성과를 달성해야 한다는 내용에 공감되어 '업무가 바쁘지만 앞으로는 코칭에 좀 더 관심을 가져야겠다'는 생각을 하게 되었다.

마침 강 대리의 기획서 내용이 마음에 들지 않았던 터라 지금이 좋은 코칭 기회라고 생각한 김 팀장은 강 대리를 회의실로 불렀다. 나름 코칭을 한답시고 기획서를 놓고 문제점과 개선 방향에 대해 조목조목 이야기를 해주었는데, 강 대리의 표정이 심각해졌다.

[김 팀장] 무슨 문제가 있나?

[강 대리] 팀장님. 저는 평소에 나름 열심히 한다고 했는데, 갑자기 저를 꾸짖으시니 어찌해야 할지 모르겠습니다.

[김 팀장] 강 대리, 무슨 소리야! 나는 지금 야단을 치는 게 아니고 강 대리의 기획서 작성 능력을 키워주기 위해서 코칭을 하고 있는 거야.

[강 대리] 이런 말씀 드리면 어떻게 생각하실지 모르겠지만, 제 기획서는 교육팀에서 주관한 실무교육에서 배운 대로 작성한 것이고, 팀장님께서 말씀하신 방식은, 강사에 의하면, 회사의 오랜 관행으로 개선이 필요한 부분이라고 배웠습니다.

[김 팀장] 그래? 아무튼 원칙이나 새로운 방식도 필요하겠지만, 기획서는 기본적으로 결재권자가 선호하는 스타일에 맞추는 것이 중요해. 그래서 나는 지금 상무님과 대표님 스타일에 맞게 좀 더 설득력 있는 기획서를 작성하라고 조언하고 있는 거야.

[강 대리] (여전히 못마땅한 표정을 한 채) 알겠습니다. 다음부터는 주의하도록 하겠습니다.

미팅은 그렇게 마무리되었으나 김 팀장은 끝내 찜찜함이 남았다. 좋은 의도를 가지고 코칭을 했는데 상대가 받아들이지 못하고, 오히려 간섭처럼 여기는 것 같았다. 게다가 기획서 작성 방식에 대한 강 대리의 주장도 일리가 있었다. 왜 부하직원을 위한 코칭은 의도한 대로 진행되지 않는 것일까? 어떻게 해야 제대로 된 코칭을 할 수 있을까?

최근 들어 조직에서 코칭을 강조하는 경향이 강해졌다. 조직 구성원 개개인의 역량이 향상되어야 궁극적으로 조직 전체의 역량도 높아질 수 있다는 측면에서 코칭은 충분히 의미 있는 활동이다. 특히 경영환경이 급변하고 경쟁이 치열해지는 상황에서 리더가 코칭을 통해 구성원의 능력을 향상시키는 것은 필요를 넘어 불가결한 일일 것이다. 코칭을 통해 구성원의 역량이 강화되면 리더는 구성원에게 업무를 맡길 수 있고, 그렇게 되면 리더는 보다 전략적이고 중요한 일에 매진할 수 있다.

그러나 이상과 현실은 다른 경우가 많다. 많은 사람들이 코칭의 중요성과 필요성을 강조하지만, 막상 현장에서는 코칭을 통해 의미 있는 성과를 도출했다는 리더를 발견하기가 쉽지 않다. 왜 그럴까? 코칭이란 리더가 부하직원의 능력을 개발하고 성장할 수 있도록 돕는 행위다. 이를 위해서는 '파트너십'이 전제되어야 한다. 코칭을 받으려는 사람이 상대를 코치로 인정하고 기꺼이 가르침을 받으려는 마음이 전제되어야 한다. 하지만 현실에서는 코칭 행위에 대한 당사자의 입장과 이해가 다른 경우가 많다. 앞의 사례에서 보았듯이, 리더는 좋은 의도를 가지고 기꺼이 코칭을 해주려고 하지만(코칭을 하려면 코치가 시간을 내고 정성을 들여야 한다), 정작 상대방은 코칭의 필요성을 전혀 느끼지 못하거나 코치의 자격을 인정하지 않는 경우도 많다. 말하자면, 학생이 선생의 필요성을 느끼지 못하거나 선생의 능력을 의심하는 상황에서는 제대로 된 가르침을 기대하기 어렵다.

이처럼 코칭 상황에 대한 서로의 이해가 충돌하는 경우라면, 리더는 우선 '헬프(help)'와 '서포트(support)'의 개념을 명확히 구분할 필요가 있다. 헬프는 혼자서 해결할 수 없는 어려움에 처해 있는 무기력한 사람을 도와주는 것이다. 예를 들어 길을 가다가 실수로 맨홀에 빠져서 혼자서는 도저히 탈출할 수 없는 상황의 사람을 보고 밧줄을 내려서 끌어올려주는 것이 헬프에 해당한다. 갓난아기에게 우유를 먹이고 목욕을 시켜주는 것도 헬프다. 반면 서포트는 혼자서도 충분히 할 수 있는 사람을 대상으로 좀 더 효율적이고 효과적인 방법을 알려주거나 보다 높은 성과를 얻을 수 있도록 도와주는 행위를 말한다. 예컨대 형광등을 교체하려고 의자를 놓고 올라가는 아들을 보고 혹시 흔들릴 수 있는 의자를 잡아주는 아버지의 행동이 서포트이다.

조직에서 리더가 행하는 코칭 활동은 기본적으로 헬프가 아니라 서포트여야 한다. 이러한 인식이 효과적인 코칭의 출발점이다. 조직 구성원은 그가 갓 입사한 신입 직원이라 하더라도 모든 것을 일일이 가르쳐주어야 하는 어린아이가 아니다. 그들은 기본적으로 본인의 문제를 스스로 해결할 수 있는 능력을 가지고 있다. 코칭은 스스로 문제를 해결할 수 있는 사람에게 수평적 관계에서 보다 효과적인 방법을 찾아갈 수 있도록 지원하는 행위다. 앞의 사례에서 리더의 코칭 행동에 대해 강 대리가 탐탁지 않게 반응한 이유도 김 팀장이 서포트가 아니라 헬프를 하려고 했기 때문이다. 아무리 좋은 의도라도 접근 방식이 잘못되면 어설픈 '훈장질'로 전락할 수 있다. 요컨대, 코칭은 무지한 부하직원에게 정답을 가르쳐주는 행위가 아니다. 이미 어느 정도의 능력과 나름의 방법을 알고 있는 사람에게 스스로 문제를 인식하고 보다 나은 해결 방법을 찾을 수 있도록 지원하는 활동이다.

또 하나 생각해야 할 사항이 있다. 요즘의 조직 구성원들은 배움에 대한 욕구가 생겼을 때 누구를(또는 어디를) 찾는가 하는 점이다. 과거 정보수집 채널이 많지 않았던 시절에는 리더의 존재가 절대적이었다. 리더가 가진 지식과 경험, 노하우는 다른 곳에서는 찾을 수 없는 희귀한 자원이었다. 따라서 부하직원은 모르는 게 있으면 항상 리더를 찾아가 물어보고 가르침을 받아야 했다. 그래서 과거에는 리더가 가진 정보 그 자체가 권력의 기반이 되었다. 자신만의 지식을 가진 리더는 능력자이면서 동시에 권력자였으며, 부하직원에게는 존경의 대상이었다.

하지만 인터넷과 정보통신 기술이 발달하면서 상황은 전혀 다른 양상으로 전개되었다. 이제 부하직원은 모르는 게 생기더라도 리더를 찾지 않는다. 리더를 대신할 대상이 생겼기 때문이다. 누구인가? 네이버나 구글, 유튜브 등 '온라인 스승'이 그들이다. 그들은 질문을 받으면 '묻지도 따지지도 않고' 세세하게 모든 것을 다 알려준다. 잘난 체하거나 까탈스럽게 굴지도 않고, 대가를 바라거나 비용을 요구하는 법도 없다. 얄팍한 지식을 가지고 잘난 체하는 '꼰대'와는 비교가 되지 않을 정도로 친절하다. 그 결과 오늘날 부하직원들은 굳이 '인간' 리더에게 가르침을 받겠다는 생각 자체를 하지 않는다. 혼자서도 충분히 배울 수 있는 환경이 조성되었기 때문이다.

이러한 변화를 부하직원들의 '자기주도적 학습'이라며 긍정적으로 볼 수도 있다. 하지만 코칭을 해야 하는 리더에게는 분명 난처한 상황이다. 아무리 정보가 넘쳐나고 검색이 용이하다 해도 실무에 필요한 내용이나 조직 상황에 꼭 맞는 솔루션을 온라인 공간에서 얻는다는 것은 쉽지 않다. 또한 지혜나 통찰력이 없는 상태에서 단편적인 정보만으로 현실 문제에 대해 도움을 받는 것도 위험천만한 일이다. 이는 마치 자격도 없는 무면허 의사에게 치료를 받는 것과 별반 다르지 않다. 그래서 실무 문제에 대해서는 리더의 조언이 필수적이다. 하지만 온라인 스승을 현실의 리더보다 더 신뢰하는 상황에서는 코칭 자체가 어렵다. 당사자는 코칭의 필요성을 느끼지 못하는데, 괜히 리더가 먼저 나서서 가르치겠다고 설치는 모양새가 될 수 있기 때문이다. 따라서 오늘날 리더는 코칭에 있어서 새로운 고민을 떠안게 되었다. 당사자는 원하지도 않는데 리더는 코칭을 해야 하고, 그 과정에서 부하직원이 받아들일 수 있도록 해야 하기 때문이다. 어떻게 해야 할까?

코칭의 새로운 기준, 너와 나 함께 성장

2020년 8월 16일자 〈파이낸셜뉴스〉에는 '신입사원이 임원에게 최신 트렌드 코칭'이라는 제목의 기사가 게재되었다. 내용은 포스코인터내셔널에서 실시 중인 '리버스 멘토링' 프로그램에 대한 소개글이다. 그 회사에서는 여러 세대가 공존하는 기업문화 조성을 위해 젊은 직원이 임원을 대상으로 코칭하는 리버스 멘토링 프로그램을 운영하고 있는데, 1990년대생 신입사원이 임원의 멘토를 맡아 젊은 세대와 소통하는 방법은 물론 최신 트렌드에 대해 조언하고 있다는 내용이었다. 신입사원이 임원을 가르친다? 과거에는 상상조차 할 수 없는 일이 벌어지고 있는 셈이다. 이는 코칭에 대한 통념을 뒤집는 발상이다. 이제 오랜 경험과 전문성을 가진 임원조차도 갓 입사한 신입사원에게 배울 것이 있는 세상이 된 것이다.

다른 분야와 마찬가지로 뉴노멀 시대가 되면서 코칭 영역에서도 새로운 패러다임을 맞이하였다. 이제 일방적으로 가르치고 배우기만 하는 시대는 지났다. 서로가 서로에게 가르침과 배움을 주고받는 상호 코칭의 시대가 된 것이다. 이러한 변화는 왜 생겨난 것일까? 여러 이유가 있겠지만 가장 중요한 것은 '기술의 변화주기'와 관련이 있다. 과거에는 기술이 변화하는 주기가 사람의 생명주기보다 훨씬 길었다. 대부분 사람은 자기 생애 동안에 기술의 변화를 경험하지 못했다. 가령, 조선시대 도공은 스승과 자신의 도자기 빚는 방법 사이에 별 차이가 없었다. 기술의 변화가 거의 없었기 때문이다. 따라서 이 시기의 스승은 자신이 가진 노하우를 일방적으로 제자에게 가르치는 것이 당연했다. 제자 또한 오랜 경험으로 축적된 스승의 기술을 어떻게 배울 것인가에 관심을 기울였다. 이는 기술의 변화주기가 개인의 인생주기보다 훨씬 길었기에 가능한 일이었다.

하지만 현대로 오면서 과학기술이 획기적으로 발전하자 모든 분야에서 기술의 변화주기가 점점 빨라졌다. 하루가 멀다 하고 새로운 기술과 방법이 만들어진다. 새로운 정보와 지식의 폭발적인 증가는 기존 지식의 쇠퇴를 앞당겼다. 시장에서 표준으로 자리 잡은 최신 기술도 얼마 지나지 않아서 새로운 기술에게 자리를 내주고 역사의 뒤안길로 사라지는 일이 빈번하게 발생하고 있다. 이처럼 빨라진 기술 변화의 주기는 전체 인류 차원에서는 긍정적인 신호일지 모르지만 개개인에게는 결코 좋은 일만은 아니다. 이러한 환경변화로 인해 한번 배운 기술을 이전처럼 평생 활용할 수 없게 되었기 때문이다.

《지식의 반감기》의 저자 새뮤얼 아브스만(Samuel Arbesman)은 이러한 지식의 쇠퇴 현상을 '반감기(half-life)'라는 개념으로 소개한 바 있다. 반감기란 어떤 물질을 구성하는 성분이 절반이 될 때까지 걸리는 시간을 말하는데, 지식의 반감기란 우리가 알고 있는 지식의 절반이 쓸모없어지는 데 걸리는 기간을 뜻한다. 그는 책에서 각 분야의 과거 연구논문을 모아 전문가에게 읽힌 뒤 지식이 무용해지는 데 걸리는 시간을 검증한 롱탕(2008)의 연구를 인용하였는데, 분석에 따르면 각 분야의 지식이 절반 정도로 무용해지는 데 걸리는 시간은 물리학 13.07년, 경제학 9.38년, 수학 9.17년, 심리학 7.15년, 역사학 7.13년, 종교학 8.76년 등이었다. 요컨대 대략 10년이 지날 때마다 우리가 아는 지식의 절반이 쓸모없어진다는 뜻이다.

이처럼 지식의 반감기가 짧아진 시대를 살아가는 현대인들은 이제 아무리 경험 많은 베테랑이라도 배움을 중단할 수 없게 되었다. 새롭게 생겨나는 기술이나 방법을 끊임없이 배워야 하기 때문이다. 지식의 반감기로 인한 영향은 어느 누구도 피해갈 수 없다. 아무리 고학력의 전문가라 할지라도 지식의 반감기를 외면한다면 언제든지 평범한 동네 아저씨로 전락할 수 있다. 이처럼 뉴노멀 시대에는 '영원한 스승'이란 존재하지 않는다. 모든 사람이 평생 배워야 하는 '언제나 학생'만 있을 뿐이다. 조직에서 부하직원을 코칭해야 하는 리더도 지식의 반감기로부터 자유로울 수 없다. 오늘날 조직 리더는 부하직원을 가르치는 스승이면서 동시에 누군가로부터 배워야 하는 학생이다. 코치가 자신의 역할을 과거의 스승과 동일시한다면 '공자왈맹자왈'만 읊어대는 꼰대 상사로 전락할 가능성이 높다.

부하직원을 코칭해야 하는 리더는 코칭 대상자의 특성을 이해할 필요도 있다. 오늘날 리더가 코칭을 해야 할 구성원은 MZ세대라 불리는 신세대로 '디지털 네이티브(digital native)' 세대다. 이들은 어려서부터 인터넷, 스마트폰과 함께 자란 탓에 온라인과 모바일 커뮤니케이션에 더 익숙한 세대다.《밀레니얼과 함께 일하는 법》의 저자 이은형 교수는 책에서 이렇게 적었다. "어린 시절부터 즉흥적이고 수평적인 커뮤니케이션에 익숙한 밀레니얼 세대는 회사에 입사하는 순간 당혹해한다. 갑자기 큰 조직 속의 최하위층에 위치하면서 직급과 나이 등에 따른 위계질서에 편입되기 때문이다. 게다가 시키면 시키는 대로 하라는 일방적 지시나 커뮤니케이션은 몹시 불편하고 부당하다고 느낀다." 온라인 소통에 익숙한 밀레니얼 세대는 조직에 속하면서 기성세대의 커뮤니케이션 방식에 적응하지 못해 불편함을 느끼고, 심한 경우 부당함을 토로하기도 한다는 것이다.

리더로서는 온라인과 모바일 커뮤니케이션을 더 선호하는 젊은 세대의 취향이 마냥 달가울 리 없다. 하지만 그들의 특성이 틀린 것이니 고쳐야 한다고 요구할 수도 없는 노릇이다. 온라인과 모바일을 통한 비대면 소통이 대세가 되는 것은 거부할 수 없는 시대적 흐름이기 때문이다. 만약 리더가 시대 변화를 거부한 채 자신에게 익숙한 방식을 다른 구성원들에게 강요한다면 꼰대 소리를 들을 가능성이 높다. 꼰대는 코칭과 상극이다. 리더가 부하직원에게 꼰대라는 인상을 심어주면 아무리 좋은 말을 하더라도 상대방이 들으려 하지 않기 때문이다. 특히 오늘날 MZ세대는 꼰대가 하는 말이라면 '콩으로 메주를 쑨다' 해도 그저 꼰대의 뻔한 잔소리쯤으로 치부해버리고 만다. 따라서 오늘날 리더는 코칭에 앞서 스스로 꼰대가 아닌지를 점검해야 한다. 그러기 위해서는 부하직원의 특성을 고려한 커뮤니케이션 방식을 채택할 필요가 있다. 더불어 온라인과 모바일 등을 활용한 비대면 소통 방식도 열린 마음으로 받아들이고 익숙해져야 한다.

결국 뉴노멀 시대가 되면서 코칭에도 새로운 표준이 도입된 셈이다. 먼저 리더는 부하직원에게 일방적으로 가르치겠다는 생각을 버려야 한다. 지식이나 기술의 변화주기가 빨라지고, 기존 지식의 쇠퇴가 가속화되기 때문에 리더 자신이 열린 마음으로 배움을 지속해야 한다. 경우에 따라시는 부하직원에게도 배우면서 함께 성장하려는 자세를 견지해야 한다. 아울러 온라인과 모바일 등 비대면 소통에 익숙한 젊은 세대의 방식을 거부감없이 받아들여야 한다. 뉴노멀 시대의 코칭은 가르치는 것이 아니다. 서로 배우면서 함께 성장하는 것이다. 그것이 바로 코칭의 뉴노멀이다.

시대에 맞게, 함께 성장하는 코칭 방법

| 리더의 두 가지 조건, 솔선수범과 학습 민첩성

인도의 정신적 지도자로 알려진 간디의 일화다. 한 어머니가 아들을 데리고 간디를 찾아왔다. "선생님! 제 아들이 사탕을 너무 좋아합니다. 사탕을 먹지 않도록 조언을 좀 해주세요. 선생님 말씀이라면 제 아들이 귀담아들을 것입니다." 간디는 어머니와 소년의 얼굴을 보며 이렇게 말했다. "보름 후에 다시 찾아오세요. 그때 말씀드리겠습니다." 보름 후 어머니는 아들과 함께 다시 간디를 찾아갔다. 간디는 소년의 눈높이에 맞춰 무릎을 꿇고 말했다. "애야! 사탕을 먹지 않는 것이 좋겠구나. 사탕은 건강에 좋지 않단다." 소년은 고개를 끄덕였다. 이에 어머니는 고마움을 표하며 간디에게 물었다. "선생님! 왜 보름 전에는 그 말씀을 해주지 않으셨습니까?" 간디가 웃으면서 대답했다. "그때는 나도 사탕을 먹고 있었답니다."

간단한 에피소드로 읽힐 수 있겠지만, 이 이야기 속에는 누군가를 가르치는 사람이 가져야 할 중요한 태도가 들어 있다. 그것은 바로 '솔선수범(率先垂範)'의 자세다. 솔선수범이란 '남보다 앞장서 행동해서 몸소 다른 사람의 본보기가 됨'을 뜻하는데, 스승뿐만 아니라 코칭을 하는 리더도 반드시 갖추어야 할 기본자세다. 리더가 부하직원에게 솔선하여 모범을 보이면 그것 자체로 좋은 가르침이 된다. 반면, 리더가 언행이 일치하지 않고 표리부동하면 아무리 좋은 말로 가르침을 전해도 제대로 전달되지 않는다.

조선후기의 실학자 다산 정약용이 쓴 《목민심서(牧民心書)》의 서문에도 비슷한 취지의 말이 나온다. "군자의 학문은 자신의 수양(修養)이 반이요, 나머지 반은 목민(牧民)이다." 다산은 고을을 다스리는 목민관이 지켜야 할 지침을 《목민심서》에 기록하였는데, 그는 타인을 다스리는 리더가 가져야 할 마음가짐을 서문에 남겼다. 다산에 따르면, 타인(백성)을 잘 이끌려면 자기 자신을 잘 다스리는 것이 선행되어야 한다. 즉 리더가 갖추어야 할 첫 번째 덕목은 바로 솔선수범의 자세라는 뜻이다.

리더는 무엇을 솔선수범해야 하는가? 크게 분류하면 '능력'과 '도덕성' 두 가지 측면이다. 리더가 능력을 갖추지 못하면 부하직원에게 소위 '말발'이 먹히지 않는다. 코칭을 하는 리더라면 능력을 갖추는 일은 무엇보다 중요하다. 실력도 없는 리더가 부하직원을 가르친다? 이는 지나가던 개도 웃을 일이다. 도덕성도 중요하다. 아무리 능력이 출중해도 도덕성을 갖추지 못했다면 이 또한 자격 미달이다. 이런 사람이 부하직원을 가르치려 든다면 아마도 '남을 가르치기에 앞서 먼저 인간이 되어라' 같은 뒷담화를 듣기 십상이다. 요컨대, 탁월한 능력과 흠잡을 데 없는 도덕성은 리더나 코치가 갖추어야 할 핵심 덕목이다.

뉴노멀 시대가 되면서 여기에 한 가지 덕목이 더 추가되었다. 물론 이것은 능력 요소와 관련이 깊은데, 바로 '학습 민첩성'이다. 날마다 새로운 지식과 정보가 넘쳐나고, 그 결과 지식의 반감기가 점점 짧아지는 뉴노멀 시대에는 아무리 능력자라도 배움을 멈추는 순간 무지렁이로 전락할 가능성이 높다. 지금은 누구나 끊임없이 배워야 하는 평생학습의 시대다. 게다가 배움의 속도도 중요하다. 배우려는 자세는 갖추고 있으나 학습 속도가 지나치게 더디면 이 또한 능력자로서는 결격사유에 해당한다. 이제 학습도 민첩하게 해야 하는 시대다.

롬바르도(Lombardo)와 아이힝거(Eichinger)는 미래 핵심 리더의 가장 중요한 특징으로 '학습 민첩성(learning agility)'을 꼽았다 (〈High potentials as high learners〉, 2000). 학습 민첩성이란 '새롭거나 처음 마주하는 상황에서도 성과를 낼 수 있는 역량을 학습하려는 능력 및 의지'를 일컫는데, 학습한 것을 새로운 환경에 적용하는 능력까지 포함한 개념이다. 학습 민첩성이 뛰어난 리더는 일상적인 경험에서도 열린 자세로 새로운 정보나 지식을 받아들이고, 남들보다 빠르게 배워서 그것을 새로운 상황에 효과적으로 적용할 줄 안다. 한편, 학습 민첩성은 자기 인식과 피드백 추구를 바탕으로 한다. 학습 민첩성이 뛰어난 리더는 자신의 가치관과 장단점, 정서와 감정 상태에 대해 비교적 잘 알고 있다. 아울러 동료나 후배들에게 적극적인 피드백을 요청한다. 그는 이러한 피드백 과정에서 자신의 실수를 인정하고 수정할 줄 알며, 이를 성장의 기회로 삼는다. 타인을 코칭해야 하는 리더는 먼저 스스로 학습 민첩성을 길러서 탁월성과 지혜를 갖추고 이를 기반으로 부하직원을 코칭할 수 있어야 한다. 요컨대 뉴노멀 리더는 학습 민첩성에 있어서도 솔선수범해야 한다.

리더가 학습 민첩성을 발휘해 솔선수범하는 자세를 보이기 위한 실천 방법으로 다음 세 가지를 제안하고자 한다. 첫 번째는 '부하직원에게 피드백 구하기'이다. 리더가 먼저 동료나 부하직원에게 자신이 행한 업무나 역할 수행에 대해 물어보고 피드백을 받는 것이다. 물론 리더가 부하직원에게 피드백을 구한다고 해서 상대가 솔직하게 대답한다는 보장은 없다. 하지만 열린 마음으로 피드백을 구하고 부하직원의 이야기를 경청하고 수용하려는 리더의 행위는 그 자체만으로도 충분히 효과가 있다. 리더가 먼저 자신의 잘못이나 단점을 찾으려는 태도를 보이면 부하직원도 자기 자신의 문제점에 대해 솔직하고 개방적인 자세를 취할 가능성이 높다. 그 과정에서 리더 자신도 (부하직원에 대해) 인식하지 못한 문제점을 발견하고 개선의 출발점을 만들 수 있다.

두 번째는 '실수에 대한 인정'이다. 리더도 인간이기 때문에 잘못이나 실수를 저지를 수 있다. 정작 문제가 되는 것은 실수한 이후다. 실수를 했음에도 자신의 잘못을 인정하지 않고 숨기거나 섣부른 논리를 내세워 그것을 정당화하려 한다면 리더에 대한 신뢰에 큰 흠이 생길 수 있다. 실수는 감출 때가 문제다. '쿨'하게 인정해버리면 별일 아닌 것이 된다. 실수가 없어야 뛰어난 리더인 것이 아니다. 실수를 인정하고 도움을 구할 줄 아는 사람이 더욱 탁월한 리더다. 물론 실수를 인정하는 것은 쉽지 않다. 그것은 용기를 필요로 하기 때문이다. 하지만 이 용기 있는 행동이 부하직원과의 벽을 허물고 서로 간의 신뢰를 형성함으로써 궁극적으로는 상호 학습하는 분위기를 만드는 데 긍정적으로 작용하게 된다.

마지막은 '지속적인 정보수집과 학습'이다. 반복하는 말이지만, 지식정보화 사회에서는 평생 배워야 한다는 명제는 현대인이라면 누구도 피해갈 수 없는 숙명에 가깝다. 하지만 간혹 연륜 많은 리더 중에는 자신의 경험과 노하우를 맹신하여 새로운 것에 관심조차 두지 않는 사람이 있다. 하지만 연륜에 의한 지식이나 경험은 세상이 변하지 않는 경우에만 효과를 발휘할 수 있다. 현재의 세상이 과거 자신이 경험한 세상과 완전히 딴판이라면 연륜은 오히려 구시대적 발상이나 낡은 관습으로 전락할 수 있다. 따라서 오늘날 리더는 자신의 '지식 창고'를 끊임없이 비우고 동시에 새롭게 채워 나가야 한다. 과거의 경험과 지식이 현재 상황과 맞지 않다 싶으면 과감하게 폐기할 줄 알아야 한다. 그러기 위해서는 지속적으로 정보를 수집하고 끊임없이 학습하는 습관을 가져야 한다. 리더가 지속적으로 공부하는 모습을 보이면 부하직원과의 지식적, 심리적 거리도 한층 가까워질 수 있다.

| 효과를 두 배로 키우는 프로세스의 힘

불교 용어 중에 '화두(話頭)'라는 말이 있다. 화두란 '이야기의 머리'라는 뜻인데, 참선 수행자가 깨달음을 얻기 위해 참구(參究)함에 있어 스승이 제자에게 처음으로 던지는 실마리가 되는 말이다. 즉 수행자가 깨달음에 이를 수 있도록 돕는 핵심 질문이나 주제를 일컫는다. 이를테면, 이런 식이다. "제자가 물었다. '달마 대사가 서쪽에서 온 뜻은 무엇인가요?' 조주 스님이 대답했다. '뜰 앞의 잣나무!'" 제자의 질문에 스승 조주 스님은 전혀 엉뚱한 말처럼 보이는 화두를 던졌다. 동문서답처럼 보이는 제자와 스승의 대화를 불교에서는 '선문답(禪問答)'이라 부른다. 깨달음에 도달하기 위해 주고받는 질문과 대답이다. 따라서 스승이 던지는 화두는 엉뚱한 것이 아니라 제자에게 큰 의심을 일으키고, 그 결과 깊은 사색과 깨달음의 경지로 나아가게 만든다.

화두와 선문답을 코칭에 활용하면 어떻게 될까? 불교의 스승과 제자도 가르침과 배움의 과정이며, 조직에서의 코치와 코칭 대상자도 유사한 목적을 수행하는 사이이긴 하다. 하지만 불교의 스승-제사와 소직의 상사-부하는 관계의 질적 수순이나 존재론적 위상에서 큰 차이가 있다. 불교의 수행자는 깨달음에 존재 전체를 던진 사람이기에 항상 스승에게 가르침을 구하고, 스승의 뜻이라면 절대복종할 자세를 가졌다.

조직에서의 상사-부하 관계는 불교의 사제와는 비교할 수 없을 정도로 느슨한 연결 관계다. 그들의 관계는 언제든지 철회될 수 있으며, 상하관계가 명확히 구분되지도 않는다. 불교의 사제가 '강한 연결'이라면 조직의 상사-부하 관계는 '약한 연결'에 불과하다. 물론 조직의 상사-부하 관계에서도 가르침과 배움이 필요하다. 코칭의 결과에 따라 조직의 성과가 달라지기 때문이다. 하지만 느슨한 관계인 탓에 수행자의 선문답으로는 코칭을 할 수 없다. 조직의 리더가 큰 깨달음에 이르게 할 목적으로 부하직원에게 화두를 던진다면 배움은커녕 분위기만 어색해지고 서로 간의 거리도 멀어질 것이다.

그렇다면 조직의 리더는 부하직원에게 코칭을 할 때 어떠한 방식으로 진행하는 것이 좋을까? 대략 다음의 순서를 지키면서 코칭을 진행하면 효과적이다.

> **효과적인 코칭을 위한 프로세스**
> 1. 위협적이지 않게 문제 제기하기
> 2. 질문을 통해 문제해결의 필요성 공유하기
> 3. 아이디어 구하기
> 4. 제언하기(아이디어 덧붙이기)
> 5. 후속조치(follow-up) 계획 세우기

위협적이지 않게 문제 제기하기

코칭 대화를 시작하려면 상대에게 대화의 목적이나 주제에 대해 설명해야 한다. 하지만 현실에서는 대화 주제를 꺼내기도 전에 부하직원은 직감적으로 '내가 무슨 잘못을 했나?' 하고 경계심을 갖기 쉽다. 따라서 리더는 코칭 대화를 시작할 때 상대가 위협적인 느낌을 받지 않도록 주의해야 한다. 자칫 대화 시작 단계에서 비난하거나 꾸짖는 것처럼 상대가 받아들이면 상대는 방어적인 태도로 돌변할 수 있다. 그렇게 되면 분위기가 가라앉고 리더의 말에 수용적인 태도를 갖기 어려워진다. 문제를 제기하되 상대가 위협을 느끼지 않도록 최대한 부드럽게 대화를 시작하는 것이 좋다. 상대를 비난하려는 것이 아니라 성과향상을 위해 함께 고민하는 시간을 갖자는 식의 공감대를 형성하려는 노력이 필요하다.

질문을 통해 문제해결의 필요성 공유하기

리더가 보기에는 업무수행에 문제가 있는데 정작 당사자는 문제 자체를 인식하지 못하는 경우가 많다. 만약 본인이 문제점을 제대로 인식했다면 어떤 식으로든 변화를 시도했을 것이다. 이런 상황에서 리더가 먼저 '이런저런 문제가 있다'는 식으로 단정적으로 말하면 상대가 받아들이지 못하는 때도 많다. 이때는 질문 기법을 활용하는 것이 효과적이다. 질문을 통해 상대가 스스로 문제가 있다는 사실을 깨닫게 해야 한다. 단정적인 표현("이것이 문제야!")보다는 우회적인 질문을 통해 스스로 문제점을 파악하게 되면, 기분 나쁘지 않게 문제를 알게 도와준 리더에게 오히려 고마움을 느낄 수 있다. 그렇게 되면 리더가 굳이 강조하지 않더라도 스스로 문제해결에 대한 필요성을 느끼게 된다. 또 질문을 통해 문제의 발생 배경과 원인을 확인하는 것도 필요하다. 그래야만 올바른 해결책에 대한 아이디어를 얻을 수 있기 때문이다.

아이디어 구하기

질문을 통해 문제점을 상기시키고 문제 발생의 배경과 원인을 확인한 상태라면 리더의 머릿속에는 이미 대략적인 해결방안이 그려져 있을 가능성이 높다. 하지만 리더는 자신의 생각을 먼저 제시해서는 곤란하다. 코칭은 리더의 생각을 강요하는 것이 아니라 구성원의 생각과 아이디어를 끌어내어 스스로 해결하도록 돕는 것이 목적이기 때문이다. 이때 리더는 부하직원에게 문제해결을 위한 아이디어를 먼저 구하는 것이 좋다. 굳이 이 단계를 거치는 이유는 실행력 때문이다. 타인이 세운 계획보다는 스스로 수립한 계획을 실행할 때 더 큰 열정과 노력을 기울이게 된다.

제언하기(아이디어 덧붙이기)

부하직원에게 아이디어를 구했다면 이제 리더의 생각을 밝혀도 좋다. 앞 단계에서 부하직원의 아이디어가 쓸 만하다면 거기에 리더의 생각을 덧붙이면 된다. 만약 부하직원에게 아무런 아이디어가 없다면 아이디어를 떠올릴 수 있도록 구체적인 활동에 대해 질문의 형태로 유도하는 것도 좋은 방법이다("영업 상담 횟수를 늘리기 위해 고객에게 어프로치하는 방식을 조금 바꿔보면 어떨까? 가령, 연락 횟수를 늘리거나 연락할 때 감사의 표시를 한다거나……"). 그렇게 되면 도출된 아이디어가 마치 자신이 제안한 것처럼 인식할 가능성이 높다. 또한 해결책을 제안할 때는 실행 방법이 구체적일수록 좋다. 부하직원의 머릿속에 실행 방법에 대한 구체적인 그림이 잘 그려질수록 실제 실행력도 높아진다.

후속조치(follow-up) 계획 세우기

한 번의 코칭 대화로 완벽한 업무수행을 기대하기는 어렵다. 따라서 리더는 코칭 대화의 마지막에 반드시 진척도의 확인을 위한 일정에 대해 합의를 해야 한다. 그 과정에서 리더의 지원이 필요한 부분이 있다면 확인할 필요가 있다. 코칭 대화를 마무리할 때는 격려와 동기부여에도 신경을 써야 한다. 부하직원의 노고에 대해 인정과 칭찬을 해주고, 상대에 대한 믿음과 기대를 표현하는 것이 좋다.

| 뉴노멀 코칭 마인드, 교학상장

간혹 "한 번 해병은 영원한 해병"이라면서 자신의 군 시절 정체성에 영원성을 부여하면서 자부심을 갖는 경우를 본다. 하지만 이는 배움의 세계에서는 절대 통용되지 않는 논리다. 특히 지식과 정보가 넘쳐나는 뉴노멀 시대에는 영원한 스승이란 존재하지 않는다. 평생 배워야 하는 학생만 존재하는 시대가 되었다. 이는 조직에서 코치 역할을 담당하는 리더에게도 예외 없이 적용되는 법칙이다. 이제 리더는 가르치는 동시에 끊임없이 배워야 한다.

누구에게서 배워야 할까? 공자는 《논어》에서 "세 사람이 길을 가면 그중에는 반드시 나의 스승이 될 사람이 있다(三人行 必有我師)"라고 했다. 공자의 이 말은 조직에서도 동일하게 적용된다. 조직 구성원이 세 사람 있으면 반드시 그 속에는 나에게 배움을 줄 스승이 있다. 이때 스승은 반드시 상사여야만 하는 것이 아니다. 때로는 상사도 아랫사람에게 배워야 한다. 나이나 경험을 내세워

후배나 부하에게 배우기를 꺼린다면 훌륭한 스승이 될 수 없다.

명나라 사상가 이지(李贄)는《분서(焚書)》에서 이렇게 썼다. "스승이면서 친구가 될 수 없다면 진정한 스승이 아니다. 친구이면서 배울 게 없다면 진정한 친구가 아니다." 그는 스승과 제자의 관계를 일방적으로 가르치고 배우기만 하는 사이가 아니라고 보았다. 스승이 제자를 오랜 시간 가르쳤음에도 사제관계가 여전히 일방적인 수준에 머물러 있다면 이는 스승이 제대로 가르치지 못했거나 제자가 제대로 배우지 못한 상태라고 봐도 무방하다. 제대로 된 학습이 이루어지지 않은 것이다. 그 결과, "이제 더 이상 가르칠 게 없으니 하산하거라" 하고 말할 수가 없다. 스승에게 가르침을 잘 받은 제자라면 실력이 일취월장하여 스승과 동등한 수준에 올라서야 한다. 그래서 친구처럼 수평적인 관계에서 서로에게 배움을 주는 관계로 나아가야 한다.

이처럼 학습의 세계에서는 가르치고 배우는 일이 분리되지 않는다. '교학상장(敎學相長)'이라는 말이 있다. 가르치는 일과 배우는 일이 모두 자신을 성장시킨다는 뜻의 이 표현은 중국 오경(五經)의 하나인《예기(禮記)》〈학기(學記)〉편에 나오는데 전체적인 맥락은 이렇다. "좋은 안주가 있어도 먹어 봐야만 그 맛을 알 수 있다. 지극한 진리가 있어도 배우지 않으면 그것이 왜 좋은지 모른다. 따라서 배운 이후에야 자기의 부족함을 알 수 있고, 가르친 후에야 비로소 어려움을 알게 된다. 그렇기에 가르치고 배우면서 더불어 성장한다고 하는 것이다." 결국 가르침과 배움은 성장을 위한 두 개의 다리인 셈이다. 가르치기만 하고 배우려 하지 않거나 배우기만 할 뿐 가르치는 수준까지 나아가기를 꺼리는 사람은 올바르게 학습한 것이 아니며, 그 결과 제대로 성장하지도 못한다.

코칭을 하는 리더라면 공자가 《논어》〈자한(子罕)〉편에서 '후생가외(後生可畏)'라고 한 말도 기억해둘 만하다. 이 말은 '후배들이 선배들보다 젊고 기력이 왕성하여 쉬지 않고 배우므로 그 진보의 깊이는 두려워할 만하다'는 뜻으로 그만큼 젊은 사람들의 발전 가능성이 무한하다는 뜻이다. 따라서 리더는 후배들의 학습과 성장에 관심을 갖고 배울 게 있으면 배워야 한다. 상사가 후배에게 배우는 게 창피해서 내키지 않는다는 리더가 있을지 모르겠다. 이런 사람이라면 '하문불치(下問不恥)'라는 성어까지 기억하면 좋을 듯하다. 하문불치는 아랫사람에게 묻는 것을 결코 부끄럽게 여기지 않는다는 뜻으로 배움에 대한 성인(聖人)의 자세라 하겠다.

《열하일기(熱河日記)》로 유명한 연암 박지원은 성인의 특징을 이렇게 이야기한다. "순임금과 공자가 성인이 된 것도 남에게 묻기를 좋아해서 배우기를 잘한 데 지나지 않는다." 공자가 성인인 이유는 배우기를 잘하는 것, 다시 말해 공부를 좋아했기 때문이라는 말이다. 공자도 스스로를 '호학자(好學子)', 배우기를 좋아하는 사람이라고 표현한 것을 보면 크게 틀린 말은 아닐 것이다. 결국 배움의 세계에서는 나이도 직급도 성별도 계급도 따질 일이 아니다. 누구에게라도 배울 수 있다면 감사한 마음으로 배워서 깨우쳐야 한다. 결국 잘 배우는 사람이 잘 가르칠 수 있고 크게 성장할 수 있다. 따라서 리더는 항상 교학상장의 자세로 가르침과 배움을 병행할 수 있도록 노력해야 한다. 일터를 상호 학습의 기회로 활용해야 한다.

　뉴노멀 시대의 리더는 코칭의 패러다임도 바꾸어야 한다. 이제 코칭은 일방적으로 가르치기만 하는 것이 아니다. 서로가 배우면서 함께 성장하는 방향으로 변해야 한다. 이를 위해서는 리더가 먼저 솔선수범하여 학습 민첩성을 발휘해야 한다. 코칭을 할 때도 올바른 프로세스를 준수해야 한다. 나아가 교학상장의 자세로 상호 학습의 기회를 만들어야 한다. 그것이 올바른 코칭이고 진정한 배움이며, 뉴노멀 시대의 새로운 표준이다.

10장

주도성 :
주도적 업무수행자로 바꾸는 방법

주인이 아닌데 어떻게 주인의식을 갖게 하는가?

김 팀장은 6개월 전 부서에 배치된 신입사원 나대로 씨 때문에 골치가 아프다. 아무리 신세대 직원이라 하지만 그의 행동은 자신이 상상했던 것 이상이었기 때문이다. 부서에 배치된 첫날 김 팀장은 나대로 씨와 개인 면담을 했는데, 이때 업무보다는 휴가와 복리후생 관련 질문을 많이 해서 '회사에 일하러 온 게 아니라 놀러 온 건가?' 하는 의구심이 들기도 했다.

물론 그 이후 6개월이 지나는 동안 근무시간에 딴짓하지 않고 시킨 일을 나름 열심히 하는 편이었지만, 동료들끼리 협력하거나 도와주는 일에는 거의 관심을 보이지 않았다. 또한 퇴근 시간이 되면 선배들 눈치 보지 않고 '칼퇴근'하는 경우가 많았고, 회사 일보다는 퇴근 후의 사적인 일에 더 열성을 보였다. 좋게 생각하면 공사 구분이 명확한 것이겠지만, 김 팀장의 눈에는 회사생활에 열의가 없고 동료와도 어울리지 않는 이기적인 행동으로 보였다. 이에 김 팀장은 나대로 씨를 불러 이러한 문제에 대해 면담을 실시하였다.

[김 팀장] 나대로 씨는 IT 활용능력이 뛰어나고 사원답지 않게 일 처리도 깔끔한 편이어서 팀장으로서 만족스러워요. 그런데 앞으로는 좀 더 적극적으로 본인의 업무를 스스로 찾아서 주도적으로 일했으면 좋겠어요. 그리고 동료들이 바쁠 때는 내 일 남 일 구분하지 않고 함께 팔을 걷어붙여 도와주는 모습을 보여줬으면 해요. 때로는 팀원들이 야근을 하면 함께 야근도 하고 말이야…….

[나 대로] 팀장님, 저는 제가 맡은 일은 무슨 일이 있어도 제가 책임지려고 노력합니다. 다른 사람도 자신에게 주어진 일은 스스로 해결하는 게 맞다고 생각합니다. 그리고 제 업무도 아닌 일 때문에 야근을 하라는 것은 지나친 요구라고 생각합니다. 저는 회사생활 못지않게 개인의 시간도 소중하다고 생각하기 때문에 특별한 경우가 아니라면 야근을 종용하지 않으셨으면 합니다.

[김 팀장] 그래도 조직은 여러 사람이 함께 모여서 일하는 곳

이니까 다른 동료들이 나대로 씨를 어떻게 생각하는지도 봐가면서 행동하는 것이 더 좋지 않을까?

[나 대로] 다른 사람 눈치 때문에 야근을 해야 한다는 논리가 납득이 되지 않습니다만, 그럼에도 야근이 필요하다면 사진에 미리 말씀해 주시면 좋겠습니다. 그래야만 개인 일정을 조정할 수 있으니까요.

[김 팀장] ······.

　신입사원임에도 당당하게 자신의 의견을 말하는 나대로 씨의 태도가 건방지고 당돌해 보이기도 했지만 한편으로는 그의 주장도 나름 일리가 있었다. 하지만 무엇보다도 회사나 업무에 대한 주인의식이 없고 주도적이지 않다는 느낌을 지울 수 없었다. 또 요즘 젊은 친구들은 회사를 건성으로 다닌다는 생각도 들었다. 구성원들이 주인의식을 갖고 주도적으로 업무를 수행했으면 하는 것은 리더라면 누구나 소망하는 바일 것이다. 하지만 요즘 젊은 친구들에게 주인의식을 바라는 것은 시대에 맞지 않는 고리타분한 생각이 아닐까 하는 의문이 들기도 했다. 어떻게 하면 부하직원들이 주인의식을 갖고 주도적으로 업무를 수행하도록 할 수 있을까?

　모 일간지에 발표된 '기성세대의 신세대에 대한 인식'이라는 주제의 설문조사 결과를 살펴보자. 기사에 의하면, 기성세대는 신세대를 부정적으로 평가하는 경향이 압도적으로 높았다. 예컨대, '요즘 젊은이들은 자기 권리만 주장한다(86.9%)', '이기적이다(86.6%)', '예의를 모른다(79.9%)', '일에 대해 무책임하다(54.5%)' 등의 응답이 상위에 올랐다. 한마디로 기성세대에게 신세대는 '싸가지'가 없고 함께 일하는 부하직원으로서 '함량 미달'이란 소리다.

위 설문 결과에 동의가 되는가? 아마도 고개를 끄덕이며 공감을 표하는 리더도 적지 않을 것이다. 하지만 앞의 조사는 요즘 것이 아니다. 1992년 9월 6일자 〈조선일보〉에 실린 기사로, 지금으로부터 거의 30년 전의 설문 결과다. 결국 30년 전이나 지금이나 기성세대에게 신세대는 여전히 비호감인 셈이다. 이처럼 기성세대가 젊은 세대를 부정적으로 바라보는 경향은 30년보다 훨씬 오랜 역사를 '자랑'한다.

기원전 1700년경 수메르 시대의 점토판에 이런 글귀가 쓰여 있었다고 한다. "요즘 젊은것들은 어른을 공경할 줄 모르고 버르장머리가 없다. 말세다." 심지어 수많은 젊은이가 따랐다는 소크라테스도 어딘가에서 이렇게 한탄했다고 전해진다. "요즘 아이들은 버릇이 없다. 부모에게 대들고, 음식을 게걸스럽게 먹고, 스승에게도 대든다."(소크라테스의 이 말은 날조된 언론 기사라는 설도 있다.) 언어의 구조상 어른에게도 반말을 할 수밖에 없는 서양이라서 더 그렇다고 생각할지 모르겠다. 하지만 이러한 현상은 동양도 예외가 아니다. 중국의 고전《한비자》〈오두(五蠹)〉편에도 젊은이의 버릇없음을 책망하는 대목이 나온다. "지금 덜 떨어진 젊은 녀석이 있어 부모가 화를 내도 고치지 않고, 동네 사람들이 욕해도 움직이지 않고, 스승이 가르쳐도 변할 줄 모른다." 사실 예나 지금이나 어른들 눈에는 젊은이들이 대체로 버릇없게 보인다. 요즘 젊은 세대만 '갑툭튀(갑자기 툭 튀어나오다)' 한 게 아니다.

어느 시대건 기성세대가 자신보다 어린 후배를 철없고 부족하게 보는 것은 인지상정인가 보다. 생각해보면, 젊은 세대가 '신세대'라 불리게 된 것은 기성세대가 만들어 놓은 질서를 따르지 않기 때문이다. 젊은 세대가 기성세대와 똑같이 생각하고 행동한다면 그들을 별도로 구분하여 신세대라 부를 이유가 없다. 결국 신세대는 기성세대와 다르기 때문에 붙여진 이름이다. 따라서 신세대가 버릇없고 튀는 행동을 하는 것은 매우 자연스러운 현상이다. 하지만 이러한 신세대의 생각과 행동은 기성세대의 눈으로는 기이하고 상식에서 벗어난 것처럼 보이기 쉽다. 이는 결국 세대 간 갈등의 원인이 되기도 한다. 요컨대, 세대 간 갈등은 신세대의 튀는 행동뿐만 아니라 기성세대의 편협한 시각도 한몫한 셈이다.

최근 몇 년 사이 《나는 나로 살기로 했다》(2016), 《곰돌이 푸, 서두르지 않아도 괜찮아》(2018), 《하마터면 열심히 살 뻔했다》(2018) 등의 가벼운 에세이가 젊은이들의 호응을 얻어 베스트셀러 반열에 올랐다. 책 제목에서 보듯이, 요즘 신세대는 진지하고 성실한 삶을 선호하지 않는다. 조직의 가치보다는 개인의 행복을 더 중요하게 생각하고, 워라밸에 환호한다. 이는 조직과 개인을 동일시하고 조직의 발전과 개인의 성공을 위해서라면 사적인 생활을 포기히는 것을 당연히게 받아들였던 기성세대의 가치관과는 사뭇 다른 관점이다.

이처럼 조직보다는 개인을, 성공보다는 행복을 중시하는 신세대의 가치관은 기성세대의 눈에는 주인의식이나 열정이 없고 타율적인 업무 태도로 해석될 여지가 많다. 앞의 사례에서 나대로 씨에 대한 김 팀장의 평가도 이와 별반 다르지 않다. 물론 김 팀장의 시각이 타당한 것인지에 대해서는 좀 더 따져봐야겠지만, 리더는 그럼에도 불구하고 구성원들에게 주인의식을 고취시켜야 하고, 열의를 불어넣어 주도적으로 업무를 수행할 수 있게 만들어야 한다. 이는 신세대의 가치관을 기성세대처럼 바꾸는 것으로 해결할 문제가 아니다. 아무리 상사라 하더라도 직접 개입하여 가치관을 바꾸려는 행위는 월권이며, 인간의 가치관을 바꾼다는 것은 거의 불가능에 가깝기 때문이다. 그래서 리더는 그들의 가치관을 인정하면서도 공존할 방법을 모색해야 한다. 개인화를 특성으로 하는 신세대를 어떻게 하면 자신의 업무에 열정을 가지고 몰입하게 함으로써 주도적인 업무수행자로 육성할 것인가 하는 것이 오늘날 리더에게 주어진 과제이며, 이것이 사람 관리 측면에서의 새로운 기준으로 대두되고 있다.

열정과 몰입으로 사는 주도적 업무수행자

리더십의 궁극적인 목표는 무엇일까? 리더의 말을 잘 따르는 사람을 만드는 것일까? 한때는 관리자들이 조직의 방침이니 상사의 지시에 따라 맡은 바 업무를 성실하게 수행하는 사람을 선호한 적도 있었다. 하지만 오늘날에는 리더의 지시나 감독 없이도 스스로 업무를 잘 수행하는 사람을 선호한다. 즉 주도적으로 업무를 수행하는 사람으로 육성하는 것이 최근의 리더십 목표다.

오늘날 조직관리에 있어 구성원들에게 '주도적 업무수행'이 강조되는 이유는 무엇일까? 우선 조직구조의 변화를 들 수 있다. 과거 조직은 직속 상사가 소수의 부하직원을 관리하는 피라미드식 구조였다. 이런 구조에서는 관리 범위가 넓지 않기 때문에 상사가 부하직원 개개인의 업무를 세세하게 파악하고 개입하여 지시를 내리는 것이 가능했다. 따라서 실무자는 스스로 알아서 업무를 수행하기보다는 상사가 지시한 대로만 잘 따르면 그만이었다. 하지만 지금은 조직구조가 수평화되면서 리더의 관리 범위가 넓어졌다. 이제 리더는 부하직원 개개인의 업무에 일일이 간섭하고 확인하는 것이 어려워졌다. 이 때문에 리더는 자기 권한의 상당 부분을 부하직원에게 위임할 수밖에 없고, 실무자는 자신의 역할을 주도적으로 수행해야 하는 상황이 되었다.

근무환경의 변화도 주도적 업무수행을 강조하게 만들었다. 주 52시간제의 도입으로 실질 근무시간이 단축되는 상황에서 성과를 유지하기 위해서는 개개인의 업무 몰입도나 시간당 생산성이 높아져야 하는데, 이를 위해서는 지위고하를 막론하고 자기가 맡은 분야에서 주도적으로 업무를 수행해야 한다. 코로나 팬데믹의 장기화로 인한 언택트 근무환경의 증가도 업무 관행의 변화를 가져왔다. 같은 공간에서 함께 근무하면서 수시로 소통이 가능했던 과거와 달리 재택근무나 비대면 업무환경에서는 리더의 지시나 감독이 제한적일 수밖에 없다. 따라서 비대면이 일상화되는 상황에서는 구성원의 자발적인 업무수행과 스스로 업무를 완결하는 역량이 점점 중요해지고 있다. 말하자면, 뉴노멀 시대가 되면서 구성원의 주도적인 업무수행이 반드시 필요한 전제조건이 되었다.

주도적(主導的)으로 업무를 수행한다는 것은 무슨 의미인가? 말 그대로 '자신이 주인이 되어 이끈다'는 뜻이다. 이를 위해서는 '주인의식'이 있어야 한다. 단지 월급을 받기 때문에 시킨 일을 한다는 식의 타율적 태도로는 주도적 업무수행이 불가능하다. 당연한 말이지만, 주인의식을 가진 사람은 업무에 임하는 태도가 다르다. '월급쟁이 마인드'와는 차이가 있다. 주인의식을 가진 사람은 자기 일에 열정을 다하고 몰입한다. 자신이 주인이기 때문이다. 자신에게 주어진 일은 자기 일이고 자기 책임이라고 생각하기 때문이다. 결국, 리더가 구성원을 주도적인 업무수행자로 이끈다는 것은 자기 일에 열정과 몰입을 다하게 만든다는 것과 같다.

열정(熱情)이란 어떤 일에 열렬한 마음을 가지고 열과 성을 다하는 상태를 말한다. 각 분야에서 최고의 자리에 올랐거나 남들보다 탁월한 성취를 이룬 사람은 모두 자기 일에 열정을 가졌다는 공통점이 있다. 결국 탁월한 성과를 내기 위해서는 열정이 반드시 필요하다. 열정 없이는 성취도 없다. 한편, 열정을 가진 사람은 그 대상에 몰입하게 된다. 몰입(沒入)이란 깊이 파고들거나 빠지는 상태를 말한다. 결국 열정과 몰입은 자전거의 두 바퀴와 같다. 열정이 생기면 저절로 몰입하게 되고, 무엇인가에 몰입하는 모습을 우리는 열정적이라고 부른다. 따라서 리더가 구성원의 열정과 몰입을 끌어낼 수 있다면 성과는 서절로 따라온다.

어떻게 하면 열정과 몰입을 끌어낼 수 있을까? 미 해군대학원 경영학과의 케네스 토머스(Kenneth W. Thomas) 교수는《열정과 몰입의 방법》에서 열정과 몰입의 조건으로 네 가지를 꼽았는데, '가치, 선택, 역량, 발전'이다. 이 요소들을 잘 이해하면 리더는 구성원들이 열정과 몰입을 다하도록 이끌 수 있다.

가치 : 자기 일에 가치와 의미를 부여하라

사람은 자기 일에 어떻게 가치를 부여하는가에 따라 몰입도가 달라진다. 미국 디즈니랜드에서는 넓은 지역을 청소하는 사람이 다수 있는데, 그들은 자신의 역할을 '쓰레기 치우는 것'이라고 말하지 않는다. '퍼레이드 연출을 위해 무대를 만드는 작업'이라고 표현한다. 따라서 그들은 청소부가 아니라 무대연출가이다. 그들은 본인이 연출한 무대(거리)에서 멋진 퍼레이드가 펼쳐지고, 이를 본 방문객들이 환호하는 모습을 상상하면서 무대를 꾸미는 일

(말하자면 거리를 청소하는 일)에 열과 성을 다한다. 이처럼 같은 업무라도 어떻게 가치를 부여하는가에 따라 열정과 몰입의 정도가 달라진다. 자기 일이 가치 있다고 느낄수록 열정과 몰입의 정도는 강해진다. 따라서 리더는 구성원의 업무에 가치를 부여하고 보다 의미 있게 표현하려고 노력해야 한다.

선택 : 그 일을 스스로 선택하게 만들어라

사람은 자신이 선택한 일에 대해서는 최선을 다하고 책임을 지려 한다. 반면, 자신이 선택하지 않았다고 느끼면 적극적으로 임하지도 않고 결과에 대한 책임감도 덜 갖는다. 예컨대 부역(賦役)을 치르느라 어쩔 수 없이 봉사활동에 끌려온 사람보다 스스로의 선택으로 참가한 사람이 주어진 활동에 더 큰 열정을 보이는 것과 같은 이치다. 따라서 리더는 일방적인 지시가 아니라 업무 과제와 방법, 실행 계획 등에 대한 합의를 통해 구성원 스스로가 그 일을 선택했음을 인식하게 만들어야 한다.

역량 : 그 일을 잘할 수 있는 지식과 기술이 있음을 인지시켜라

대체로 사람은 자기가 잘하는 일을 할 때 열정을 쏟고 몰입한다. 예컨대 학교에서 반 대항 축구시합을 하게 되어 대표 선수를 선발하는 상황을 상상해보자. 이때 축구 실력이 뛰어나다고 생각하는 사람은 자기가 먼저 손을 들고 주전으로 뛰겠다고 자청할 것이다. 반면, 축구 실력이 별로라고 생각하는 사람은 선뜻 손을 들고 나서기가 어렵다. 이처럼 어떤 분야에서든 능력을 갖춘 사람이 그렇지 못한 사람보다 열정을 보이고 몰입하는 법이다. 스포츠나 취미 동호회를 보면 실력이 좋은 사람일수록 열성적으로 활동하는 경향이 있다. 따라서 구성원에게 그 일을 잘할 수 있는 역량이 있음을 인지시키면 열정과 몰입을 이끌 수 있다. 그러기 위해서는 평소 구성원 개개인의 장단점을 잘 파악하려는 노력이 필요하다.

발전 : 구성원의 능력이 소금씩 발전하고 있음을 인지시켜라

아직 잘하지는 못하더라도 조금씩 나아지고 있다고만 느껴도 열정과 몰입이 생긴다. 실력이 나아지고 있다는 사실을 인식한 사람은 계속 발전하기 위해 노력을 경주하기 때문이다. 따라서 리더는 구성원에게 작은 성공이라도 체험할 수 있는 기회를 제공할 필요가 있다. 또한 작은 성취라 해도 제때 피드백을 해줌으로써 역량이 향상되고 있음을 인지시킬 필요가 있다. 업무수행 과정에서 자신의 실력이 조금씩 향상되고 있다고 느끼는 구성원은 그 일을 즐기면서 몰입하게 된다.

구성원의 열정과 몰입을 이끌기 위해 케네스 토머스 교수의 네 가지 방법을 꼭 동시에 실행해야 하는 것은 아니다. 그중 하나라도 제대로 실행하면 구성원에게 충분한 동기부여가 되고, 그 결과 구성원들은 열정과 몰입을 다하게 된다. 결국 뉴노멀 시대의 리더는 구성원의 열정과 몰입을 이끌어 주도적 업무수행자로 만들어야 하는데, 이 때 '가치, 선택, 역량, 발전'이라는 네 가지 키워드를 상황에 맞게 응용하면 효과적이다.

시대에 맞게, 노예를 주인으로 바꾸는 방법

│ 회사가 아니라 내 인생의 주인이다

앞서 주도적 업무수행을 위한 전제로 주인의식이 필요하다고 말했다. 주인의식이란 말 그대로 자신이 주인이라고 생각하는 의식을 말한다. 그렇다면 주인의식은 주인과 주인 아닌 사람(샐러리맨) 중 누가 가져야 할 의식일까? 정답은 후자다. 진짜 주인에게는 주인의식이란 말이 필요조차 없다. 이미 주인인데(그래서 이미 주인이라고 생각하고 있다), 추가로 주인의식을 가지라고 말할 이유가 없다. 주인의식을 가져야 할 주체는 '주인이 아닌 자', 즉 샐러리맨이다. 결국 '주인의식'이란 말은 주인이 아닌 사람(샐러리맨)이 스스로 주인이라는 생각을 갖고 업무에 임하라는 뜻이다.

진짜 주인도 아닌 사람이 굳이 주인의식을 가질 필요가 있을까? 샐러리맨이 주인의식을 갖는 것은 현명한 태도일까? 이성적으로만 생각하면, 샐러리맨은 딱히 주인의식을 가질 필요가 없다. 샐러리맨은 보수에 상응하는 노동을 제공하기로 이른바 '근로계

약'을 맺은 사람이기 때문에 '월급만큼만 일하면' 그만이다. 하지만 인간은 이성을 가진 존재이지만 그렇다고 이성으로만 살 수는 없다. 인간이 언제나 합리성을 삶의 최우선 기준으로 삼는다면 우리는 사랑이나 결혼도 하기 어렵다. 철학자 알랭 바디우는 "사랑은 계산되지 않는 하나의 사건"이라고 주장한 바 있는데, 현실의 사랑은 대부분 이성적으로 따지고 판단한 결과가 아닌 경우가 많다. 합리성의 기준으로만 생각하면 자녀도 낳지 말아야 한다(대체로 자녀에게 들어가는 돈처럼 비효율적인 투자도 없다).

인간은 이성적이고 합리적이려고 노력하지만 언제나 그 기준으로만 살지는 않는다. 특히 인간의 행위 중에서 가치와 의미를 갖는 일은 대개 합리성의 관점으로는 이해되지 않는 것들이 대부분이다. 사랑이나 결혼, 봉사나 헌신, 희생이나 타인에 대한 배려가 그렇다. 샐러리맨이 직장에서 주인의식을 갖고 열심히 일하는 행위도 이성의 관점에서는 매우 비합리적인 선택이다. 직장에서 마치 주인인 것처럼 생각하고 열심히 하면 근로계약의 관점에서는 받는 보수보다 더 많은 노동을 제공하기 때문에 손해다. 하지만 이러한 관점은 지극히 좁은 시각에 불과하다. 좀 더 높고 넓은 눈으로 보면 샐러리맨이 주인의식을 갖는 것이 장기적으로는 현명한 선택일 수 있다. 왜 그런가?

헤겔은 《정신현상학》에서 '주인과 노예의 변증법'이라는 유명한 주장을 펼쳤는데, 이를 토대로 논의를 전개해보자. 여기 주인과 노예가 있다. 주인은 노예를 지배하고, 노예는 주인이 시킨 노동을 한다. 이 상황에서 주인은 지배하는 자이고 노예는 주인에게 예속된 상태다. 지금 노예가 하는 노동은 누구를 위한 것일까? 주인을 위한 것이다. 결국, 노예는 '주인을 위해' 노동을 하고 있다. 말하자면, 주인은 '자기를 위해' 존재하는데 노예는 '타인(정확히는 주인)을 위해' 존재하고 있다.

그런데 이제부터 기묘한 전도가 일어난다. 노예는 단순히 시킨 일만 수동적으로 하는 것이 아니라 '자기의식을 가지고' 열심히 일했다. 그 결과, 노예는 전문가가 되어 어디를 가도 먹고사는 데 문제가 없는 상태가 되었다. 노예에게 스스로 설 수 있는 능력, 자립성이 생긴 것이다. 이 상태가 되면 주인과 노예의 관계에 전도가 일어난다. 이제 주인은 노예에게 의존하는 상태로 변했다. 이 상태에서 노예가 떠나버리면 주인은 곤란한 상황에 처하기 때문이다(그동안 모든 일을 노예에게만 맡겨 두었기 때문에 정작 본인 스스로 할 능력을 기르지 못했다). 이 상태가 되면 기존의 지배-예속 관계는 더 이상 의미가 없어진다. 주인이 오히려 노예의 눈치를 봐야 하는 상황이 된 것이다. 이것이 '주인과 노예의 변증법'이다.

헤겔이 말한 '주인과 노예의 변증법'은 오늘날 직장에서의 사장과 샐러리맨, 상사와 부하직원의 관계에도 유사하게 적용될 수 있다. 기업의 사장과 상사가 주인이라면, 샐러리맨과 부하직원은 노예에 비유할 수 있다. 변증법이라는 표현에서 알 수 있듯이, 상호 간의 지배-예속 관계는 고정된 것이 아니라 유동적이다. 처음에는 노예가 주인에게 예속되어 있지만 상황이 변하면 주인이 노예의 눈치를 봐야 하는 경우도 생긴다.

　여기서 눈여겨봐야 할 점은 주인-노예 관계가 저절로 역전되는 것이 아니라는 사실이다. 헤겔의 표현을 빌리면, 노예가 "자기의 식을 가지고" 노동함으로써 자립성을 획득해야만 비로소 관계의 전도가 일어난다. 여기서 자기의식을 가진다는 말은 주인의식을 갖는다는 말로 대체해도 무방하다. 결국 노예가 어디를 가도 환영 받을 수 있을 정도로 능력자가 되어야 주인-노예 관계에 역전이 일어난다. 노예가 주인의식을 가지고 열심히 노력해서 능력자가 되는 것이 선행되어야 기존의 지배-예속 관계를 바꿀 수 있다는 뜻이다. 직장도 이와 마찬가지가 아닐까? 직장에서도 일을 아주 잘하는 사람은 경영진이나 상사의 눈치를 보지 않고 당당하게 생 활하기도 한다. 이런 상황이라면 그는 노예가 아니라 주인이라고 봐야 마땅하다.

　직장에서는 모두가 월급을 받으며 마치 노예처럼 일을 하는 것 같지만, 자세히 들여다보면 개개인의 위치나 입장은 사뭇 다르다. 매사에 상사의 눈치를 보면서 일하는 사람이 있는가 하면, 전혀 눈치 보지 않고 당당하게 일하는 사람도 있다. 둘의 차이는 능력 의 유무, 자립성 획득 여부에 있다. 그래서 눈치 보지 않고 직장생 활을 하려면 먼저 능력을 갖추고 자립성을 길러야 한다. 이를 위 해서는 그것에 앞서 스스로 주인이라는 의식을 가져야 한다. 주인 의식을 가져야 자기 역할에 충실하게 되고, 그 결과 자립성을 획 득할 수 있다. 이렇듯 주인의식을 갖는 것은 무엇보다 중요하다.

이성적으로 말하면, 대부분의 샐러리맨은 회사의 주인이 아니다. 실제 주인이 따로 있고, 그 주인을 위해서, 주인이 시키는 일을 대신하고 있는 셈이다. 하지만 관점을 바꾸면 우리는 누구나 주인이다. 직장에서 나는 샐러리맨이지만, 한편으로 나는 여전히 내 삶의 주인이고, 내 인생이라는 드라마의 연출자이자 주인공이다. 그 드라마의 스토리 중 일부가 현재 다니고 있는 직장인 것이다. 자기 인생이라는 관점에서 보면, 나는 분명히 주인이며 주인이라는 의식을 가지고 삶의 무대를 펼쳐 나가야 한다. 그렇기에 직장 신(scene)도 소홀히 연기해서는 안 된다. 요컨대, '회사를 위해' 주인의식을 가질 필요는 없을지라도 '내 삶에 대해서는' 주인의식을 가져야 한다. 우리는 모두 자기 삶의 주인이기 때문이다.

당나라 시대의 유명한 선승 임제(臨濟) 선사는 이런 말을 했다. "수처작주 입처개진(隨處作主 立處皆眞)." '이르는 곳마다 주인이 되면 그가 서 있는 곳이 모두 참되다'는 뜻이다. 현재 무엇을 하든 그곳에서 주인이 된다면 그 사람의 삶은 모두 참된 것이다. 직장생활도 마찬가지다. 아무리 월급쟁이 신분이라 할지라도 자기 삶의 주인이 되어 행동하고 있다면, 지금 하고 있는 일은 모두 참되다. 나는 내 삶의 주인공이며, 지금은 단지 직장이란 곳에서 샐러리맨의 역할을 연기하고 있을 뿐이다. 결국 자신이 주인이라는 생각만 가지면 무엇을 하든 여전히 내 삶은 참된 것이다.

인생이라는 큰 틀에서 보면 '상사는 주인공, 부하직원은 엑스트라' 같은 건 없다. 우리는 각자가 주인공인 드라마를 찍는 가운데

만난 존재다. 따라서 모두가 주인의식을 가져야 한다. 리더는 먼저 자기 삶에서 주인의식을 갖고, 부하직원에게도 회사의 주인은 아닐지라도 자기 삶의 주인임을 인식시킬 필요가 있다. 누구든 자기 삶의 주인이라고 생각하면 각자 맡은 역할에서 열정과 몰입을 다하게 된다. "수처작주 입처개진"이라는 임제 선사의 말을 모두가 가슴에 새길 필요가 있겠다.

| 개인 맞춤형 접근을 위한 '역량-가치 매트릭스' 사용법

'닭이 먼저냐 달걀이 먼저냐?'는 의문처럼 영원히 끝나지 않는 논쟁이 있다. 적성과 열정의 관계가 그것이다. 사람은 자기 적성에 맞는 일을 해야 열정이 생기는 것일까, 아니면 어떤 일이든 열정을 갖고 몰두하면 그 일이 적성에 맞게 되는 것일까? 사실 여기에는 정답이 없다. 세상에는 두 유형의 사람이 모두 존재한다. 전자처럼 자기가 좋아하는 일에만 열정을 보이는 이가 있는가 하면, 후자처럼 적성과는 무관하게 묵묵히 하다 보니 어느새 숙달되어서 남보다 잘하는 사람도 있다. 리더라면 전자를 위해서는 적성을 찾을 수 있게 다양한 경험의 기회를 제공해야 하고, 후자를 위해서는 성실한 업무수행에 대해 칭찬과 감사를 표해야 한다. 즉 구성원의 특성에 맞는 방법으로 업무주도성을 강화해야 한다.

구체적으로 어떻게 해야 할까? 먼저 구성원의 특성을 '성과(역량)'와 '가치(태도)' 두 가지 기준으로 구분해보자. 우선 성과 측면에서 해당 구성원이 '고성과자(high performer)'인지 '저성과자(low performer)'인지로 구분하는데, 이는 구성원의 역량과 관련이 깊다. 가치 측면에서는 조직가치와 개인가치 중 어느 쪽을 중요하게 생각하는지로 구분한다. 여기서 조직가치를 지향한다는 것은 평소 조직(리더)의 방침을 준수하고 구성원과 협업하는 등 팀의 성과를 먼저 생각한다는 뜻이고, 개인가치를 지향한다는 말은 리더의 말이나 팀 성과보다는 개인의 성과나 자신의 업무 방식을 고수한다는 뜻으로 업무 태도와 관련이 깊다. 이처럼 구성원의 역량과 가치를 기준으로 유형을 구분하는 방식을 '역량-가치 매트릭스'라 부르는데, 아래 그림과 같이 네 가지 유형으로 분류할 수 있다.

역량-가치 매트릭스를 활용한 업무주도성 강화 방안

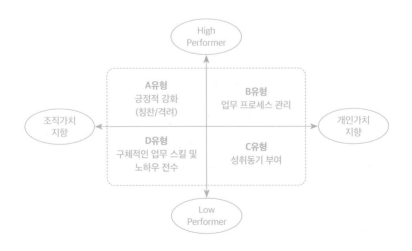

A유형은 가장 이상적인 유형으로 성과도 높으면서 성과 창출 과정에서도 리더의 방침을 잘 따르고, 동료와도 잘 협력하는 사람이다. 이런 유형의 부하직원은 별다른 개입 없이 칭찬과 격려를 통해 긍정적 강화를 해주면 된다. 또한 다른 직원들에게 '역할 모델'이 될 수 있도록 지원하면 더욱 효과적이다.

B유형은 개인적인 업무 성과는 높지만 자기만의 방식을 고수하는 결과지향적 업무스타일이다. 당사자의 업무주도성을 강화하는 것이 중요하지만, 그렇다고 조직의 방침에 반하는 입무 방식을 마냥 방치할 수만은 없다. 이 경우라면, 구성원의 업무 프로세스 전반을 검토하여 부적절한 업무 관행이 없는지 확인하고 구체적으로 피드백하는 것이 좋다. 말하자면, 결과가 아니라 과정을 관리하는 것이 좋다. 업무 프로세스의 단계별 세부 목표나 원칙을 설정하여 합의하고, 그 과정에서 본인의 주도성을 발휘할 수 있도록 유도하는 것이 필요하다.

C유형은 자신의 업무 스타일을 고집하지만 성과 또한 신통치 않은 경우다. 이런 유형은 대부분 업무에 대한 의욕 자체가 낮고, 리더의 조직운영 방침에 부정적인 반응을 드러내어 다른 구성원에게도 나쁜 영향을 미칠 수 있다. 이 경우라면 구체적인 업무수행 지도에 앞서 성취동기를 높이는 일이 선행되어야 한다. 또한, 전체적인 결과보다는 단계를 세분화하여 목표와 방법을 조언하고 작은 성공 체험의 기회를 제공하는 것이 좋다. 작은 성공을 경험하는 과정에서 동기부여가 되고 업무수행에 대한 의욕이 높아

지면 차츰 업무에 대한 주도성도 개선될 수 있다.

D유형은 리더의 방침에 따라 열심히 노력하고 구성원과의 협업에도 관심을 가지지만 정작 업무 성과로는 연결되지 않는 사람이다. 이런 경우에는 중도에 포기하지 않도록 의욕을 관리하는 것이 무엇보다 중요하다. 또한 당사자의 노력이 성과로 이어질 수 있도록 구체적인 코칭이 필요하다. 업무수행 과정에서 성과에 악영향을 미치는 요소를 포착하여 올바른 방법을 지도해 주어야 한다. 그 과정에서 구체적인 업무 스킬과 노하우를 적극 전수해야 한다. 이런 유형은 기본적으로 의욕을 가지고 있기 때문에 리더의 코칭에 따라 빠르게 개선될 가능성이 있으며, 스스로 업무에 대한 성과를 체험하거나 역량이 커졌다는 느낌을 받으면 업무에 대한 열정과 몰입이 한층 강화될 것이다. 리더는 역량-가치 매트릭스에 따라 구성원의 특성을 분류하고, 각각에 대한 대응 전략을 달리함으로써 개개인의 업무주도성을 강화할 수 있다.

│ 영감으로 내면에 잠든 거인을 깨워라

토머스 에디슨은 "천재는 1%의 영감과 99%의 노력으로 이루어진다"는 유명한 말을 남겼다. 사람들은 이 말을 '영감보다 노력이 더 중요하다'는 식으로 잘못 해석하는 경우가 많다. 에디슨은 사람들이 자신의 말을 오해하는 것을 보고 여든두 번째 생일날 부연

설명을 남겼다. "최초의 영감이 좋지 못하면 아무리 노력해도 신통한 결과를 얻지 못한다." 즉 1%의 영감이 99%의 노력을 좌우한다는 의미로, 영감이 노력보다 더 중요하다는 뜻이다.

영감(靈感)은 신령스러운 예감이나 느낌을 뜻하는데, 이는 창조적인 일의 계기가 되는 기발한 착상이나 자극을 의미하기도 한다. 영감이 새로운 창조성의 계기가 되기도 한다는 뜻인데, 이와 관련된 표현 중에 '세렌디피티(serendipity)'라는 말이 있다. 이는 뜻밖의 발견이나 운 좋게 발견한 것을 의미하는데, 과학 분야에서는 '완전한 우연으로부터 얻어진 중대한 발견이나 발명'을 일컫는 말이다. 가령, 뉴턴이 나무에서 사과가 떨어지는 모습을 보고 만유인력의 법칙을 발견했다거나 아르키메데스가 금관의 부피 재는 방법을 고민하다가 목욕탕 물이 넘치는 모습을 보고 부력의 원리를 발견하고는 "유레카!" 하고 외친 것이 그 예라 하겠다. 이러한 세렌디피티에 의한 창조적 발견은 어느 날 갑자기 찾아온 것으로, 논리적으로는 설명할 수 없는 어떤 영감이 작용한 결과라 하겠다.

그렇다면 세렌디피티는 정말로 우연의 산물일까? 절대 그렇지 않다. 헤르만 헤세는 《데미안》에서 우연이란 존재하지 않는다고 확신했다. "우연이란 존재하지 않는다. 무엇인가를 절실하게 필요로 하는 사람이 자신에게 정말로 필요한 것을 찾아내면, 그것은 그에게 주어진 우연이 아니라 그 자신이, 그 자신의 욕구와 필요가 그를 거기로 인도한 것이다." 위대한 발견이나 성취는 결코 어느 날 갑자기 하늘에서 뚝 떨어지지 않는다. 뉴턴은 만유인력의 법칙을 어떻게 발견했느냐는 질문에 이렇게 답했다고 한다. "늘 그 생각만 했습니다." 따라서 세렌디피티는 그냥 우연이 아니다. '준비된 우연' 또는 '정직한 우연'으로 읽어야 한다. 무엇인가를 절실히 필요로 하는 사람이 깊이 몰입한 끝에 우연처럼 보이는 사소한 단초로 창조적 발견을 이루어내는 것이다. 따라서 리더는 구성원에게 기회가 있을 때마다 영감을 주는 자극을 제공할 필요가 있다.

56년의 길지 않은 생을 살았던 스티브 잡스는 2005년 스탠퍼드 대학교 졸업식에서 인상적인 연설로 수많은 사람들에게 영감을 주었다. 그는 이렇게 말했다. "나는 지난 33년간 아침마다 거울을 보면서 이렇게 묻습니다. '오늘이 내 인생의 마지막 날이라면, 내가 오늘 하려는 일을 할 것인가?' 며칠 연속 '노(no)'라는 답을 얻을 때마다 나는 무언가 변화가 필요하다는 것을 알게 됩니다. 곧 죽는다는 생각은 인생의 결단을 내릴 때마다 가장 중요한 도구였습니다. 죽음 앞에서는 외부의 기대, 자부심, 당혹감, 실패의 두려움은 모두 떨어져 나가고, 오직 진실로 중요한 것만 남기 때문입니다. (…) 여러분의 시간은 한정되어 있습니다. 따라서 다른 사람의 삶을 사느라 시간을 낭비하지 마십시오. (…) 가장 중요한 것은 가슴과 영감을 따르는 용기를 내는 것입니다. (…) Stay hungry, stay foolish." 인생의 중요한 순간에 죽음을 생각하면 진실로 중요한 것을 선택할 용기를 얻게 된다는 것이다.

'전사 그리스도' 혹은 '20세기 가장 완전한 남자'라는 별칭을 가진 체 게바라는 "우리 모두 리얼리스트가 되자. 그러나 가슴속에는 불가능한 꿈을 간직하자"는 명언으로 쿠바 시민들에게 강한 용기와 깊은 영감을 주었다. 1963년 마틴 루터 킹 목사는 "나에게는 꿈이 있습니다(I have a dream)"라는 명연설을 통해 인권과 자유를 부르짖음으로써 수많은 흑인의 가슴에 깊은 감동과 울림을 남겼다. 이렇듯 세상에 이름을 남긴 리더들은 다른 사람들에게 영감을 주는 말을 자주 했다. 그들이 던진 영감의 말은 사람들에게 강한 자극을 주어 창조성을 불러일으킴으로써 내면에 잠들어 있던 거인을 깨우는 계기가 되기도 했다.

니체는 인간이 가진 가능성과 잠재력에 대해 이렇게 말한 바 있다. "우리 모두는 우리 안에 숨겨진 정원과 식물을 갖고 있다. 달리 비유하면 우리 모두는 언젠가 분출하게 될 활화산이다. 그러나 이것이 얼마나 가까운 시간에 혹은 먼 후에 이루어질지는 아무도 모른다. 심지어 신조차도." 니체는 모든 인간의 가능성을 긍정하였다. 그의 말처럼 우리는 모두 "우리 안에 숨겨진 정원과 식물을 갖고" 있으며, "언젠가는 분출하게 될 활화산"이기 때문이다('숨겨진 정원과 식물, 언젠가는 분출하게 될 활화산'은 내면에 잠들어 있는 거인의 또 다른 비유다). 그런데 문제는 사람들 대부분이 자기 안에 감추어진 정원과 활화산의 존재 자체를 눈치채지 못한 채 살고 있다는 것이다. 따라서 누군가가 잠들어 있는 거인을 깨워야 한다. 누가 해야 할까? 조직에서는 리더가 그 역할을 해야 한다. 리더가 구성원들에게 영감의 자극을 주어 개개인의 내면에 잠들어 있는 거인을 깨워서 창조성을 불러일으켜야 한다. 그것이 주도적 업무수행자를 육성하기 위한 리더의 역할 중 히니다.

　지금까지 주도적 업무수행자를 육성하기 위한 리더의 과제에 대해 살펴보았다. 리더들 중에 요즘의 젊은 세대 직원들을 두고 '기본 역량이나 스펙은 뛰어난데, 주도적으로 업무를 수행하려는 의지는 박약하다'고 평가하는 이들이 많다. 하지만 "강한 장수 밑에는 약한 군대가 없다"는 속담처럼, 유능한 리더 밑에는 능력 없는 구성원이 존재할 수 없다. 리더의 지도력에 의해 동기가 부여되고 열정과 몰입을 통해 주도적으로 업무를 수행하는 능력자로 거듭나기 때문이다. 결국, 뛰어난 리더는 구성원의 잠재력과 가능성을 최대한으로 이끌어 내고, 각자가 맡은 일을 주도적으로 수행하게 함으로써 탁월한 성과를 만들어 낼 수 있다.

　개인화를 특성으로 하는 뉴노멀 시대에도 리더는 구성원들이 주인의식을 갖고 주도적으로 업무를 수행하게 만들어야 한다. 구성원의 열정과 몰입을 이끌어 주도적 업무수행자로 육성해야 한다. 이를 위해서는 먼저 회사의 주인이 아니라 자기 삶의 진정한 주인임을 인식시켜야 한다. 또한 구성원 개개인의 역량과 가치에 따라서 맞춤형으로 업무주도성을 강화해야 한다. 나아가 영감의 자극을 주어 구성원 내면에 잠들어 있는 거인을 깨워야 한다. 구성원을 주도적 업무수행자로 육성하는 일은 뉴노멀 시대에도 가장 효과적인 리더십 전략이다.

3부

LEADERSHIP

뉴노멀을 대하는 팀장의 혁명적 태도 2 :

업무관리를 위한 새로운 표준

REVOLUTION

11장

스마트워크 :
워크다이어트로 본질에 집중하는 법

근무시간은 줄어드는데 생산성은 높여라?

주52시간 근무제 시행에 따라 사내에서도 다양한 제도가 운영되고 있는 상황에서 김 팀장의 고민은 깊어만 간다. 대표적 고민이 'PC-Off 제도'다. 오후 6시만 되면 전체 컴퓨터가 셧다운된다. 해야 할 일은 산더미이고 마감 시간은 정해져 있는데, 팀원들은 "팀장님부터 빨리 퇴근하세요" 하며 무언의 압박을 가하는 것 같다. 사실 빨리 퇴근하고 싶은 마음이야 누군들 없을까? 하지만 놀면서 성과를 내는 것이 가당키나 한 일인가!

어제는 강 과장이 "팀장님, 컴퓨터는 오프(off)됐는데 할 일은 남아서 팀원들과 회사 앞 카페로 이동해야겠습니다"라고 하길래 급한 마음에 다 같이 노트북을 들고 카페에 가서 잔업을 했다. '대학생들이 조별 과제 하는 것도 아니고 멀쩡한 사무실 두고 이게 뭐 하는 짓인가' 하는 생각도 들었다.

오늘 아침에 담당 임원인 정 상무로부터 호출이 있어 찾아갔더니, "김 팀장. 어제 거래처와 약속이 있어 사장님 모시고 나가다가 김 팀장이 팀원들과 카페에서 일하고 있는 걸 봤어요. 그 모습을 보고 사장님께서 '잔업 하지 말라고 PC-Off 제도를 도입했더니 직원들이 저러고 있다'면서 한 말씀을 하셔서 내가 아주 입장이 곤란했어요. 앞으로는 제대로 좀 합시다" 하고 막무가내로 질책을 했다.

이에 김 팀장은 "앞으로 조심하겠습니다" 하고 답하긴 했지만 속으로는 억울한 심정이 들었다. 전날 김 팀장에게 오늘 아침까지 관련 보고서를 준비하라고 지시한 사람이 바로 정 상무였기 때문이다. 만약 PC-Off 제도 때문에 제때 보고하지 못했다고 하면 정 상무는 순순히 인정해줄까? 어림도 없는 일일 것이다. '워라밸'이니 '저녁이 있는 삶'이니 하면서 구성원의 복지를 신경 쓰는 것은 어쩔 수 없는 일이지만, 그럼에도 불구하고 성과는 내야 하는 상황 때문에 김 팀장의 고민은 깊어지고 있다.

점점 근무시간은 줄어드는데 어떻게 하면 생산성을 높일 수 있을까?

한국인은 대체로 근면 성실하다. 이러한 성향은 경제협력개발기구(OECD)에서 매년 발표하는 각국 근로자의 연간 노동시간으로도 증명된다. 한국의 노동시간이 처음으로 포함된 2008년 OECD 통계자료를 보면, 대한민국 근로자의 연간 노동시간은 2,209시간으로 OECD 국가 중 가장 긴 것으로 나타났다. 주5일제가 시행되고 일과 개인생활의 균형을 강조하는 워라밸이 중시되는 사회 분위기가 확산되면서 2017년 대한민국 근로자의 연간 노동시간은 2,024시간으로 줄어들었다. 하지만 여전히 멕시코(2,257시간), 코스타리카(2,179시간)에 이어 세계 3위를 기록하고 있다. 근면함의 대명사였던 일본조차도 연간 근로시간이 1,710시간에 불과할 정도니 대한민국 근로자들은 여전히 장시간 노동에 시달리고 있는 셈이다.

최근 들어서는 이런 경향에 변화의 조짐이 보이고 있다. 주52시간 근무제가 중소기업까지 확대 시행되고 워라밸의 가치가 강조되면서 연간 노동시간은 점점 줄어들 것으로 예상된다. 독일 (1,356시간), 덴마크(1,408시간) 만큼의 획기적인 단축은 아니어도 노동시간 단축이라는 세계적인 트렌드를 거부할 수는 없는 상황이 되었다.

이러한 노동시간 단축은 직장에서 근로자들이 직접 체감할 수 있는 상황에까지 이르렀다. 과거 고도성장기에 직장생활을 했던 기성세대에게는 공식적인 근무시간이 유명무실한 경우가 대부분이었다. 정해진 출퇴근 시간은 있었지만 거의 사문화된 것이나 마찬가지였다. 대부분 직장인은 상사보다 일찍 출근해서 상사보다 늦게 퇴근하는 것을 당연한 것으로 받아들였다. 하루 중 대부분 시간을 직장에서 보냈고, 그 결과 일할 수 있는 시간도 많았다 (물론 그 시간 동안 얼마나 밀도 있게 일하는지는 별개 문제이긴 하지만). 그러나 이러한 풍경은 과거 시대의 유물이 되어버렸다. 주52시간제가 시행되면서 지금은 직장에 머물고 싶어도 못하게 막는 경우가 많다. 이제 모든 근로자는 하루 8시간만 일해야 한다. 무급으로 더 일하겠다고 사정해도 거부되기 일쑤다.

당연한 말이지만, 근무시간이 줄어들면 그만큼 여가나 자유시간이 늘어난다. 아리스토텔레스는 "인간은 여가를 얻기 위해 일한다"고 말한 바 있다. 인간이 노동을 하는 이유는 노동이 좋아서가 아니라 그것을 통해 여가를 누리기 위함이다. 여가가 목적이고 노동은 수단이란 소리다. 따라서 현대에 와서 노동시간이 줄어들고 여가가 늘어나는 현상은 긍정적인 변화로 해석할 수 있다. 늘어난 여가만큼 행복해질 가능성이 커지기 때문이다.

하지만 조직 리더에게는 노동시간이 줄어든다는 것이 마냥 좋은 일만은 아니다. 주52시간제가 시행되었다고 해서 조직에서 업무량을 줄여주거나 성과 목표를 조정해주지는 않기 때문이다. 줄어든 근무시간과는 무관하게 여전히 성과는 내야 하고 목표는 달성해야 한다. 그것을 이끌어 내는 것이 리더의 역할이자 임무다. 따라서 줄어든 노동시간은 리더에게 새로운 과제를 안겨주었다. 이제 리더는 과거보다 적게 일하면서 더 많은 성과를 창출해야 한다. 이것이 뉴노멀 시대에 리더에게 주어진 과제다.

어떻게 하면 적은 시간을 일하고도 성과는 유지할 수 있을까? 이는 결국 생산성을 높여야 한다는 결론으로 귀결된다. 그러기 위해서는 조직 구성원들이 보다 스마트하게 일을 해야 한다. 과거와 같은 방식으로는 줄어든 근무시간의 핸디캡을 극복할 수 없다. 지금까지는 장시간 근면 성실하게 일하는 것이 바람직한 모습이었다면, 이제는 '똑똑하고 효율적으로' 일하는 것으로 변해야 한다. 그것이 뉴노멀 시대에 어울리는 업무수행의 새로운 기준이다.

업무의 군살을 똑똑하게 빼는 법, 워크다이어트

"열심히만 일하지 말고 똑똑하고 효율적으로 일하라."이 말을 들으면, 자연스럽게 '워크스마트(work smart)' 또는 '스마트워크 (smart work)'라는 말이 떠오른다. '똑똑하게 일한다'는 스마트워크는 다양한 정보통신기술(ICT)을 활용하여 시간과 장소의 제약 없이 업무를 수행하는 유연한 근무 형태를 말한다. 재택근무, 이동근무, 유연근무, 지역 거점근무 등 비대면 상황에서도 업무가 정상적으로 수행되어 시간적, 공간적 한계를 넘어서고자 하는 방법이다.

스마트워크는 우리나라의 IT기술 강점을 업무 상황에 접목해 생산성을 향상하고, 이를 통해 저출산, 고령화 등의 국가적 문제를 해결하기 위해 제안된 것이다. 이를 위해 처음에는 공공기관을 중심으로 다양한 시도들이 있었지만 기업 전반으로 확산되지는 못했다. 하지만 최근 코로나19 사태라는 비상 상황에서 재택근무와 같은 비대면 업무환경이 강제화되었고, 그 결과 이러한 업무 형태는 앞으로도 계속 증가하거나 일상화될 것으로 예측된다. 따라서 조직의 리더들은 다양한 스마트워크를 효율적으로 운영할 수 있는 방법을 고민해야 한다.

워크스마트(work smart, 똑똑하게 일하기)는 워크하드(work hard, 열심히 일하기)에 대비되는 개념이다. 워크스마트를 위해서는 기존의 업무 관행에서 벗어나 창조적(또는 창의적)으로 일해야 한다. 기존 방식대로 열심히만 일해서는 생산성 향상을 기대하기 어렵기 때문이다. 그렇다면 워크스마트, 즉 '똑똑하게 일하기'는 어떤 의미일까? 한마디로 정리하면 '시간당 노동생산성'을 높이는 것이다. 노동생산성은 일정 시간 투입된 노동량과 그 성과인 생산량과의 비율로, 한 사람의 노동자가 일정기간 동안 산출하는 생산량 또는 부가가치를 나타낸다.

OECD에 따르면, 2018년 기준 우리나라 근로자의 시간당 노동생산(GDP per hour worked)은 39.6달러였다. 이는 OECD 회원국 36개 중 28위에 불과한 기록으로 노동생산성 1위인 아일랜드(99.7달러)의 40% 수준에 불과했으며, OECD 평균(53.4달러)에도 크게 못미쳤다. 노동생산성이 낮은 국가가 다른 나라와 경쟁하기 위해서는 어떻게 해야 할까? 노동시간을 늘려야 한다. 결국 우리나라가 OECD 상위 국가와 경쟁하기 위해서는 최소한 그들보다 두 배 이상 더 많은 시간을 일해야 한다. 그들이 6시간 일할 때, 우리는 12시간을 일해야 엇비슷한 성과를 거둘 수 있다.

솔직하게 말하면, 우리나라가 OECD 회원국이 된 것에는 거품이 숨어 있는지도 모른다. 주로 선진국이 회원으로 포진한 OECD에서 우리의 노동생산성은 '선진(先進)'과는 거리가 먼 행보를 보여왔기 때문이다. 결국 우리는 지금껏 질보다는 양으로 승부한 셈이다. 이러한 상태로는 지속적으로 경쟁하기 어렵고, 경쟁에서 이기기도 힘들다. 우리도 이제 노동 패러다임을 양에서 질로 그 기준을 바꾸어야 한다. 그러기 위해서는 노동생산성을 높여야 한다.

제한된 시간에 생산성을 높이기 위해서는 어떻게 해야 할까? 시간의 밀도를 높여야 한다. 부가가치 높은 일에 집중해야 한다. 어떻게? 경제학에서는 '악화가 양화를 구축(驅逐)한다'는 말이 자주 인용된다. 이를 '그레샴의 법칙'이라 부르는데, 시장에서는 나쁜 돈[惡貨]이 좋은 돈[良貨]를 몰아낸다는 뜻이다. 가령, 시장에 순도 80%의 금화(악화)와 순도 99%의 금화(양화)가 동시에 유통될 경우 시간이 지나면 순도 99%의 금화는 사라지고 순도 80%의 금화만 통용된다. 나쁜 것이 좋은 것을 없애 버린다는 것이다. 이러한 그레샴의 법칙은 일상에서도 자주 적용된다. 가령, 어떤 학생이 하루에 독서와 게임을 각각 한 시간씩 한다고 치자. 그 상태를 가만히 내버려 두면 어떻게 될까? 독서 시간은 점점 줄어들고 게임 시간은 늘어날 가능성이 높다. 악화(게임)가 양화(독서)를 몰아냈기 때문이다.

그레샴의 법칙은 노동시간에도 적용된다. 근로자의 대부분은 여러 가지 일을 동시에 해야 한다. 그 안에는 중요하면서 부가가치 높은 일도 있지만 부가가치가 별로 없는 허드렛일도 있다. 전자는 생산성에 중요한 영향을 미치지만 후자는 생산성과 별 관련이 없다. 사람들은 둘 중 어느 쪽의 일을 먼저 할까? 얼핏 생각하면 중요하면서도 생산성 높은 일을 먼저 할 것 같지만 실상은 그렇지 않다. 대개 부가가치가 높은 일은 난이도가 높아서 집중하고 몰입해야 한다. 에너지가 많이 들어간다는 소리다. 반면, 부가가치가 낮은 일은 대체로 난이도가 낮아 집중할 필요가 없다. 가볍게 해치울 수 있는 일이다. 전자가 '공부'라면 후자는 '게임'이다. 따라서 특별히 의식하지 않으면 후자에 먼저 손이 간다. 그렇게 되면 악화가 양화를 구축하듯, 부가가치 낮은 일을 하느라 정작 중요한 일은 시간이 없어서 못하게 된다.

생산성을 높이기 위해서는 제한된 시간에 부가가치 높은 일에 집중해야 하는데, 이를 위해서는 먼저 '악화'를 없애야 한다. 업무 중에서 부가가치가 낮은 일을 빼내야 한다. 저부가가치 업무를 제거하여 여유 시간을 확보하고, 이를 고부가가치 업무에 할당해야 한다. 요컨대, 워크스마트의 핵심은 생산성을 높이는 것인데, 그 출발은 '워크다이어트(work diet)'가 되어야 한다. 워크다이어트란 군살을 빼서 몸을 최고의 상태로 만드는 것처럼, 업무에서 불필요하거나 부가가치가 낮은 부분을 제거하여 중요하고 부가가치 높은 일에 집중할 수 있도록 만드는 것이다.

알고 보면, 생산성의 대가들은 다들 워크다이어트의 고수였다. 경영학의 구루라고 칭송받는 피터 드러커는 "해야 할 일들이 적혀 있는 목록에서 하지 않아도 될 일들을 삭제하지 못하는 한, 당신은 무슨 일이 가장 중요한가를 잘 모르는 것이다"라고 했다. 가장 중요한 일에 집중하기 위해서는 업무목록에서 먼저 '하지 않아도 될 일'을 삭제하는 것이 중요하다는 뜻이다. 애플의 스티브 잡스도 비슷한 관점을 가졌다. "하지 않아야 할 것을 결정하는 것은 할 일을 결정하는 것만큼 중요하다." 잡스에게는 이런 일화가 전해진다. 한번은 잡스가 임원들에게 향후 애플이 해야 할 일 톱 10 리스트를 선정해 보라고 지시한 적이 있다. 임원들이 힘겨운 고민 끝에 가장 우선적으로 해야 할 열 가지를 선정했다. 그러자 잡스는 그 중 세 개만 남기고 나머지 일곱 개를 지우면서 이렇게 말했다. "우리는 위에서부터 딱 세 개, 그것만 합니다." 우선순위가 떨어지는 일을 제거하고 진짜 핵심 업무에 집중하자는 뜻이다.

피터 드러커와 스티브 잡스의 선택은 당연하면서도 옳은 판단이다. 게다가 절대적인 근무시간이 줄어든 뉴노멀 시대에는 더없이 필요한 전략이다. 일할 수 있는 시간이 줄었음에도 기존과 동일한 방법으로 업무를 수행한다면 좋은 결과를 기대하기 어렵다. 가장 먼저 실천해야 할 일은 업무의 다이어트다. 불필요하거나 우선순위가 낮은 업무를 줄이는 것이 선행되어야 한다. 특히 시간을 많이 잡아먹는 시간 괴물 활동들—예컨대, 회의, 보고, 문서 작성 등—중에 다이어트가 필요한 것은 없는지 검토해야 한다. 회의

횟수나 소요시간을 줄이고, 보고 방식을 바꾸고, 의사결정 단계를 단축하고, 문서 작성 횟수와 분량을 줄이면 더 중요하고 생산성 높은 일에 투자할 시간을 확보할 수 있다.

이처럼 워크다이어트의 핵심은 업무의 군살을 제거하는 것이다. 말하자면, 업무 과정에서 '굳이 하지 않아도 될 일'을 찾아 없애는 것이다. 물론 어떤 일을 제거할 것인가에 대해서는 이견이 있을 수 있다. 사실 조직에서 하는 일 중 불필요한 일은 존재하지 않는다. 악화도 양화보다는 못하지만 돈은 돈이다. 없는 것보다 낫다. 업무도 마찬가지다. 해서 나쁜 업무는 없다. 하지만 워크다이어트를 하려면 일상 업무 중에서 비본질적인 것을 찾아내야 한다. 그냥 하면 좋은 일, 상대적으로 덜 중요한 업무 등은 의도적으로 줄여 나가야 한다.

'하면 좋으나 굳이 하지 않아도 될 일'을 제거하겠다는 것은, 달리 말하면 진짜로 중요한 일에 집중하겠다는 뜻이다. 그러기 위해서는 복잡함을 없애고 단순함을 추구해야 한다. 본질에 집중하기를 즐겼던 스티브 잡스는 이런 말을 했다. "단순함을 얻기란 복잡함을 얻기보다 어렵습니다. 무언가를 단순하게 만들기 위해서는 생각을 깔끔히 정리해야 합니다. 이 과정은 어렵지만 한번 거치면 당신은 무엇이든 할 수 있습니다." 요컨대 업무생산성을 높이기 위해서는 해야 할 일을 단순하게 만들어야 한다. 그러기 위해서는 먼저 불필요한 일을 제거해야 한다. 그렇게 확보한 시간을 중요한 업무에 집중해야 한다. 그것이 워크다이어트의 핵심이다.

시대에 맞게, 업무를 날씬하게 만드는 워크다이어트 비법

| ERRC 매트릭스, 가치혁신을 위한 마법의 도구

워크다이어트를 진행하기 위해서는 기존 업무들의 가치를 따져 봐야 한다. 여기서 가치(價値)란 업무활동의 값(가격)을 따지는 일이다. 아무리 오랜 시간 일을 해도 허드렛일에만 몰두하면 전체적으로 높은 값을 받기 어렵다. 짧은 시간이라도 가치 있는 일에 몰두하면 훨씬 비싼 값을 받을 수 있다. 따라서 자신이 하는 개별 업무의 가치를 높여야 한다. 이처럼 업무의 값을 높이는 행위를 '가치혁신'이라 부른다. 가치를 혁신하여 높은 값을 받는 것은 전체적인 생산성에 결정적인 영향을 미친다. 결국 생산성을 높이기 위해서는 업무의 가치를 높이는 가치혁신 활동이 필요하다.

업무의 가치혁신을 위해서는 어떻게 해야 할까? 가치혁신 도구인 'ERRC 매트릭스'를 활용하면 효과적이다. ERRC 매트릭스는 업무의 가치를 높이기 위해서 'ERRC'라는 네 가지 관점에서 생각해보고 실천과제를 도출하는 툴이다. ERRC란 다음 네 가지 관점을 의미한다.

예컨대, '몸짱이 되고 싶다'는 목표를 세웠다고 치자. 몸찡이 되려면 무엇부터 시도해야 할까? 여러 방법들이 떠오르겠지만 ERRC 매트릭스를 활용하면 네 가지 관점으로 분류할 수 있다. 먼

가치혁신(ERRC) 매트릭스

버려야 할 것들(Eliminate)	줄여야 할 것들(Reduce)
기존 활동 중에서 없애야 (버려야/제거해야) 할 것은 무엇인가?	기존 활동 중에서 아예 없앨 수는 없으니 줄여야 할 것은 무엇인가?
더 해야 할 것들(Raise)	새롭게 해야 할 것들(Create)
기존 활동 중에서 더 자주(많이) 해야 할 활동은 무엇인가?	기존에는 하시 않았시만 새롭게 해야 할 활동은 무엇인가?

저, 버려야 할 것(Eliminate)은 무엇일까? 야식, 음주 등이다. 차마 버리지는 못하지만 줄여야 할 것(Reduce)은 무엇일까? 짠 음식이나 군것질 등이다. 몸짱이 되기 위해 더 해야 할 것(Raise)은 무엇일까? 헬스 트레이닝 시간과 유산소 운동 횟수이다. 새롭게 해야 할 것(Create)은 없을까? 있다. 전문 코치로부터 주기적으로 일대일 피지컬 트레이닝을 받는 일이다.

이처럼 ERRC 매트릭스를 활용하면 몸짱이 되기 위해 해야 할 과제들을 일목요연하게 정리할 수 있다. ERRC 매트릭스의 핵심은 가치혁신을 위해 부정적인 요소를 줄이거나 없애고, 긍정적인 요소를 늘리거나 새롭게 실천하는 것이다. 워크다이어트에 성공하기 위해서도 마찬가지 관점으로 접근하면 좋다. 막연히 '워크다이어트를 하려면 무엇을 해야 할까?'라는 생각보다는 기존 업무 중에 버려야 할 것, 줄여야 할 것, 더 해야 할 것, 새롭게 해야 할 것으로 구분하여 생각을 전개하면 효과적이다.

| 우선순위를 따져야 고부가가치 업무가 보인다

흔히 리더를 '구성원을 통해 원하는 성과를 창출하는 사람'이라고 정의한다. 여기서 방점은 '구성원을 통해'라는 말에 있다. 즉 리더는 성과를 창출하는 사람이긴 한데, 자신이 직접 나서는 것이 아니라 구성원을 통해서 성과를 만들어내는 사람이란 뜻이다. 간혹 본인의 능력이 뛰어나서 혼자 힘으로 팀의 성과를 책임지는 리더가 있는데, 이는 결코 바람직한 상태라 할 수 없다. 축구에 비유하면, 리더는 최전방 공격수여서는 곤란하다. 후방에서 전체를 조율하고 관리하는 미드필더나 수비수에 가깝다. 혼자만 바쁜 상사는 리더가 아니라 외로운 스타플레이어에 불과하다. 리더는 본인의 능력으로 성과를 내는 것이 아니라 구성원의 능력을 극대화하여 성과를 창출하는 사람이기 때문이다.

따라서 리더는 구성원들이 효율적이고 효과적으로 일할 수 있게 도와야 한다. 리더는 구성원이 '올바른 일을 하도록 하는 것(do the right thing)'에 초점을 맞추어야 한다. 여기서 올바른 일이란 도덕적·윤리적 의미가 아니다. 전략적으로 중요한 일, 그리고 성과와 직결되는 일을 의미한다. 구성원이 열심히 노력했음에도 성과가 미흡하다면 단지 열심히만 했을 뿐 올바른 일을 한 것이 아니다. 이는 구성원의 잘못만은 아니다. 리더의 책임도 크다. 리더가 구성원에게 '올바른 일'을 하도록 만들지 못했기 때문이다.

성과를 창출하기 위해서는 구성원이 열심히만 하는 것이 아니라 올바른 일에 집중해야 한다. 이를 위해서는 리더가 우선순위에 맞게 팀의 업무과제를 명확히 하고, 구성원들에게 적절하게 업무를 배분해야 한다. 이해를 돕기 위해 다음 상황을 살펴보자.

진일보 부장은 국내 굴지의 할인매장인 S마트 ○○점의 점장이다. 경기침체와 온라인 시장의 급격한 성장 때문인지 몰라도 ○○점은 전년에 비해 매장 방문고객이 감소하고 있는 상황이며, 다음 달 초에는 인근에 경쟁사 매장이 신규 오픈할 예정이다.

이에 진 부장은 감소하는 매장 방문고객에 대한 대책도 세워야 하고, 오래된 매장의 리뉴얼 계획도 진행해야 하는 등 시급히 처리해야 할 과제가 태산이다.

이 상황에서 진 부장의 최우선 관심사는 대략 두 가지로 정리할 수 있다. (1)매장 방문고객이 감소하고 있는 현실에 어떻게 대처해야 할까? (2)매장 리뉴얼은 어떻게 추진해야 할까? 리더인 진 부장은 이러한 현안을 부하직원들을 통해 해결해야 한다. 이때 부하직원들에게 어떻게 지시해야 할까? 가령, '방문고객 감소에 대한 대책을 마련하여 보고하라'는 식으로 지시를 내리면 부하직원은 지시받은 대로 잘해 낼 수 있을까? 부하직원은 리더의 지시를 시간이나 자원의 낭비 없이 효율적으로 수행할 수 있을까? 쉽지 않다. 리더가 부하직원에게 던진 과제가 너무 크고 모호하기 때문이다.

부하직원에게 올바른 일을 효율적으로 시키기 위해서는 리더가 먼저 업무과제를 명확히 하고, 각 과제의 우선순위를 평가하여 실행계획을 구체화한 후, 이를 구성원에게 적절하게 배분해야 한다. 다시 말해 리더는 먼저 과제를 명확히 하고, 우선순위를 평가한 뒤에 업무 지시를 내려야 한다. 이것이 바로 업무의 우선순위를 선정하기 위한 프로세스인데, 정리하면 다음과 같다.

업무 우선순위 선정 프로세스

① 관심사 열거　② 객관적 사실정보 기록　③ 업무과제 작성　④ 우선순위 설정　⑤ 업무 배분계획 수립

관심사 열거

업무의 우선순위를 정하기 위해서는 먼저, 리더의 관심사를 열거해야 한다. 여기서 관심사란 업무 관련 문제점이나 평소 미흡하다고 생각한 일, 새로운 기회를 만들기 위해 시도하고자 하는 일, 정해진 기한에 반드시 해결해야 하는 일, 앞으로 예상되는 변화에 대비하는 일 등으로 조치, 해결, 대응이 필요한 과제를 의미한다.

리더의 머릿속에 있는 모든 관심사를 실제 눈에 보이게 서술해보는 것은 조직의 전체 업무를 객관적으로 바라보는 출발점이 된다. 리더 중에는 이 단계의 관심사를 가지고 구성원에게 곧바로 업무 지시를 내리는 경우가 있는데, 이렇게 되면 앞의 사례처럼 '방문고객 감소에 대한 대책을 마련하라'는 식의 두루뭉술한 지시가 되기 십상이다. 그렇게 되면 지시를 받은 부하직원이 리더의 의중을 명확히 파악하기 어렵고 엉뚱한 방향으로 업무를 시작할 위험도 있다. 리더는 자신의 관심사 수준에서 업무 지시를 내려서는 안 된다는 것을 명심할 필요가 있다. 다음 단계를 거치면서 업무과제를 좀 더 명확히 해야 한다.

객관적 사실정보 기록

관심사를 열거했다면, 다음은 관심사에 대한 객관적 사실정보를 정리해야 한다. 열거된 관심사와 관련하여 객관적으로 확인된 사실정보를 구체화하는 단계다. 정보의 객관성을 높이기 위해서는 가급적 수치 정보(금액, 날짜, 비율, 기간 등)를 함께 기입하는 것이 좋다. 가령, '매장 방문고객이 전년보다 줄었다'보다는 '매장 방문고객이 전년보다 20% 감소했다'고 표현하는 것이 좋다. 수치정보가 없으면 사태의 심각성을 이해하기 어렵고, 그 결과 업무과제의 우선순위를 선정하는 데도 도움이 되지 않는다. 필요하다면, 이 단계에서는 사실정보를 수집하기 위한 별도의 조사를 실시할수도 있다.

업무과제 작성

'업무과제 작성'은 열거된 객관적 사실정보를 바탕으로 해야 할 일을 정리하는 단계이다. 앞에서 열거한 객관적 사실정보를 토대로 ①추가 조사를 실시하거나 ②원인을 파악하거나 ③의사결정을 내리거나 ④곧바로 실행할 일을 정리해야 한다. 업무과제 작성 시에는 다음의 체크리스트를 활용하여 업무과제를 구체화하면 효과적이다.

조사 ~을 조사한다
원인 ~의 원인을 규명한다
의사 결정 ~에 대한 잠정대책을 결정한다
~에 대한 최적안을 선정한다
실행 ~을 실행한다
~의 구체적인 실행계획을 수립한다

우선순위 설정

우선순위를 정한다는 것은 일의 순서가 아니라 자원을 투입해야 하는 업무과제와 성과에 큰 영향을 미치는 업무가 무엇인지를 파악한다는 뜻이다. 우선순위의 기준은 크게 세 가지다.

중요도(seriousness) 해당 업무과제가 얼마나 중요하며 성과에 미치는 영향은 큰가?

> **긴급도(urgency)** 해당 업무과제가 얼마나 긴급을 요하고 시급한 일인가?
>
> **확대경향성(growth)** 해당 업무과제를 방치할 경우 사태가 확대될 가능성은 얼마나 큰가?

업무과제별로 S/U/G 기준에 따라 H(high)/M(middle)/L(low)로 평가한 뒤, H가 2개 이상인 업무과제를 우선순위 높음(◎), H가 1개이거나 3항목 모두 M인 업무과제를 우선순위 중간(○), 기타 업무과제를 우선순위 낮음(△)으로 설정한다. 다음 표는 진일보 부장이 자신의 관심사에 따른 업무 우선순위를 선정한 프로세스의 예시다.

진일보 부장의 업무 우선순위 선정 프로세스(예시)

관심사 열거	객관적 사실정보	업무과제 작성	S	U	G	순위	업무 배분
고객감소 대책마련	1. 2달 연속 고객이 5% 감소하고 있다 2. 고객의 불만율이 7% 증가했다 3. 1달 후에 경쟁 점포가 주변에 개점한다 4. 주변에 경쟁사가 오픈하면 최초 3개월간 고객이 20% 줄어드는 경향이 있다.	1. 2달 연속 고객 5% 감소의 원인을 규명한다 2. 고객불만율 7% 증가의 원인을 규명한다 3. 원인분석 결과에 의거 판촉전략을 수립한다 4. 경쟁 점포의 개점 판촉계획을 조사한다 5. 경쟁 점포의 개점에 맞춰 대응전략을 수립한다	H H H M H	H H L M M	H M M L M	◎ ◎ ○ △ ○	
매장 리뉴얼 추진	1. 개점 후 5년간 리뉴얼을 하지 못하고 있다 2. 매장이 지저분하다는 평가가 전월보다 늘었다 3. 고객들의 반응도 점점 나빠진다 4. 본사로부터 기본승인은 받았다(예산 1억 원)	1. 타점포 리뉴얼 우수사례를 조사한다 2. 매장이 지저분하게 보이는 핵심 원인을 찾는다 3. 고객 반응이 특히 나쁜 항목을 조사한다 4. 리뉴얼을 담당할 업체를 복수로 선정하고, 견적을 받아 검토한다 5. 리뉴얼 공사 중 리스크 대책을 수립한다	M H H L L.	M H H L L	L L M L M	△ ◎ ◎ △ △	

업무 배분계획 수립

마지막으로 설정된 업무과제의 우선순위를 바탕으로 구성원들에게 업무를 배분한다. 이때 업무과제를 왜 해야 하는지, 또한 해당 과제에 대해 기대하는 아웃풋 이미지가 무엇인지에 대해 충분히 소통해야 한다. 또한 해당 과제를 수행할 때 지원이 필요한 부분과 중간점검 및 최종확인 일정에 대해 명확한 합의가 필요하다.

이처럼 업무의 효율성을 높이는 데도 '선택과 집중'이 선행되어야 한다. 리더가 업무 우선순위 선정 프로세스에 따라서 업무과제를 명확히 하고, 우선순위를 평가한 뒤에 업무과제를 할당하면 부하직원들이 중요하면서도 부가가치가 높은 일에 집중할 수 있다. 중요하면서도 목표와 연계된 일에 집중한다면 성과가 높아지는 것은 당연한 귀결이다.

지금까지 뉴노멀 시대에 똑똑하고 효율적으로 일하는 방법에 대해 살펴보았다. 뉴노멀 시대에는 과거보다 적은 시간을 일하면서도 성과는 유지해야 한다. 그러기 위해서는 열심히 일하는 것이 아니라 똑똑하고 효율적으로 일해야 한다. 이를 위해서는 워크다이어트가 선행되어야 한다. 리더는 워크다이어트를 위해서 ERRC 매트릭스를 활용하여 버려야 할 것(E), 줄여야 할 것(R), 더 해야 할 것(R), 새롭게 해야 할 것(C) 등으로 업무를 분류하고, 업무 우선순위 선정 프로세스에 따라 고부가가치 업무에 집중할 수 있도록 해야 한다. 뉴노멀 리더는 부하직원을 단지 열심히만 일하게 만드는 사람이 아니다. 선택과 집중을 통해 부가가치가 높은 일에 몰입하게 만드는 사람이다.

12장

시간관리 :
뉴노멀 시대에 일을 잘한다는 것

스마트기기, 신의 선물인가 악마의 유혹인가

아침부터 사무실에서 한바탕 소란이 벌어졌다. 사태는 지난밤에 발생한 고객 클레임을 해결하기 위해 김 팀장이 담당 실무자인 정 대리를 찾으면서 시작되었다. 아침 9시. 김 팀장은 정 대리가 자리에 없자 옆자리의 최성실 대리에게 물었다.

[김 팀장] 최성실 대리, 정찬민 대리는 어디 갔나요? 왜 자리에 없죠?

[최 대리] 정 대리는 아직 출근 전입니다.

[김 팀장] 지금 몇 신데, 아직도 출근을 안 했단 말이에요?

[최 대리] 유연근무제 시행으로 정 대리는 오늘 10시에 출근할 예정입니다.
[김 팀장] ……

10시 출근이라니 달리 할 말은 없지만, 김 팀장은 속으로 '아무리 그래도 그렇지, 담당 실무자가 일을 이따위로 처리해놓고 10시에 출근한다는 것이 말이 돼!' 하면서 불만을 되뇌었다. 최근 회사에서는 워라밸을 보장힐 목적으로 직원 스스로가 자신의 출퇴근 시간을 정하는 '유연근무제도'를 도입하였다. 개개인의 선호와 사정에 따라 출퇴근 시간을 자율적으로 정할 수 있으니 직원들로서는 나쁠 게 없을 것이다. 하지만 팀을 운영해야 하는 리더에게는 불편한 점이 하나둘이 아니다. 우선 리더와 부하직원의 근무시간이 달라서 업무를 시키거나 상의하는 데 어려움이 있다. 특히 지금처럼 급하게 처리해야 할 문제가 있음에도 담당자가 아직 출근 전이면 제때 업무를 처리할 수 없는 경우도 생긴다. 유연근무제의 도입으로 개개인의 근무시간이 과거보다 유연해졌는지는 모르겠지만 팀 운영은 훨씬 경직되고 불편해졌다.

그러던 차에 김 팀장의 핸드폰에서 카톡 알림 소리가 났다. 정 대리로부터 온 메시지였다. "팀장님, 오늘 컨디션이 좋지 않아 출근을 못하겠습니다. 죄송합니다. 오늘은 연차 처리하겠습니다." 정 대리의 출근을 기다리던 김 팀장은 '아무리 시대가 변했다고 해도 이건 아니지!' 하는 생각에 갑자기 울화가 치밀어올랐다. 아닌 게 아니라 요즘 젊은 친구들은 직장도 건성으로 다니는 것 같고, 상사에 대한 예의도 없는 것 같다. 흔히들 요즘 친구들은 머리도 좋고 각종 스마트기기로 무장하여 업무도 스마트하게 처리한다고 하지만, 실상은 '땡땡이치는 데만 스마트한 것 아닐까' 하는 의구심이 들기도 한다.

과거보다 다양한 스마트기기를 활용하여 일을 하고 있지만, 왜 정작 업무관리는 전혀 스마트해지지 않는 것일까? 스마트하게 일을 하려면 어떻게 해야 할까?

앞 장에서도 살펴보았듯이, 뉴노멀 시대의 직장인은 기본적으로 열심히 일하기보다는 스마트하게 일해야 한다. 그럼 '스마트하게 일한다(smart working)'는 말의 진정한 의미는 무엇일까? 성과만 잘 내면 스마트하게 일하는 것일까? 스마트워킹 여부는 결과(성과)만으로 판단할 수 없다. 인풋(input)과 아웃풋(output)을 함께 고려한 후 판단해야 한다. 적은 양의 인풋으로 많은 양의 아웃풋을 내는 것이 스마트하게 일하는 것이다. 동일한 시간에 더 많은 성과를 내거나 동일한 성과를 보다 짧은 시간에 해낸다면 스마트하게 일한 것이다. 이처럼 스마트하게 일한다는 말에는 시간관리 개념이 중요하게 자리하고 있다. 요컨대 스마트하게 일을 하려면 시간관리를 잘하고, 시간효율성을 높여야 한다.

대한민국 기업들은 평균적으로 스마트하게 일을 하고 있을까?

수많은 연구결과가 그렇지 않음을 가리키고 있다. 2016년 대한상공회의소와 맥킨지컨설팅이 작성한 〈한국 기업의 조직 건강도와 기업문화 진단 보고서〉에 의하면, 우리나라 직장인은 하루 평균 11시간을 직장에서 보내는데 그중에서 생산적 업무에 투입되는 시간은 5시간 32분에 그친다고 응답했다. 근무시간의 대략 절반 남짓만 생산적인 활동에 쓰는 것으로, 이는 효율적인 시간 활용이라고 보기 어렵다. 이처럼 근무시간을 효율적으로 사용하지 못하면 해야 힐 일올 제때 미무리하지 못하는 경우가 생기고, 이는 야근과 주말 근무로 이어지는 결과를 낳는다. 결국, 한국 기업에서 근무시간이 길고 야근이 많은 이유는 해야 할 일이 많아서라기보다 시간관리를 효율적으로 하지 못했기 때문이라고 볼 수 있다.

기업도 이런 상황을 모르는 것은 아니다. 대부분의 기업은 직원들의 시간효율성을 높여서 근무시간을 줄이고자 한다. 그래야만 비용도 절약되고 직원들의 근무 만족도도 높아지기 때문이다. 이를 위해 기업은 양면 전략을 쓰기도 한다. 업무 과정에서 다양한 스마트기기를 도입하여 시간을 절약하고, 한편으로는 주52시간 근무제나 유연근무제, 정시퇴근제 등 절대 노동시간을 줄이려는 제도를 병행하고 있다. 한쪽에서는 스마트기기를 활용하여 시간 효율성을 높이고, 다른 쪽에서는 그렇게 절약한 시간을 삶의 질을 높이는 데 활용하려는 것이다.

하지만 새로운 도구나 제도의 도입이 항상 긍정적인 결과로 이어지는 것은 아니다. 어떤 도구나 제도도 그것을 사용하는 사람의 의도와 목적에 따라 효과와 결과가 달라지기 때문이다. 날이 잘 벼려진 칼이 요리사의 손에 들어가면 더없이 좋은 조리 도구가 되지만 아이들의 손에 들어가면 위험천만한 장난감이 된다. 노트북과 스마트폰, 각종 애플리케이션도 마찬가지다. 이러한 첨단 기기들은 업무를 효율적으로 처리할 수 있는 도구이기도 하지만, 한편으로는 가장 재미있는 오락기구이기도 하다. 워라밸을 목적으로 시행되는 각종 근무 관련 제도는 한편으로는 합법적으로 '땡땡이'를 칠 수 있는 빌미를 제공하기도 한다.

그렇다고 새로운 도구나 제도의 도입을 거부할 수는 없다. 극심한 경쟁 속에서 스마트기기를 사용하지 않는다는 것은 첨단무기로 싸우는 전쟁터에서 활과 창 같은 재래식 무기만 가지고 싸우는 꼴이 되기 때문이다. 직원들의 복지나 워라밸을 위한 제도의 도입도 불가피하다. 조직이 직원들의 워라밸에 신경 쓰지 않는다면 우수한 인재가 조직을 떠나게 되고, 그 결과 조직 전체의 경쟁력이 약화되는 결과를 낳을 수 있다. 결국 전쟁에서 이기기 위해서는 최첨단 스마트기기를 과감하게 도입해야 한다. 직원들의 삶의 질을 높이기 위한 복지제도와 규정도 시행해야 한다. 문제는 그것들이 제대로 작동하게 만드는 노력이며, 이는 당연히 리더에게 주어진 과제다. 뉴노멀 리더는 각종 스마트기기들을 잘 활용하여 시간 효율성과 업무생산성을 높일 수 있도록 해야 하고, 새로운 제도나 시스템도 기대한 결과가 나올 수 있도록 세심하게 관리해야 한다.

스마트워크의 핵심은 시간관리

호모 파베르(Homo faber), 도구적 인간이란 뜻이다. 이는 인간의 본질을 도구를 사용하고 제작하는 특성에서 파악한 것인데, 도구 제작 능력이 다른 동물들은 갖지 못한 인간만의 특성임은 분명한 것 같다. 여타 동물에 비해 신체 능력이 열등한 인간이 만물의 영장이라 불리게 된 배경에는 도구를 만들어 사용할 줄 아는 역량이 크게 작용했을 것이다. 도구를 만든 인간은 세상을 지배했고, 도구를 사용하지 않는 동물은 인간에게 굴복할 수밖에 없었다.

인간은 왜 도구를 만들게 되었을까? 처음에는 생존이 목적이었을 것이다. 하지만 인간은 모든 동물의 우두머리가 된 이후에도 계속해서 도구를 만들고 발전시켰다. 새로운 도구가 인간끼리의 싸움에서도 유용했기 때문이다. 석기를 사용하던 원시부족은 청동기를 발명한 이들에게 멸망했고, 청동기에 머물렀던 부족은 철기를 개발한 이들에 의해 밀려났다. 칼이나 화살에 의존하던 나라들은 총과 대포로 무장한 국가에 의해 지배를 받았고, 그들은 또 최첨단 미사일과 최신형 전투기를 가진 국가에게 무릎을 꿇었다. 인류의 역사는 끊임없는 도구 개발의 과정이었고, 그 도구는 다른 사람들과의 싸움에서 유리한 고지를 점하게 해주었다. 말하자면, 최신 도구는 그 자체로 경쟁력이자 생존을 담보하는 수단이었다.

기업도 마찬가지다. 고객과 시장을 놓고 치열한 경쟁을 펼치는 기업도 도구 개발을 게을리할 수 없다. 다른 기업보다 도구 개발을 등한시하면 시장에서 밀려나 생존을 장담할 수 없기 때문이다. 산업혁명 이래 기술의 발전과 도구의 개발이 급격히 증가하였고, 20세기 말부터 시작된 정보화 사회 이후로는 새로운 도구나 시스템의 도입 경쟁이 본격화되었다. 특히 4차 산업혁명이 시작되면서 그러한 기술개발 경쟁은 전혀 다른 패러다임으로 전개되었다. 클라우스 슈밥(Klaus Schwab)이 《제4차 산업혁명》(2016)에서 언급했듯이, 이 새로운 변화의 시대에는 물리학 기술(무인운송 수단, 3D 프린팅, 첨단 로봇공학), 디지털 기술(사물인터넷, 블록체인, 온디맨드 경제), 생물학 기술(인간게놈 프로젝트, 합성생물학) 등이 융합하여 모든 것을 완전히 바꾸는 혁명이 시작되었다. 많은 전문가가 4차 산업혁명으로 인해 인류의 삶은 이전과 전혀 다른 양상으로 진행될 것이라고 전망하고 있다.

이러한 혁명적 변화는 인류의 삶을 가치 있고 풍요롭게 만들어줄까? 현재로서는 알 수 없다. 기술이 발전하고 새로운 도구를 만들었다고 해서 그것이 유토피아를 열어줄 것이라고 기대하는 것은 지나치게 순진한 생각이다. 인류 역사를 되돌아보면, 새로운 도구의 발명이 항상 당사자들에게 유익하고 좋은 결과만 가져다준 것은 아니었다. 19세기 초 영국에서 일어난 '러다이트(Luddite) 운동'이 대표적인 예다. 산업혁명의 바람이 한창이던 당시 영국에서는 방직업과 양모공업을 중심으로 현대식 기계가 속속 등장하게 된다. 새로운 기계의 등장은 종래의 제조직공들을 실직시키고 전반적인 임금하락의 원인으로 작용했다. 이에 노동자들은 자신들을 가난하게 만든 기계를 파괴하는 운동에 나섰다. 그들의 시도는 결국 실패로 끝났지만 러다이트 운동은 새로운 도구의 도입이 모든 이에게 행복을 가져다주는 것은 아님을 보여주었다.

또 다른 예를 들어보자. 구석기 시대에 돌도끼는 오늘날 스마트폰만큼이나 유용한 도구였다. 양날을 날카롭게 다듬은 주먹도끼는 짐승의 가죽을 벗기거나 뼈를 바르는 데 탁월한 성능을 발휘했으며, 나무줄기를 자르고 뿌리를 파헤치는 데도 요긴하게 쓰였다. 오스트레일리아 북부에 살았던 이르 요론트(Yir Yoront) 부속은 19세기까지 구석기식 삶과 문화를 유지해온 독특한 민족이다. 코넬대학교 인류학 교수인 로리스턴 샤프(Lauriston Sharp) 교수는 〈석기시대 오스트레일리아인을 위한 쇠도끼(Steel Axes for Stone-Age Australians)〉(1952)라는 논문에서 돌도끼를 사용하며 자급자족하는 고유의 문화를 유지해오던 부족이 새로운 도구로 인해 붕괴되는 과정을 세상을 알렸다. 사연은 이렇다.

1915년 영국의 성공회가 이르 요론트 부족 인근에 선교회를 세우고 돌도끼를 사용하던 부족에게 쇠도끼를 선물했다. 당시만 해도 돌도끼는 이르 요론트 부족에게 가장 요긴하고 귀한 도구였는데, 부족은 돌도끼의 제작과 사용 권한을 중심으로 사회 위계 및 관습, 문화가 만들어져 있었다. 돌도끼는 공동체의 중요한 도구이자 권위의 상징이었기 때문에, 돌도끼를 빌려주고 빌리는 과정에서 정교한 사회질서와 문화가 형성되어 있었다. 하지만 선교사들로부터 쇠도끼가 공짜로 제공되자 부족의 질서에 큰 혼란이 생겼다. 물론 선교사들은 돌도끼 대신 쇠도끼를 사용함으로써 그들의 삶이 개선되기를 기대했을 것이다. 하지만 현실은 그들의 바람과는 전혀 다른 방향으로 흘러갔다. 사람들은 새로운 쇠도끼를 얻기 위해 아내와 딸의 몸을 팔게 하거나 도둑질이 횡행하는 등 공동체를 지탱해온 질서와 문화가 단번에 무너지고 말았다.

이처럼 새로운 도구나 시스템의 도입은 단지 작업방식과 생산성 개선에만 영향을 미치는 것이 아니다. 사회구조와 질서에 일대 혁명을 가져올 수 있다. 돌도끼를 사용하던 부족에게 쇠도끼가 전달되어도 사회구조에 큰 변화가 생기는데, 하물며 인공지능과 빅데이터 등 각종 디지털기기와 최첨단 정보기술이 융합하여 모든 것이 연결되고 보다 지능적인 사회로 진화될 4차 산업혁명 시대가 가져올 변화는 말해 뭐할까? 우리의 상상을 뛰어넘는 변화가 생길 가능성이 농후하다.

그렇다면 4차 산업혁명으로 인해 촉발된 변화는 조직 리더에게 긍정적인 신호일까? 알 수 없다. 프랑스 철학자 몽테뉴가 "어느 곳을 향해 배를 저어야 할지 모르는 사람에게는 어떤 바람도 순풍이 아니다"고 말한 바 있다. 4차 산업혁명이라는 바람과 파도 가운데에서도 목표를 명확히 설정한 리더라면 새로운 변화가 기회가 될 수 있을 것이다. 하지만 눈앞에 이는 물결에만 대응하는 리더라면 생각지도 못한 파도에 휩쓸려갈 위험도 배제할 수 없다. 중요한 것은 바람의 방향이 아니라 당사자의 방향 설정과 대응 능력이다. 가야 할 목적지가 명확하고 상황판단을 제대로 하는 리더라면 4차 산업혁명은 새로운 기회가 될 수 있을 것이다.

4차 산업혁명 시대는 인공지능과 빅데이터가 융복합하여 초연결, 초지능 사회가 될 것이다. 한마디로 모든 것이 보다 스마트해지는 사회를 뜻한다. 4차 산업혁명 시대에는 개인도 스마트해져야 한다. 사회나 조직은 스마트해졌는데, 사람이 스마트해지지 않으면 19세기 초 영국에서 일어났던 러다이트 운동과 비슷한 상황이 전개될 가능성도 높다. 작업장에서 사람을 대체하여 인공지능과 로봇이 자리를 잡고, 쓸모없게 된 사람은 직장을 떠나야 하는 일이 벌어질 수 있다. 요즘 들어 많은 기업에서 스마트워크를 강조하고 있는데, 스마트하게 일하는 대상이 '기계(로봇)'가 되면 인간은 주변으로 밀려날 수밖에 없다. 요컨대 스마트워크의 중심은 기계가 아니라 인간이 되어야 한다.

인간이 스마트하게 일한다는 것은 구체적으로 어떤 의미일까? 생산성 있게 일한다는 뜻이다. 생산성은 인풋과 아웃풋, 즉 투입 시간 대비 성과의 비율로 결정된다. 결국 스마트하게 일한다는 것은 시간을 가치 있게 활용한다는 의미로 시간효율성을 높이는 활동으로 귀결된다. 즉 스마트워크의 관건은 '시간을 어떻게 관리하는가'에 달렸다. 시간관리가 핵심인 것이다. 시간관리(time management)와 관련해서 한 가지 생각해볼 점이 있다. 시간관리란 말 그대로 '시간(time)'을 잘 '관리(management)'하는 것을 말한다. 그런데 시간은 관리가 가능한 것일까? 시간은 그 자체로는 눈에 보이지도 손에 잡히지도 않는다. 보이지도 잡히지도 않는 대상을 관리한다는 것이 말이 되는가? 사실 시간이란 추상명사로 실재하는 대상이 아니다. 따라서 '시간을 관리한다'는 것도 우리의 관념 속에만 존재하는 것으로 실체가 없다.

시간과 관련하여 사람들은 흔히 '시간이 빨리 지나간다'거나 '세월이 흐른다'고 표현하는데(세월은 '흘러가는 시간'이다), 이때 실제로 흘러가는 대상은 시간이 아니라 '사람'이다. 프랑스 시인 에르베 바진은 이러한 사실을 다음과 같은 멋진 표현으로 묘사한 바 있다. "강이 흐르는 것이 아니라 물이 흐른다. 세월이 지나가는 것이 아니라 우리가 지나간다." 바진은 시간의 흐름을 강물에 비유했다. 흘러가는 것은 세월(시간)이 아니라 인간이다. 따라서 엄밀하게 말하면, '시간관리'라는 말은 틀린 표현이다. 시간의 강을 따라 흘러가는 것은 인간이며, 인간이 그 시간 동안 어떻게 보내는지가 중요하다. 결국 시간관리의 핵심은 '업무관리'다. 주어진 시간 동안 어떤 업무를 어떤 수준으로 해내는지가 관건이다. 모든 것이 스마트해지는 뉴노멀 시대에는 리더도 시간관리의 달인이 되어야 한다. 주어진 시간 동안 스마트하게 업무를 관리해야 한다. 그것이 새로운 표준이다.

시대에 맞게, 스마트하게 시간을 관리하는 방법

| 네 가지 시간을 구분하라

업무는 그 특성과 내용에 따라 천차만별이지만 단순하게 구분하면 크게 둘로 나눌 수 있다. '혼자 하는 일'과 '타인과 함께 하는 일'이다. 예컨대, 기획서를 쓰거나 인터넷을 통해 자료를 조사, 수집하는 일은 혼자 하는 일에 해당한다. 회의나 통화, 상사에게 보고하는 일 등은 항상 상대방이 존재하며, 이런 유형의 일은 타인과 함께 하는 일이다. 한편, 모든 일에는 시작과 끝이 존재한다. 이처럼 어떤 업무를 혼자 하는가 타인과 함께 하는가, 그리고 여기에 업무의 시작과 끝을 적용하면 시간을 네 가지 유형으로 분류할 수 있다. (1)혼자 하는 일의 시작, (2)혼자 하는 일의 끝, (3)타인과 함께 하는 일의 시작, (4)타인과 함께 하는 일의 끝.

사람들은 이 네 가지 유형의 시간 중 어디를 열심히 관리할까? 자신의 일정표에 기록된 시간은 어떤 것일까(기록한다는 것은 관리하고 있다는 뜻이니까)? 아마도 대부분 (3)타인과 함께 하는 일의 시작 시간일 것이다. '13:00 ☆☆거래처 미팅'이라거나 '17:00 상무님 보고' 등의 형식으로 일정표에 기록되어 있을 것이다. 타인과 함께 하는 일은 약속 시간을 지키지 못하면 큰 문제가 발생할 수 있기 때문이다. 여기에 추가하여 주로 관리하는 유형은 (2)혼자 하

네 가지 시간의 유형

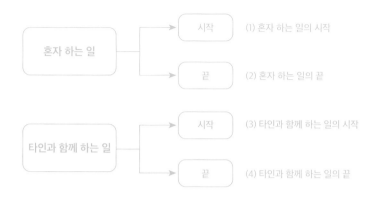

혼자 하는 일	시작	(1) 혼자 하는 일의 시작
	끝	(2) 혼자 하는 일의 끝
타인과 함께 하는 일	시작	(3) 타인과 함께 하는 일의 시작
	끝	(4) 타인과 함께 하는 일의 끝

는 일의 끝나는 시간일 것이다. '10월 5일까지 A프로젝트 보고서 작성' 등의 형식으로 기록된 것으로 보고서의 마감 시한이나 납기를 지켜야 하는 업무 유형이 여기에 해당한다. 이처럼 사람들은 네 가지 유형 중에서 (3)타인과 함께 하는 일의 시작, (2)혼자 하는 일의 끝을 관리하는 경향이 높다. 또 이런 시간을 지키는 것은 기본이며 당연한 일이라고 생각한다.

그렇다면 (2)번과 (3)번을 잘 지키면 시간관리를 잘하는 것일까? 절대 그렇지 않다. 이는 딱 '기본만 하는' 것으로 결코 시간관리를 잘한다고 말할 수 없다. 시간관리를 잘하기 위해서는 시간관리의 관점을 바꾸어야 한다. 혼자 하는 일은 끝보다는 시작을, 타인과 함께 하는 일은 시작보다는 끝을 관리해야 한다. (2)번보다는 (1)번을, (3)번보다는 (4)번을 관리해야 한다. 왜 그럴까?

우선 혼자 하는 일의 경우 끝보다 시작을 관리해야 하는 이유는 결과의 질적 수준을 높이기 위해서다. 통상 사람들은 혼자 하는 일에 대해서는 마감시간을 관리하는데, 이렇게 되면 그 일을 시작하는 시점은 언제일까? 미루고 미루다 더 이상 미루면 안 되는 시점에 다다라서야 비로소 해당 업무를 시작하는 경우가 태반이다. 그렇게 되면 항상 마감에 쫓겨서 질적 수준이 높은 결과물을 만들어내기 어렵다. 반면, 혼자 하는 일의 시작을 관리하면 해당 업무를 제대로 추진하기 위해 필요한 소요시간을 감안하여 시작 시점을 판단할 수 있고, 그 결과 수준 높은 결과물을 만들기 위한 최소한의 여유를 확보할 수 있다.

타인과 함께 하는 일에 대해서는 시작 시간보다는 끝마쳐야 할 시간을 관리하는 자세가 중요하다. 혼자 하는 일에 비해 타인과 함께 하는 일은 시간 통제가 어렵다. 그래서 마감시간을 정해두지 않으면 한없이 시간이 지연되는 경우가 발생한다. 그렇게 되면 나머지 일정에도 영향을 미쳐 전체적으로는 시간관리에 실패할 가능성이 높아진다. 타인과 함께 하는 업무의 시간관리를 위해서는 평소 언어 습관을 바꿀 필요가 있다. 가령, "9시부터 회의를 시작합니다"라는 표현보다는 "회의는 9시부터 10시까지 1시간 동안 진행합니다"라고 바꾸어 말하거나, "오후 3시에 찾아뵙겠습니다"라는 표현보다는 "오후 3시에 방문하여 30분만 논의하도록 하겠습니다"라는 식으로 종료 시점에 대해 주의를 환기시키는 것이 좋다. 물론 타인과 함께 하는 일의 끝은 완벽하게 통제되지 않을 수 있다. 하지만 평소 관심을 가지고 주의를 기울이면 시간을 보다 효율적으로 관리할 수 있다.

| 증명된 지혜, 급한 일보다는 중요한 일

효과적인 시간관리를 위해서는 업무의 우선순위를 정하는 일도 중요하다. 그렇다면 어떤 기준으로 일의 순서를 정해야 할까? 사람들이 업무의 우선순위를 정하는 기준은 크게 두 가지로, '긴급도'와 '중요도'다. 업무를 추진함에 있어 긴급하지 않은 과제보다는 긴급을 요하는 과제를 먼저 해야 하고, 중요하지 않은 것보다는 중요한 과제를 우선 실행하는 것은 상식에 가깝다.

만약 중요도와 긴급도가 상충하는 과제라면 어떨까? 가령, 중요하지만 긴급하지 않은 일과 중요하지 않지만 긴급한 일 중에는 어떤 것부터 실행해야 할까? 사람들은 업무의 우선순위를 고려할 때 중요도와 긴급도를 모두 고려해야 한다는 사실을 알고 있지만, 현실에서는 중요도보다는 긴급도에 지배받는 경우가 많다. 일의 중요성은 제쳐두고 시간이 촉박한 일부터 처리하는 경우가 대부분이다. 물론 마감시간이 정해져 있는 일을 중요하지 않다고 해서 방치할 수는 없다. 하지만 이런 태도는 시간을 잘 관리하지 못하는 사람들의 방식이다. 그럼, 어떻게 해야 할까? 이해를 돕기 위해 중요도와 긴급도를 기준으로 네 가지 유형의 매트릭스로 구분해서 생각해보자. 이를 '아이젠하워 매트릭스'라 부른다.

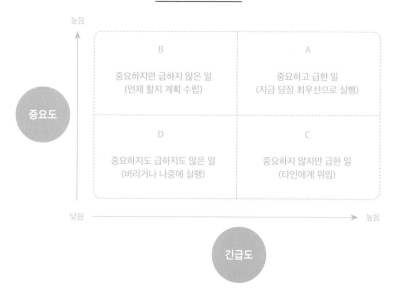

아이젠하워 매트릭스

아이젠하워 매트릭스는 미국의 아이젠하워 대통령의 시간관리법에서 착안한 방식으로 업무를 중요도와 긴급도에 따라 네 가지 유형으로 구분하고, 각각의 대응전략을 제시한 것이다. 위 그림에서 A는 중요도와 긴급도가 모두 높은 상황으로 '중요하고 급한 일'이다. B는 중요도는 높지만 긴급도가 낮은 일, 즉 '중요하지만 급하지 않은 일'이다. C는 중요도는 낮지만 긴급도는 높은 '중요하지 않지만 급한 일'이다. D는 중요도와 긴급도가 모두 낮은 '중요하지도 급하지도 않은 일'이다.

네 가지 유형 중에서 가장 먼저 해야 할 일은 무엇일까? 당연히 A(중요하고 급한 일)이다. 가장 우선순위가 낮은 일은 무엇일까?

D(중요하지도 급하지도 않은 일)이다. 여기까지는 시간관리를 잘하는 사람이든 못하는 사람이든 차이가 없다. 문제는 중요도와 긴급도가 교차되는 B와 C의 우선순위다. 중요하지만 급하지 않은 B와 중요하지는 않지만 긴급한 업무인 C 중에 어느 것을 먼저 해야 할까? 《성공하는 사람들의 7가지 습관》의 저자 스티븐 코비 박사는 성과를 높이기 위해서는 "소중한 것을 먼저 하라"면서 중요하지만 급하지 않은 일을 먼저 하는 습관을 들여야 한다고 주장했다. 코비 박사는 중요하지만 급하지 않은 일은 대개 그것을 꾸준히 실천하면 미래에 좋은 결과를 가져다주기 때문에 그런 일에 꾸준히 시간을 투자하면 성공할 가능성이 높아진다고 말했다. 그래서 그는 B유형의 활동을 "소중한 것"이라고 표현했다. 개념적으로는 충분히 일리 있는 주장이다.

하지만 반론도 없지는 않다. 현실적으로 '중요하지는 않지만 긴급한 일'을 무작정 무시할 수는 없기 때문이다. 가령, 지금 중요하지만 긴급하지는 않은 업무—공부나 자기계발 등—를 하고 있다는 핑계로 중요하지는 않지만 긴급한 일—가령, 친구에게 안부 전화 걸기—을 무시할 수 있는가 하는 문제가 있을 수 있다. 어떤 사람이 자기계발을 한답시고 친구에게 안부를 묻는 전화를 무시한다면 인간관계에 심각한 장애가 생길 수 있다.

게다가 특정 업무의 중요도나 긴급도에 대한 판단이 주관적인 경우도 많다. 예컨대, 상사의 업무지시에 대해 부하직원은 별 대수롭지 않게 판단했지만 상사는 매우 중요한 업무라고 생각할 수 있다. 긴급도에 대해서도 마찬가지다. 부하직원은 그렇게 시급한 일이 아니라고 생각하지만 상사가 긴급하게 재촉하는 경우도 많다. 따라서 업무의 우선순위를 정함에 있어 긴급도보다는 중요도에 더 비중을 두라는 코비 박사의 주장을 염두에 두되, 가 유형별로 보다 구체적인 대응전략을 수립해야 한다.

아이젠하워 매트릭스를 활용한 바람직한 대응전략은 다음과 같다. 먼저, 중요하고 급한 일(A)은 지금 당장 최우선적으로 실행하고, 중요하지만 급하지 않은 일(B)은 언제 힐지 계획을 수립해 두는 것이 좋다. 중요하지 않지만 급한 일(C)은 타인에게 위임하고, 중요하지도 급하지도 않은 일(D)은 버리거나 나중에 해야 한다. 우리가 스마트하게 일하기 위해서는 시간을 잘 관리해야 하는데, 이는 결국 좋은 결과를 가져올 일에 우선순위를 두고 집중하는 것이다. 그리고 긴급도에 휘둘리지 않고 중요한 일에 에너지를 집중할 수 있는 시간을 확보하는 것이다.

| 액션 트리거로 즉각적 습관을 만들어라

효과적으로 시간을 관리하기 위해서는 우선순위의 선정이나 스케줄을 잘 짜는 것만으로는 부족하다. 스마트하게 일하기 위해서는 순간순간 시간관리를 잘하는 것을 넘어 스마트한 업무 습관을 만들어 내야 한다. 말하자면, 리더가 구성원을 스마트하게 변화시키러면 구성원의 일하는 습관부터 바꾸어야 한다. 좋은 습관은 언제나 좋은 결과를 가져다주기 때문이다. 하지만 한번 형성된 습관을 바꾸는 것은 결코 쉬운 일이 아니다. 그래서 리더는 사소하고 작은 일부터 시작할 필요가 있다.

어떻게 하면 구성원의 일하는 습관을 스마트하게 바꿀 수 있을까? 뉴욕대학교의 피터 골비처(Peter Gollwizer)와 그의 동료 베로니카 브랜드스태터(Veronika Brandstatter)는 액션 트리거(action trigger)의 원칙을 주장했다. 액션 트리거란 행동을 불러일으키는 방아쇠(계기)를 뜻하는 말로, 특정한 상황에 특정한 행동을 실행하도록 구체화하는 것을 말한다. 가령, 어떤 사람이 영어 공부를 하려고 결심했다. 이때 '틈나는 대로 공부한다'는 사람과 '새벽 5시에 일어나서 무조건 1시간씩 공부한다'는 사람 중 누가 영어 공부를 더 잘할 수 있을까? 당연히 후자다. 이처럼 액션 트리거는 특정한 상황에서 특정한 행동을 실행할 수 있도록 행동의 계기를 구체화하는 것을 말한다. 골비처와 브랜드스태터는 실증 연구를 통해 이러한 액션 트리거가 행동을 이끌고 동기를 부여하는 데 상당한 효과가 있음을 밝혔다.

구성원들의 스마트워킹을 위해서 이와 같은 액션 트리거를 활용하면 효과적이다. 가령, 개인별로 아이젠하워 매트릭스의 B유형에 해당하는 일을 특정하고, 이에 대한 액션 트리거를 만들어 정기적으로 실행할 수 있도록 한다. 또 그 활동이 다른 업무나 과제에 비해 우선순위가 높다는 사실을 환기시켜 그것에 매진하도록 코칭하면 좋다. 피터 골비처는 액션 트리거의 가치를 "사전에 결정을 내리게 만드는 것에 있다"고 주장했다. 액션 트리거를 활용하여 결과에 좋은 영향을 가져올 업무를 사전에 결정해두고 이를 특정한 계기에 실행하도록 한다면 성과는 자연스럽게 따라온다. 이는 구성원의 즉각적 실행 습관을 만드는 데도 매우 유용하다.

액션 트리거의 원칙을 활용하면 어려운 목표에 도전할 때 효과적이라는 연구 결과도 있다. 개인의 능력이나 역량에 비해 목표가 지나치게 높으면 성취동기를 사극하기보다는 오히려 도전의식을 약화시키는 경우가 많다. 이때는 목표를 강조하기보다 액션 트리거에 집중하면 어려운 목표에도 굴하지 않고 강한 실행력을 유지할 수 있다. 가령, 평소 한 달에 3대 정도를 판매하던 자동차 영업사원에게 '10대를 팔자'라는 높은 목표를 제시하면 당사자는 지레 겁을 먹고 포기하는 경우가 생길 수 있다. 이때 액션 트리거를 활용하면 좋다. 가령, 10대라는 판매목표를 강조하기보다는 '매일 아침 10시가 되면 무조건 10명의 신규고객에게 전화를 건다'는 식의 행동 계기를 만들어 놓고 이를 실천하도록 하면 보다 효과적이다.

이처럼 업무에 좋은 결과를 가져오는 행동 계기의 원칙을 정하고, 실천을 독려하면 그 과정에서 스마트한 업무 습관이 몸에 배게 될 것이다. 이러한 작은 습관들이 모이면 조직의 전반적인 업무 문화가 스마트하게 바뀔 수 있다. 뉴노멀 시대에 스마트워크는 선택이 아니라 필수다. 이제 열심히 일하는 시대는 끝났고 스마트하게 일해야 하는 시대가 도래했다. 그렇다고 지금까지 전혀 하지 않았던 거창한 일을 새롭게 시작해야 하는 것은 아니다. 정해진 업무시간을 잘 관리해 단위 시간당 생산성을 높이는 활동을 습관적으로 할 수만 있다면 원하는 성과를 얻는 것은 결코 어려운 일이 아닐 것이다.

뉴노멀 시대에 구성원들이 다양한 스마트기기를 사용한다고 해서 그것이 곧 스마트하게 일한다는 의미는 아니다. 오히려 스마트기기가 오락과 '땡땡이'의 도구로 악용되어 시간을 헛되이 보내거나 생산성에 부정적인 결과를 가져올 수도 있다. 따라서 스마트워크의 중심은 기계가 아니라 인간이 되어야 하며, 핵심은 시간관리를 잘하는 것이다. 이를 위해 리더는 네 가지 시간을 구분하여, 긴급한 일보다는 중요한 일을 우선적으로 행할 수 있도록 관리해야 한다. 또한 액션 트리거를 구체화하여 즉각적인 실행 습관을 만드는 데에도 관심을 기울여야 한다. 뉴노멀 시대에는 시간관리를 잘하는 리더일수록 스마트하게 일하는 사람이다. 예나 지금이나 '시간은 금'이다.

13장

리스크관리 :
"넌 항상 플랜B를 가지고 있구나!"

계획대로 안 되는 게 일상이 된 시대

가정용 소형가전을 생산·판매하는 A사의 수도권영업팀 김팀장은 오전 내내 정신이 없다. 최근 입주를 시작한 신도시 중심상권에 내달 초 대형 거래처가 신규 매장을 개점할 계획인데, 이에 맞추어 수도권영업팀에서는 해당 지역에 대규모 영업 판촉계획을 수립하였다. 잘만 하면 신규 시장에서의 거점 확보는 물론 상권을 장악하는 데 유리한 계기가 될 수 있을 것이다. 본 건과 관련하여 영업회의에서도 담당 임원으로부터 좋은 기획안이라는 칭찬을 받기도 했다.

판촉행사가 계획대로 차근차근 준비되는 가운데, 개점 3일

앞둔 시점에 돌발변수가 발생했다. 본 건의 실무책임자인 강 과장으로부터 개인사정으로 3일간 경조휴가를 내야 한다는 전화를 받았기 때문이다. "팀장님, 어젯밤에 할아버지께서 돌아가셔서 대전에 있는 장례식장으로 내려가는 중입니다. 3일간 경조휴가를 내야겠습니다. 중요한 판촉행사를 앞두고 있는데, 제가 직접 추진하지 못해서 죄송합니다." 이번 판촉행사는 강 과장이 세세한 것까지 모두 준비했기 때문에 당장 누가 인수인계를 받아서 업무를 추진해야 할지 김 팀장은 걱정부터 앞섰다.

설상가상으로 거래처 영업 담당자로부터 전화가 왔다. "김 팀장님, 개점행사를 준비하던 중에 저희 사장님께서 업체별 매장 공간을 일부 조정하라는 지시를 내리셨습니다. 소형가전의 면적을 줄이고 대형가전을 늘리라는 지시였습니다. 그래서 A사의 공간을 조금 줄여야 할 것 같습니다. 시간이 별로 없어서 내일 오후 2시까지 실무자와 함께 한번 들어와 주시죠." 매장 공간이 줄어들면 아무래도 매출에 부정적인 영향을 미칠 수밖에 없고, 기존에 계획했던 매장 레이아웃이나 상품진열 등 모든 것을 새로 바꾸어야 하기에 난감한 상황이다. 실무책임자인 강 과장도 없는 상황에서 무엇을 어떻게 대처해야 할지 김 팀장으로서는 눈앞이 깜깜해졌다.

예상하지 못한 돌발변수 때문에 김 팀장은 난감한 상황이 되었다. 분명 완벽한 계획이라고 생각했는데, 진행 과정에서 왜 생각지도 못한 변수가 발생하는 것일까? 매번 이렇게 상황이 바뀐다면 처음부터 철저한 계획을 세울 필요가 있을까 하는 의구심마저 들었다. 도대체 무엇이 잘못된 것일까?

머피의 법칙, 자신이 하려는 일이 항상 원하지 않는 방향으로만 진행되는 현상을 일컫는 말이다. 큰맘 먹고 세차를 하면 비가 오고, 기다리고 기다리던 소풍이나 운동회 때는 어김없이 소나기가 내린다. 출근길 신호등마다 내 앞에서 빨간불이 들어오고, 30분 간격으로 운행하는 급행버스는 정류장에 도착하는 순간 떠나버린다. "재수 없는 사람은 뒤로 넘어져도 코가 깨진다"는 속담처럼, 재수가 없어도 너무 없고 계획대로 되는 일은 하나도 없다. 이처럼 일이 계획한 대로 풀리지 않고, 항상 나쁜 방향으로만 흘러가는 현상을 두고 '머피의 법칙'이라 부른다.

살다 보면 누구나 머피의 법칙을 떠올리게 되는 날이 있다. 하지만 그런 날이 흔한 것은 아니다. 어쩌다 한 번 찾아오는 재수 없는 날일뿐이다. 그래서 사람들은 머피의 법칙처럼 생각대로 일이 풀리지 않는 날에도 슬퍼하지 않고 참고 견딘다. 슬픔이 지나가면 기쁨이 올 것을 알기 때문이다. 그런데 머피의 법칙이 일회성으로 끝나지 않고 계속되면 어떻게 될까? 하루가 아니라 인생 전체가 계획대로 풀리지 않고 자꾸 꼬이기만 하면 어떻게 될까? 참으로 난감한 일이 아닐 수 없다.

물론 평생 머피의 법칙이 적용되는 사람은 거의 없을 것이다.

하지만 뉴노멀 시대가 도래하면서 머피의 법칙이 어쩌다 발생하는 예외적 사건이 아니라 자주 경험하는 일상적 사건으로 변했다. 왜 그런가? 앞에서 우리는 뉴노멀 시대의 특징 중 하나가 불확실성임을 검토한 바 있다. 지금 우리가 살아가는 세상은 변화가 극심해 미래 예측이 어려운, 비정상적인 일들이 수시로 나타나는 뉴애브노멀 시대다.

과거에는 '비정상'이 일상에서 아주 드물게 발생하는 예외적인 사건이었다. 수렵과 채집 생활을 하며 살았던 원시시대에는 농경이나 목축은 비정상에 해당했는데, 이는 인류 역사가 시작된 이래 수백만 년 만에 발생한 예외적 사건이었다. 그 후 산업혁명이라는 비정상이 생겨났고, 이것도 농경이 시작된 이래 대략 1만 2,000년 만에 발생한 사건이었다. 이처럼 인류의 역사에서 비정상은 극히 드물게 발생하는 예외적인 사건이었다. 하지만 뉴노멀 시대가 되면서 비정상의 발생 횟수와 빈도가 증가했다. 가령, 우리나라에서 발생한 코로나 전염병 확산은 분명 비정상 상태이지만 2000년 이후에는 꽤 빈번하게 발생하고 있다. 2002년 사스를 시작으로 2015년 메르스, 2019년 코로나19까지 발생 횟수와 주기가 점점 빨라지고 있다. 어쩌면 뉴노멀(뉴애브노멀) 시대에는 정상과 비정상의 위치가 역전되고 있는지도 모른다. 정상 상태는 드물고 예외적인 상황이며 비정상이 일상화되는 것이다.

'불확실성'을 특징으로 하는 뉴노멀 시대는 기존의 일상이 더 이상 지속되지 않고, 법칙과 규범이 달라지는 세상이다. 환경변화가 극심하고 예측이 불가능하다. 그 결과, 과거 인간의 상식으로 정상 범주에 속하던 일들이 점점 희귀해지고 예외적인 상황이 되어버렸다. 인간의 예측 범위를 넘어서는 현상들이 일상화되었다. 말하자면 비정상의 일반화, 일상화인 셈이다. 따라서 이제는 정상과 비정상의 구분도 모호해지고, 의미도 없어졌다.

앞의 사례에서 김 팀장은 판촉행사와 관련하여 예상하지 못한 사건들로 인해 곤란한 상황에 처하게 되었다. 당초 완벽한 것으로 평가되있던 기획안이 실행과정에서 발생한 돌발변수로 인해 차질이 생겼다. 이 상황은 얼핏 보기에 운이 없거나 머피의 법칙이 작용한 것처럼 보이기도 한다. 하지만 뉴노멀 시대에는 비일비재하게 발생하는 일상적인 사건에 불과하다. 불확실성을 특징으로 하는 뉴노멀 시대에는 어떤 프로젝트라도 계획한 대로 진행되는 경우가 드물어졌다. 중간에 돌발변수가 발생할 여지는 무수히 많다. 따라서 뉴노멀 시대에는 계획을 잘 세우는 것보다 수시로 발생하는 돌발변수에 잘 대응하는 것이 더 중요하다. 어차피 계획대로 진행되는 일이란 없기 때문이다. 요컨대, 뉴노멀 리더에게는 플래닝보다 리스크관리가 더 중요한 역량이다. 불확실성이 커진 뉴노멀 시대에 업무를 추진하는 리더는 계획 단계에서부터 리스크에 대비해야 한다. '플랜B'에 대한 시나리오를 수립하고 미래의 리스크 요인에 대한 대응책을 마련하는 것이 새로운 기준이 되었다.

플랜B, 리스크관리를 위한 필수 아이템

"나는 작전을 세울 때 세상에 둘도 없는 겁쟁이가 된다. 가정할수 있는 모든 위험과 불리한 조건을 상상하고 끊임없이 '만약에'라는 질문을 되풀이한다."16세 나이에 장교로 임관하여 숱한 전투에서 승리를 거둔 후 프랑스의 영웅으로 등장한 나폴레옹의 말이다. 그가 수많은 전투에서 승승장구할 수 있었던 이유는 전쟁에서 발생할 수 있는 모든 위험요소를 고민하고 그에 대한 대비책을마련했기 때문일 것이다.

이처럼 성공을 거듭하는 사람들은 어떤 일을 추진할 때 진행과정에서 발생할 수 있는 돌발상황을 예상하고 이에 대한 대비책을마련한다. 이러한 대비책을 '플랜B'라 부른다. 플랜B란 당초 수립했던 계획(플랜A)이 돌발변수로 인해 예정대로 진행되지 못할 경우, 차선책으로 마련해 둔 대비책을 뜻한다. 그래서 사람들은 플랜A보다 플랜B를 덜 중요하게 생각한다. 틀릴 생각은 아니다. 플랜A를 제대로 세웠다면 플랜B까지 갈 필요가 없기 때문이다. 하지만 이상과 현실이 다르듯이, 계획과 실행에는 대체로 간극이 존재한다. 그래서 플랜A보다 플랜B를 가동해야 할 때가 많다.

2004년 에번 윌리엄스(Evan Williams)는 팟캐스트 사업을 하는'오데오(Odea)'라는 회사를 창업했다. 기본적인 사업전략은 아이팟(iPod)을 통해 콘텐츠를 송출함으로써 수익을 창출하는 것이었다. 그의 사업전략은 매우 시의적절한 것이었다. 2005년 2월 〈뉴욕타임스)에서도 "아이팟 사용자가 1,100만 명을 넘어섰다. 3년 뒤엔 4,500만 명을 돌파할 것이다. 팟캐스트 사업은 유망하며 오데오가 그 중심에 있다."라고 보도할 정도였다. 오데오는 팟캐스트의 성장과 함께 탄탄대로를 걸을 것으로 기대되었다.

하지만 현실은 예상대로 흘러가지 않았다. 애플이 무료로 팟캐스트 서비스를 제공하면서 시장을 독식했고, 그 결과 오데오는 사업을 접어야 하는 상황이 되었다. 오데오의 플랜A는 완전히 실패하고 말았다. 위기에 처한 오데오는 다급하게 플랜B를 찾아 나섰다. 오데오는 당시 막 인기를 끌기 시작한 휴대폰 문자메시지(SMS)에 주목하고, 자신의 소소한 이야기를 친구들에게 쉽게 전송할 수 있는 서비스를 내놓았다. 메시지 길이는 140자로 제한했다. 그리고 그 서비스에 '트위터(Twitter)'라는 이름을 붙였다. 트위터는 시장에서 엄청난 인기를 끌었다. 그 결과, 오데오는 트위터 출시 5년 만에 가입자 2억 명, 연매출 1억 4,000만 달러, 기업가치 80억 달러인 회사로 탈바꿈했다. 만약 플랜A가 그대로 흘러갔다면, 우리가 알고 있는 트위터는 탄생조차 하지 못했을 것이다. 오데오는 당초 계획대로 사업이 진행되지는 않았지만, 창의적인 플랜B를 가동함으로써 큰 성공을 거둘 수 있었다.

플랜A를 폐기하고 플랜B로 성공한 오데오의 사례는 예외적이고 특출한 상황일까? 플랜B가 트위터처럼 빅히트 상품으로 이어지는 경우는 흔하지 않다. 하지만 플랜A를 버리고 플랜B를 가동하는 상황은 빈번하게 발생한다. 환경변화가 심하고 무한경쟁이 벌어지는 상황에서는 오히려 당초 계획대로 흘러가는 것이 이상할 정도다. 특히 미래에 대한 불확실성을 특징으로 하는 뉴노멀 시대에는 낙관적인 전망으로 만들어진 플랜A가 예상치 못한 변수로 인해 좌초되는 경우가 자주 발생할 수밖에 없다. 성공하고 싶다면 이제 플랜A만으로는 부족하다. 실행과정에서 발생할 수 있는 돌발변수에 대한 대비책을 마련해야 한다. 또한 한 가지 대비책만으로는 부족하다. 발생 가능한 모든 돌발상황을 고려하여 플랜B뿐만 아니라 플랜C, 플랜D까지 만들어 두어야 한다.

IBM 설립자인 토머스 와튼에게는 다음과 같은 일화가 전해진다. 그가 회사를 경영할 당시 부하직원이 실수로 회사에 막대한 손해를 입힌 적이 있었다. 와튼은 죄책감과 두려움으로 고개조차 들지 못하는 부하직원에게 이렇게 말했다고 한다. "너무 상심하지 말게나, 나는 자네를 교육하는 데 1,000만 달러를 썼을 뿐이네." 실수를 한 부하직원에게 질책은커녕 오히려 따뜻한 위로의 말을 건넨 것이다. 하지만 착각은 금물이다. 모든 경영자가 와튼처럼 너그러울 것이라고 기대해서는 안 된다. 물론 실패를 허용하고 실패로부터 무언가를 배우는 조직문화를 만드는 것은 필요하다. 하지만 그것이 실패의 면책사유가 될 수는 없다. 실패한 뒤에 경영자의 관용을 기대하기보다는 처음부터 실패하지 않도록 대비하는 것이 훨씬 중요하다. 따라서 뉴노멀 시대의 리더는 업무를 추진할 때 낙관적인 계획만이 아니라, 돌발변수에 대한 플랜B까지 수립해 실패하는 일이 없도록 철저하게 대비해야 한다.

시대에 맞게, 당황하지 않고 리스크에 대처하는 방법

| 우선, 통제 가능한 것에 집중하라

"작전에 실패한 장수는 용서받을 수 있지만 경계에 실패한 장수는 용서받을 수 없다"는 말이 있다. 상대가 있는 싸움에서는 매번 승리를 장담힐 수 없다. 상대의 힘이 강하거나 상대가 더 탁월한 작전을 수립하면 싸움에서 질 수도 있다. 하지만 경계라면 이야기가 달라진다. 경계(警戒)란 '뜻밖의 사고가 생기지 않도록 조심하여 단속하는 것'을 말한다. 작전이 공격이라면 경계는 수비다. 축구경기에서 공격수가 골을 넣지 못하면 승리할 수 없지만 최소한 지지 않는 것은 가능하다. 수비를 잘하면 된다. 반면, 수비에서 실수를 하면 게임을 송두리째 내줄 수 있다. 요컨대 공격 실수보다는 수비 실수가 더 치명적이다.

오늘날 조직 경영도 축구 경기와 비슷하다. 경영이란 동일한 시장을 놓고 서로 많이 차지하려고 치열한 싸움을 벌이는 게임이기 때문이다. 이때 개별 플레이어는 경쟁에서 이기기 위해 다양한 전략을 수립하여 실행한다. 싸움에서는 정공법을 쓰기도 하지만 다양한 교란전술과 연막작전이 사용되기도 하고, 가끔은 상대의 허를 찌르는 기습공격도 감행한다. 이때 상대의 공격을 잘 막는 쪽이 전투에서 승리할 가능성이 높다. 상대의 공격이 우리 쪽에서는 리스크가 되기 때문이다. 따라서 리더는 상대의 전략과 전술을 예상하고 이에 대한 대비책을 강구해야 한다. 즉 발생할 수 있는 위험을 예측하고, 그에 따른 리스크 대책을 수립해야 한다.

'플랜B를 준비하라'는 말은 미래에 발생할 수 있는 돌발상황, 즉 리스크에 대한 대비책을 세우라는 뜻이다. '유비무환(有備無患)'이란 말처럼, 미리 위험에 잘 대비하면 걱정할 일이 없어진다. 일반적으로 기업조직에서는 리스크를 '통제할 수 없는 불확실성으로 인해 발생하게 되는 미래의 잠재손실'이라고 정의한다. 미래에 발생할 수 있는 손실 가능성이 바로 리스크다. 기업경영에서 발생할 수 있는 미래의 손실에는 어떤 것들이 있을까? 기업경영에서 발생하는 리스크는 다양하지만 일반적으로 환경 리스크, 재무 리스크, 전략 리스크, 운영 리스크 등 네 가지로 구분한다.

환경 리스크(environmental risk) 거시환경이나 경쟁자, 고객, 정부정책 등 외부환경의 변화로 인한 손실 가능성

재무 리스크(financial risk) 금리, 주가, 이자율, 신용도 등의 변동으로 인한 재무적 손실 가능성

전략 리스크(strategic risk) 조직이 선택한 사업전략이 기대한 성과를 거두지 못했을 때 생길 수 있는 손실 가능성

운영 리스크(operational risk) 업무 프로세스나 시스템 오류 등 조직 운영과정에서 발생할 수 있는 손실 가능성

환경 리스크는 기업 외부의 환경변화로 인해 발생하는 위험요소를 말한다. 조직을 둘러싼 거시환경이나 경쟁자, 고객, 정부정책 등의 변화로 발생할 수 있는 손실 가능성이 여기에 해당한다. 재무 리스크는 금리, 주가, 이자율, 신용도 등의 변동에 의해서 발생하는 재무적 손실 가능성을 말한다. 전략 리스크는 조직이 선택한 전략이 기대한 성과를 거두지 못하고 실패함으로써 생길 수 있는 손실 가능성을 뜻한다. 운영 리스크는 조직 운영과정에서 생길 수 있는 문제나 비효율 등으로 인해 생기는 위험요소를 말한다. 가령, 업무 프로세스나 시스템의 오류로 인해 발생한 문제나 조직이나 개인의 업무 비효율로 인한 손실 발생 가능성 등이 여기에 해당한다.

기업경영에서 발생할 수 있는 리스크가 이처럼 다양하기에 리더가 모든 리스크를 일일이 예방하고 대비책을 세우는 것은 결코 쉬운 일이 아니다. 따라서 현명한 리더는 다양한 리스크 요인을 구분한 후, 대응 정도를 달리할 필요가 있다. 먼저 해야 할 일은 리스크 유형 중에서 통제 가능한 것과 통제 불가능한 것을 구분하는 것이다. 네 가지 리스크 중에서 환경 리스크는 개인의 노력으로 예방할 수 있는 성질의 것이 아니다. 따라서 이런 유형의 리스크는 예방 차원의 대책보다는 발생했을 때 어떻게 대응할지에 대한 사후 대책만 세울 수 있다. 반면, 전략 리스크나 운영 리스크는 어느 정도 통제 가능한 유형에 해당한다.

조직을 운영하는 리더는 항상 제한된 자원으로 최대의 결과를 창출해야 한다. 리스크관리에 있어서도 마찬가지다. 예상되는 리스크가 있다고 해서 모든 경우의 수를 상정하고 대비책을 마련할 수는 없다. 이는 자칫 위험에 대비하느라 한 발짝도 움직이지 않는 것과 같다. 배는 항구에 정박해 있을 때 가장 안전하다. 하지만 배는 그러려고 만든 게 아니다. 위험이 따르더라도 파도를 헤치며 앞으로 나가야 한다. 문제는 최적의 대비책을 세우는 일이다. 리더는 리스크관리에 있어서도 최적의 수준을 찾아야 한다. 어떻게 해야 할까? 앞서 구분한 리스크 유형 중에서 통제할 수 있는 것에 초점을 맞추는 게 현명한 방법이다.

갑자기 몸무게가 늘어난 A는 다이어트를 해야겠다는 목표를 세웠다. A는 이에 대한 실천계획으로 '간헐적 단식'과 '하루 한 시간 달리기'를 하기로 결심했다. 계획대로 꾸준히 실천만 하면 틀림없이 날씬했던 예전의 몸매를 되찾을 수 있을 것이다. 그런데 시작한 지 한 달이 지나자 계획대로 실천할 수 없는 상황이 되었다. 평소 당뇨병이 있었던 A는 간헐적 단식으로 인해 저혈당에 빠지거나 혈당 조절에 어려움을 겪게 된 것이다. 의사는 A에게 간헐적 단식을 중단할 것을 권고했다. 하루 한 시간 달리기는 시간 확보가 어려워서 꾸준히 실행하지 못했다. 아침에 조금이라도 늦게 일어나면 출근시간에 쫓겨서 어렵고, 저녁에는 업무에 지쳐서 다음날로 미루기 일쑤다. 이런저런 핑계 때문에 한 달 동안 한 시간 달리기를 실천한 횟수가 손에 꼽을 정도다. 이 상황에서 A는 어떻게 해야 할까?

사태를 일목요연하게 살펴보기 위해 A가 처한 상황을 '통제 가능성'과 '행동 여부'로 매트릭스를 그려보면 다음과 같이 네 가지로 분류할 수 있다.

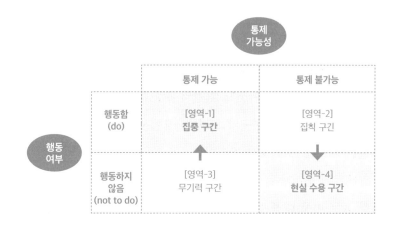

A가 간헐적 단식을 실천하지 못하게 된 이유는 통제할 수 없는 요인(당뇨병) 때문이다. 하지만 그는 간헐적 단식을 계속 실천하려 했다. 위 그림에서 [영역-2]에 해당하는데, 이처럼 통제 불가능한 요인임에도 계속 행동을 하려 하는 것은 '집착'에 불과한 것으로 그의 노력은 헛된 결과를 가져올 가능성이 높다. 집착의 결과는 고통이다. A가 [영역-2]에 집착하면 노력은 노력대로 하면서 원하는 결과는 얻지 못해 고통만 가중될 것이다. 이처럼 통제 불가능한 요인에 대해서는 '행동하지 않음'을 선택하는 것이 바람직하다. [영역-2]에서 [영역-4]로의 이동이다. 요컨대, 통제 불가능한 요소에 대해서는 적극적으로 행동하기보다는 현실을 있는 그

대로 수용하고, 새로운 대안이 없는지 모색하는 게 바람직하다.

'하루 한 시간 달리기'는 상황이 다르다. 이 계획은 통제 가능한 요소임에도 이런저런 장애물 때문에 실천하지 못하고 있다. [영역-3]에 해당하는 것으로, A는 지금 무기력 상태에 빠져 있다. 이 경우라면 간헐적 단식처럼 현실을 있는 그대로 수용해서는 곤란하다. 통제 가능한 요소에 대해서는 실천을 가로막는 장애물을 제거하여 실행할 수 있는 방안을 모색하고, 행동에 나서야 한다. 즉, [영역-3]에서 [영역-1]로 이동해야 한다. 요컨대 통제할 수 있는 요소에 대해서는 무기력 상태에서 벗어나 적극적으로 행동해야 한다. A가 다이어트에 성공하기 위해서는 통제 가능한 요소에 행동을 집중해야 한다.

통제할 수 있는 것에 초점을 맞춘다고 해서 환경 리스크와 같이 통제할 수 없는 영역에는 관심조차 갖지 말라는 뜻은 아니다. 리더라면 통제 불가능한 위험 요소에 대해서는 다양한 경우의 수를 예측하고, 그것이 발생했을 경우 신속하게 대처할 수 있어야 한다. 하지만 조직운영에 있어서 리스크관리가 최우선 과제는 아니다. 성과를 내는 것이 우선이다. 따라서 리더는 구성원들이 통제할 수 없는 요인에 집중하느라 중요한 일을 못하는 경우를 최소화해야 한다. 통제할 수 있는 영역에 얼마나 집중하는지가 조직 성과에 더 큰 영향을 미치기 때문이다.

| 누구나 심플하게 플랜B를 세우는 법

앞에서 우리는 뉴노멀 시대에는 플랜B를 수립하고 대책을 마련하는 일이 얼마나 중요한지 살펴보았다. 그렇다면, 플랜B는 어떻게 수립해야 할까? 흔히 사람들은 플랜B를 세워야 한다고 하면 엄청난 지식과 준비과정이 필요한 것으로 생각하는데, 일상에서 간단하게 적용할 수 있는 방법과 절차가 있다. 일상 업무에서 플랜B를 수립하고 대책을 세우는 프로세스는 잠재 리스크 예측, 잠재 리스크 평가, 예방 대책 및 발생 시 대책 수립의 순으로 진행하면 된다.

플랜B 수립 프로세스

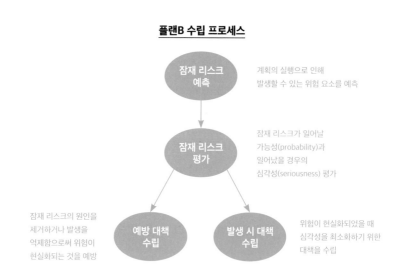

잠재 리스크
예측

계획의 실행으로 인해
발생할 수 있는 위험 요소를 예측

잠재 리스크
평가

잠재 리스크가 일어날
가능성(probability)과
일어났을 경우의
심각성(seriousness) 평가

잠재 리스크의 원인을
제거하거나 발생을
억제함으로써 위험이
현실화되는 것을 예방

예방 대책
수립

발생 시 대책
수립

위험이 현실화되었을 때
심각성을 최소화하기 위한
대책을 수립

잠재 리스크 예측

가장 먼저 할 일은 추진하고자 하는 업무계획에서 미래에 발생할 수 있는 돌발상황을 예측해보는 것이다. 가령, 어떤 회사에서 신제품으로 '이탈리아산 포도씨유로 튀긴 고급 치킨'을 출시할 계획을 세웠다고 하자. 추진팀에서는 출시에 앞서 신제품 출시에 따라 발생할 수 있는 잠재 리스크를 다음과 같이 상정해 볼 수 있다.

신제품 출시에 따른 잠재 리스크(예측)

1. 고객들이 해당 신제품을 선호하지 않을 가능성

2. 상대적으로 비싼 가격으로 가맹점에서 판매를 꺼릴 가능성

3. 이탈리아 현지의 가뭄으로 인해 주원료인 포도씨유의 수급이 어려워질 가능성

4. 경쟁사에서 대응 전략으로 새로운 신제품을 출시할 가능성

5. 더운 날씨로 인해 유통과정에서 포도씨유가 변질될 가능성

6. 신제품 출시에 맞추어 경쟁사가 대규모 판촉행사를 실시할 가능성

7. 신제품 선호로 인해 기존 상품들의 매출이 하락할 가능성

8. 소비자의 입맛의 변화로 치킨에 대한 전반적인 수요가 감소할 가능성

9. ……

리스크를 예측하는 단계에서는 가능한 모든 경우의 수가 나열될 수 있도록 다양한 각도에서 돌발상황을 예측하는 것이 중요하다. 그러기 위해서는 자사에서 발생할 수 있는 위험 요소뿐만 아니라 고객이나 시장의 변화, 경쟁사의 대응, 다양한 이해관계자의 반응 등을 종합적으로 고려해야 한다. 이 단계에서는 관련된 여러 부문의 사람들이 함께 모여 브레인스토밍을 통해 다양한 관점에서 검토하는 것이 필요하다. 이때 해당 리스크의 발생 가능성은 고려하지 않아도 좋다. 실제 일어날 가능성이 극히 낮은 위험 요소라 할지라도 일단 상정해 놓는 것이 바람직하다.

잠재 리스크 평가

1단계에서 상정된 모든 리스크에 대해 일일이 대책을 마련하는 것은 비효율적이다. 발생할 가능성이 현저히 낮거나 실제 발생하더라도 그것이 미칠 영향이 크지 않을 경우라면 굳이 대책을 세울 필요는 없다. 따라서 상정된 잠재 리스크를 평가하여 대책 수립 여부를 판단해야 한다. 평가는 두 가지 기준으로 하면 좋다. 해당 리스크가 실제로 일어날 가능성(probability)과 일어났을 경우의 심각성(seriousness)이 그것이다. 통상적으로 10점 만점을 기준으로 일어날 가능성이 3점 이하이거나 일어났을 경우의 심각성이 5점 이하인 리스크는 제외한다. 즉 어느 정도 일어날 가능성이 있으며, 일어났을 때 자사에 미치는 영향이 심각한 위험 요소에 대해서만 대책을 수립한다. 하지만 선별 기준이 절대적인 것은 아니다. 중요한 프로젝트의 경우에는 좀 더 강화하거나 예측되는 모든 잠재 리스크에 대해 대비책을 수립하는 경우도 있다.

예방 대책과 발생 시 대책 수립

일어날 가능성과 일어났을 때의 심각성이 충분하다고 평가된 리스크에 대해서는 대책을 수립해야 한다. 대책은 두 가지로 구분하여 수립한다. '예방 대책'과 '발생 시 대책'이다. 예방 대책이란 잠재 리스크의 원인을 제거하거나 발생을 억제함으로써 위험이 현실화되지 않도록 사전에 방지하는 것을 말한다. 가령, 건물에서 화재가 발생할 리스크에 대비하여 인화물질을 치우는 것이 예방 대책에 해당한다. 발생 시 대책은 위험이 현실화되었을 때 심각성이나 영향을 최소화하기 위한 방안을 말한다. 건물에 소화기를 비치하거나 스프링쿨러를 설치하는 것은 화재가 발생했을 때 피해를 최소화하는 발생 시 대책에 해당한다.

예방 대책은 '원인을 제거할 방법은 무엇인가?'라는 관점에서 위험의 발생 가능성을 줄이기 위한 방안에 해당한다. 발생 시 대책은 '어떻게 악영향을 최소화할 수 있을까?'라는 측면에서 대책을 마련하는 것으로, 발생한 위험의 심각성을 줄이기 위한 관점에서 검토한다. 예방 대책이 완벽하다면 발생 시 대책을 세울 필요가 없는 경우도 있고, 위험의 영향력 정도에 따라 발생 시 대책을 복수로 준비하는 경우도 있다. 중요한 것은 대책의 종류와 수가 아니다. 얼마나 플랜B를 잘 예측하여 꼼꼼하고 효율적인 대비책을 수립하는가가 관건이다.

　지금까지 뉴노멀 시대에 필요한 리스크 관리법에 대해서 알아보았다. 불확실성을 특징으로 하는 뉴노멀 시대에는 처음 계획대로 일이 진행되는 경우는 드물다. 따라서 플랜B를 꼼꼼하게 수립하여 잠재적 위험에 대비하는 것이 무엇보다 중요하다. 리더는 업무를 추진할 때 발생할 수 있는 돌발상황에 대한 플랜B를 수립하고 상황변화에 기민하게 대응해야 한다. 또한, 리스크의 유형을 구분하고 통제할 수 있는 영역에 집중해야 한다. 나아가 대비책을 수립할 때에도 예방 대책과 발생 시 대책으로 구분하여 관리해야 한다. "뛰어난 운전자는 가속 페달보다는 브레이크를 잘 밟는 사람"이라는 말이 있듯이, 뉴노멀 시대에 뛰어난 리더는 계획 수립보다는 리스크관리를 잘하는 사람이라는 사실을 기억할 필요가 있다.

14장

성과관리 :
과정이 공정해야 결과를 인정한다

모두가 인정하는 성과평가는 가능한가

김 팀장은 요즘 평가 시즌만 되면 입장이 곤란해진다. 팀원들이 평가 결과에 굉장히 민감하게 반응하기 때문이다. 예전에는 평가에 불만이 있어도 팀장에게 직접적으로 항의하는 경우가 거의 없었는데 지금은 대놓고 항의한다. 어제도 이 대리가 평가 면담에서 불만을 토로했다.

[이 대리] 팀장님. 저는 이번 평가 결과에 수긍할 수 없습니다. 진짜 열심히 노력했고 나름대로 성과도 냈다고 생각하는데, 강 대리에게는 A를 주면서 제가 B를 받는다는 것은 도무지 이

해되지 않습니다. 도대체 이유가 뭡니까?

[김 팀장] 이 대리, 나도 안타깝게 생각해. 나도 이 대리에게 좋은 평가를 주고 싶지만 T/O가 정해져 있어서 어쩔 수가 없었어. 회사 평가시스템에 맞춰 연초에 정한 목표에 따라 달성율을 산정해서 개인별 성과평가에 반영했더니 그러한 결과가 나온 거야. 아무튼 나도 최대한 합리적이고 공정하게 평가하려고 노력한 거야.

[이 대리] 이제야 드리는 말씀이지만, 사실 제 목표가 처음부터 너무 무리하게 잡혔습니다. 그리고 위에서 일방적으로 할당하는 분위기여서 그냥 수긍한 것일 뿐입니다. 게다가 그동안 업무수행 과정에서 팀장님도 별다른 말씀이 없으셔서 저는 나름 잘하고 있다고 믿었습니다.

분명 목표수립 면담에서 별다른 이견을 보이지 않아 개인 목표에 동의했다고 생각했는데, 이제 와서 목표가 잘못되었다는 이 대리의 반응에 김 팀장은 참으로 난감했다. 나름 객관적이고 공정하게 평가하려고 노력했음에도 좋지 않은 결과를 받은 구성원은 예외 없이 평가에 불만을 토로하기 때문이다. 정말로 객관적이고 공정한 성과평가는 가능한 것일까? 어떻게 하면 모두가 수긍할 수 있는 평가를 할 수 있을까?

르네상스 시대의 정치사상가 마키아벨리는《군주론》에서 이렇게 썼다. "결과적으로 무기를 든 예언자는 모두 성공한 반면 말뿐인 예언자는 실패했다." 군주가 성공하기 위해서는 말보다는 무기를 손에 쥐어야 한다는 뜻이다. 그의 말은 현대 조직의 리더도 충분히 가슴에 새길 만하다. 크든 작든 조직을 맡은 리더는 성과에 대한 최종 책임을 져야 한다. 조직의 성과가 곧 리더의 실적이다. 성과를 내기 위해서 리더는 구성원들을 열심히 움직이게 만들어야 한다. 어떻게 하면 구성원을 열심히 움직이게 만들 수 있을까? 마키아벨리의 주장에 대입하면, 말뿐인 리더는 실패할 것이고 무기를 쥔 리더는 성공할 것이다.

르네상스 시대가 아닌 현대의 리더가 손에 쥔 무기란 도대체 무엇일까? 여러 가지 있겠지만 가장 강력한 무기는 '평가권'이다. 물론 현대의 리더가 가진 무기는 절대권력의 왕이나 봉건시대 군주에 비하면 볼품없다. 부하직원이 마음에 들지 않는다고 채찍질을 하거나 곤장을 때릴 수 없다. 겨우 연말에 구성원들에게 S/A/B/C/D 등의 평가 결과를 차등 배분할 수 있는 권한 정도가 주어졌을 뿐이다. 왕이나 군주의 무기에 비하면 초라하기 그지없다. 하지만 전쟁에서는 아무리 하찮은 무기라도 아예 없는 것보다는 낫다. 작으나마 위로를 건넨다면, 오늘날 리더는 누구 할 것 없이 모두 초라한 무기를 들고 전투에 임한다는 사실이다. 따라서 현명한 리더라면 초라한 무기일지언정 어떻게 효과적으로 사용할 수 있을지 고민해야 한다.

과거에는 리더가 가진 평가권을 '생사여탈권'에 비유하기도 했다. 평가 권한을 가진 리더가 구성원의 밥줄을 쥐고 있다고 생각했기 때문이다. 그 결과, 평가 시즌이 되면 평가권자인 리더는 목에 힘을 주고 다녔다. 그 시기가 되면 직원들 사이에 '아부 강조기간'이라는 농담도 나돌았다. 하지만 지금은 상황이 정반대가 되었다. 평가권자의 눈치를 보지 않는 직원들이 생겨난 것이다. 이는 리더에게는 분명 억울한 일이다. 본인들이 피평가자 신분이었을 때에는 평가권자의 눈치를 살피느라 노심초사했는데, 막상 평가권을 손에 쥐었더니 무용지물이 되어버렸으니까.

왜 이런 일이 생겼을까? 뉴노멀 시대가 되면서 조직 구성원들의 가치관이 달라졌기 때문이다. 그들에게는 좋은 인사평가보다 워라밸이나 소확행이 더 우선한다. 그렇다고 해서 신세대 구성원들이 좋지 않은 평가를 '쿨'하게 생각한다는 뜻은 아니다. 정확히 말하면, 그들의 반응은 이중적이다. 평가 결과에 목을 매지는 않지만, 그렇다고 낮은 평가에 수용적인 태도를 보이지도 않는다. 높은 평가를 받기 위해 노력을 더 기울이지는 않지만 가급적 좋은 평가를 받기를 원한다. 게다가 개인화에 익숙해서 모든 일을 자의적으로 해석하려는 경향이 있다. 그 결과, 자신의 활동이나 성과에 대해서는 긍정적인 평가를 내리지만 다른 사람의 활동에 대해서는 인색한 평가를 내리는 경우가 많다. 이러한 특성은 인사평가 시즌이 되면 평가권자를 더욱 곤혹스럽게 만든다. 자신이 원하는 결과를 받지 못하면 평가권자에게 불만을 숨김없이 드러내고, 왜 그런 평가를 주었는지 따져 묻기를 주저하지 않는다. 따라서 뉴노멀 리더는 성과평가에 있어 구성원들이 모두 납득하고 수용할 수 있는 방안을 모색해야 한다.

성과관리, 과정은 공정하게 결정은 쌍방향 소통으로

"판매 실적이 곧 인격이다." 세일즈 세계에서 자주 회자되는 말이다. 세일즈맨에게는 판매 실적이 가장 중요한 평가 요소이기 때문이다. 이 말에 빗대면, 조직 리더에게는 '성과가 곧 인격'이라고 보아도 크게 틀리지 않는다. 뛰어난 리더는 무슨 일이 있어도 성과를 내야 한다. 나머지 요소가 아무리 뛰어나도 성과를 내지 못하면 '물 없는 오아시스'요, '앙꼬 없는 진빵'이다. 따라서 리더는 조직의 성과를 잘 관리하여 원하는 결과를 얻어야 한다. 요컨대, 성과관리는 리더에게 있어 가장 중요한 책무다.

흔히 사람들은 '성과관리(performance management)'를 '결과관리(result management)'라고 생각하는 경향이 있다. 물론 성과에 대한 최종 평가는 조직이 궁극적으로 이루어 낸 결과로 내려진다. 하지만 성과를 관리하기 위해서 결과에 초점을 맞추어서는 곤란하다. 좋은 성과를 내기 위해서는 최종 결과에 이르기 전 단계에서부터 관리를 시작해야 한다. 그래야만 결과를 바꿀 수 있다. 따라서 성과관리는 다음과 같이 정의할 수 있다.

"성과관리란 조직과 개인의 성과를 높이기 위해 정해진 기간 동안 구성원이 수행해야 할 목표를 정의하고(성과계획, performance plan), 목표를 달성하기 위한 과정을 관찰하고 도와주며(과정관리, process management), 최종적인 결과를 평가하는(성과평가, performance evaluation) 일련의 과정이다."

정의에서도 알 수 있듯이, 성과관리의 목적은 두 가지다. 조직과 개인의 성과를 모두 높이는 일이다. 간혹 조직의 성과를 높이기 위해 개인의 성과와는 무관한 일을 시키거나 구성원에게 희생을 강요하는 경우가 있는데, 이는 올바른 성과관리가 아니다. 구성원 개개인의 성장과 행복이 담보되지 않고서는 장기적인 조직성과도 기대하기 어렵기 때문이다. 개인의 성과만을 생각하고 조직의 성과를 도외시하는 것도 바람직한 일이 아니다. 조직은 개인의 성장만을 위한 직업훈련소가 아니다. 리더가 조직의 성과를 창출하지 못하면, 구성원에게 장기적인 성장과 행복의 기회를 제공할 수 없다. 따라서 뛰어난 리더는 조직과 개인의 성과라는 두 가지 목표를 동시에 지향하면서 조화를 이루는 사람이다.

또 한 가지 생각해봐야 할 점이 있다. 위 정의에도 나와 있듯이, 성과관리는 여러 단계를 거쳐야 원하는 결과를 얻을 수 있다. 성과관리를 위해서는 크게 세 가지 핵심 활동이 필요하다. (1)성과계획 단계, (2)과정관리 단계, (3)성과평가 단계이다. 먼저, 성과를 내기 위해 구성원이 수행해야 할 목표와 활동을 계획하고, 그것들이 제대로 실행되고 있는지 과정을 관리하며, 최종적인 결과를 평가하는, Plan-Do-See의 3단계 과정을 거쳐야 한다.

성과계획 단계에서는 최종적인 성과에 이르기 위한 전략의 방향을 수립하고, 구성원 개개인이 수행해야 할 활동과 목표를 설정해야 한다. 이때 계획과 목표수립 과정에서 구성원과 합의를 이끌어내는 것이 중요하다. 목표가 성과로 연결되려면 구성원이 자신의 과업과 목표를 분명히 인식한 상태에서 자발적인 참여와 몰입을 해야 한다. 이를 위해서는 목표가 투명하게 공개되어야 하며, 구성원이 왜 목표를 달성해야 하는지 납득하고 이를 수용할 수 있어야 한다.

과정관리 단계에서의 적절한 개입도 중요하다. 리더는 업무수행 과정에서 과제별 성과에 대한 달성 수준을 공유하고, 부진한 성과에 대해서는 원인을 분석하여 서로 공감할 수 있는 해결방안에 대해 의견을 나누어야 한다. 리더는 공식적인 코칭 면담과 일상적인 피드백 제공 등을 통해 업무수행 과정에서의 문제를 해결하고 지원방안을 모색해야 한다.

성과평가란 최종 결과를 평가하여 인사고과에 반영하고, 그 결과를 연봉이나 승진과 연계시키는 것만을 의미하지 않는다. 과거의 성과평가는 신상필벌의 성격이 강했다. 구성원의 업적이나 역량을 객관적으로 측정하여 좋은 성과에 대해서는 보상하고, 나쁜 성과에 대해서는 페널티를 부과하는 식이다. 하지만 최근에는 성과평가의 주된 목적이 바뀌었다. 지금은 성과관리 시스템을 통해서 구성원의 성장목표나 욕구를 확인하고 능력개발이나 경력관리에 도움을 주려는 게 더 큰 목적이다. 성과평가는 성과 측정이 아니라 장기적인 성과관리의 일환으로 행해지는 계획적이고 전략적인 과정이다. 이처럼 성과관리는 성과계획, 과정관리, 성과평가 등의 체계적인 실행을 통해서 조직과 개인의 성과를 이끌어내는 일련의 활동이다.

성과관리 활동은 리더의 일방적인 지시나 동기부여로 행해지는 것이 아니다. 구성원의 자발적인 참여와 실천이 전제되어야 성과관리가 가능하기 때문이다. 따라서 리더는 성과관리 단계별로 구성원과의 상호작용에 신경을 써야 한다. 성과계획 단계에서는 개인별 목표 설정에 대한 구성원의 합의를 이끌어내야 하고, 과정관리 단계에서는 리더의 개입에 대해 구성원들이 거부감 없이 받아들일 수 있어야 한다. 성과평가에서는 평가 결과에 대한 구성원의 수용 여부도 매우 중요한 문제다. 리더가 아무리 객관적으로 평가한다고 하더라도 모두가 만족하는 평가는 있을 수 없고, 완벽하게 객관적인 평가도 존재하지 않기 때문이다. 결국 리더가 공정성을 유지하는 일이 핵심이다. 성과관리 전반에서 구성원들이 공정하다고 인식해야 자신의 역할에 열정과 몰입을 다하기 때문이다.

구성원들은 어떤 상황에서 공정하다고 느낄까? 성과관리에서의 공정성은 크게 두 가지로 구분된다. 분배 공정성(distributive justice)과 절차 공정성(procedural justice)이다. 분배 공정성이란 성과에 대한 보상이 얼마나 공정한지에 대한 인식으로 결과에 초점을 맞춘 개념이다. 통상 사람들은 자신의 노력으로 만들어진 성과에 대해 조직이 그에 상응하는 보상을 하는지로 공정성을 인식한다. 하지만 실제로는 그렇게 간단치가 않다.

애덤 스미스에 따르면, 종업원들은 직무에 공헌한 정도에 따라 보상을 받을 때 자신이 받은 보상과 타인이 받은 보상을 비교하여 공정성을 지각한다. 즉 절대적인 많고 적음이 아니라 다른 사람과의 상대적인 비교를 통해 공정성 여부를 판단한다. 나름 괜찮은 평가를 받았더라도 자신과 비슷하다고 생각한 사람이 더 좋은 평가를 받는다면 분배가 불공정하다고 느낀다. 분배 공정성의 이러한 특성은 리더를 난감하게 만든다. 항상 상대적인 비교를 통해 공정성을 인식한다면, 모두가 만족하는 배분이란 사실상 불가능하기 때문이다. 그래서 주목해야 하는 것이 절차 공정성이다.

절차 공정성은 최종 결과를 얻기까지의 절차가 공정했는가에 따라 판단한다. 결과가 아니라 과정을 보고 판단하는 요소다. 계획수립 과정에서 당사자의 의견이 충분히 반영되었는지, 평가 기준이나 항목은 합리적인지, 이의신청 과정이나 절차는 충분히 마련되어 있는지 등 제도 자체의 공정성과 그것을 운영하는 리더가 절차를 잘 지키면서 운영했는지 등에 대한 평가다. 대체로 평가제도나 절차에 대해 합리적이고 공정하다고 느끼는 구성원은 분배 결과에 대해서도 수용적인 태도를 보일 가능성이 높다.

결국 뉴노멀 시대라고 해서 성과관리의 절차나 도구를 새롭게 만들어야 하는 것은 아니다. 기존의 성과관리 운영 프로세스, 즉 Plan-Do-See 단계에서 구성원과의 상호작용을 통해 공정성을 높이면 된다. 중요한 것은 성과관리 시스템의 좋고 나쁨이 아니라 구성원의 수용도이기 때문이다. 그래서 리더는 성과관리 시스템의 운영 과정에서 모든 구성원이 납득할 수 있도록 공정성을 기하고, 각 단계별로 구성원과 상호작용 수준을 높여야 한다.

시대에 맞게, 참음 없이 성과를 관리하는 방법

| 해머형보다는 핀셋형으로 지도하라

조직의 성과를 최종 책임지는 리더는 성과관리 문제로 스트레스를 받는 경우가 많다. 특히 저성장이 상시화되는 뉴노멀 시대의 리더는 더욱 그럴 것이다. 저성장 시대라고 해서 조직이 특별히 성과목표를 낮춰주지는 않기 때문이다. 이 때문에 리더는 성과를 높이기 위해 조급하게 서두르는 경우가 많다. 특히 기대한 결과를 만들어내지 못하는 구성원에게는 무차별적으로 개입하여 분발을 촉구하기도 한다. 하지만 이러한 리더의 무차별적 개입은 현명한 방법이 아니다.

앞에서 잠시 언급한 바 있지만, 노자는 《도덕경》에서 지도자의 수준을 4단계로 구분했다. "가장 훌륭한 지도자는 그 존재 정도만 알려진 지도자. 그다음은 사람들이 가까이하고 칭찬하는 지도자. 그다음은 사람들이 두려워하는 지도자. 가장 좋지 못한 지도자는 사람들의 업신여김을 받는 지도자이다." 사람들에게 업신여김을 받는 지도자가 가장 좋지 못하다는 것은 쉽게 수긍할 것이다. 하지만 '사람들이 가까이하고 칭찬하는' 사람보다 '그 존재 정도만 알려진' 지도자가 더 낫다는 평가는 쉽게 이해되지 않을 수 있다. 사람들이 어떤 지도자를 좋아하고 칭송한다는 것은 이미 그 지도자를 의식하고 있으며, 그의 영향력 아래에 놓여 있다는 뜻이다. 노자가 보기에 이는 최고 수준이 아니다. 최고의 경지는 사람들이 지도자를 의식조차 하지 않는 단계다. 사람들이 지도자가 있는지 없는지 의식조차 하지 않지만 물 흐르듯 자연스럽게 흘러가는 단계로, 무위자연의 다스림을 뜻한다.

노자의 주장은 오늘날 리더도 가슴에 새겨둘 만한 가르침이다. 리더가 구성원의 행동에 일일이 개입하여 움직이는 경우는 그들의 관계가 아무리 좋다 하더라도 최상의 상태는 아니다. 최고는 리더가 전혀 관여하지 않더라도 스스로 움직이는 상태다. 즉 자발적으로 업무를 수행하면서 성과를 만드는 단계가 최고 경지다. 결국 리더의 개입이 최소화된 상태에서도 스스로 움직이는 조직이 최상의 경지다. 따라서 무차별적으로 개입하는 '해머형'이 아니라 개개인의 상황에 맞춘 '핀셋형'으로 개입하는 것이 더 효과적이다. 리더가 모든 구성원에게 무차별적으로 개입하여 구성원의 행동을 일일이 지시하고 수행 여부를 감시한다면, 부하직원의 자발적인 참여와 몰입은 기대하기 어렵다.

리더 중에는 "요즘 젊은 세대들이 힘든 일을 싫어한다"고 말하는 경우가 있다. 얼핏 동의되는 면이 없지는 않다. 하지만 그 말에는 편견이 가득하다. 사람은 누구나 힘든 일을 싫어한다. 다만 아무리 힘든 일이라도 무언가 끌리는 요소가 있으면 기꺼이 하는 것도 사람이다. 앞에서도 살펴보았듯이, 요즘 젊은 세대는 돈보다는 일의 의미와 가치를 추구하는 경향이 있다. 따라서 단순하거나 가치가 없다고 여겨지는 일은 회피하려고 한다. 반면, 아무리 힘든 일도 그것의 의미와 가치를 찾는다면 기꺼이 두 팔 걷어붙이고 달려들기도 한다. 성과관리 차원에서도 마찬가지다. 리더는 구성원들이 성과와 연계된 일에 몰입해야 원하는 결과를 얻을 수 있는데, 그러기 위해서는 구성원들에게 성과목표의 의미와 가치를 잘 전달해야 한다.

한편, 리더가 구성원들에게 성과목표를 강조한다고 해서 그것이 곧바로 행동이나 성과로 이어지는 것은 아니다. 목표가 성과로 이어지기 위해서는 구성원이 목표에 대한 몰입(commitment)과 자기효능감(self-efficacy)을 가져야 한다. 목표에 대한 몰입도를 높이기 위해서는 목표가 투명하게 공개되어야 하고, 그것을 왜 달성해야만 하는지에 대해 납득할 수 있어야 한다. 또 목표수립 과정에서 자신의 의사가 충분히 반영되었다고 느껴야 한다.

자기효능감이란 '어떤 일을 성공적으로 수행할 능력이 자신에게 있다고 믿는 기대와 신념'을 뜻한다. 대체로 자기효능감이 높은 사람은 어려운 목표에도 과감히 도전하고 업무수행 과정에서도 역경을 이겨내는 힘이 강하다. 자기효능감이 낮은 사람은 쉬운 목표에 도전하려고 하고 어려움이 닥치면 피하거나 포기하려 한다. 따라서 리더는 구성원에게 목표만 할당할 것이 아니라 구성원의 자기효능감을 높일 방법까지 함께 모색해야 한다.

자기효능감을 높이는 방법에는 칭찬과 격려, 작은 성공의 체험, 롤모델의 제공 등이 있는데, 리더는 구성원의 능력과 상황에 따라 개인별로 맞춤형 개입을 할 필요가 있다. 가령, 평소 성과를 잘 내는 구성원이라면 아무런 개입 없이 믿고 맡겨 두는 편이 좋다. 가끔 칭찬과 격려의 말만 건네면 된다. 성과가 미흡한 구성원이라면 개입에 앞서 성과가 부진한 원인을 먼저 파악하고 대처 방법을 달리할 필요가 있다.

일반적으로 성과가 부진한 원인에는 크게 두 가지 요인이 있는데, 능력의 문제와 태도의 문제다. 열심히 노력하지만 능력이 부족해서 성과가 나지 않는다면 능력을 향상시킬 방안을 마련하여 접근해야 한다. 자세한 방법 알려주기, 시범 보여주기, 함께 해보기 등을 통해 업무 절차와 방법을 차근차근 이해시켜야 한다. 반면, 능력은 있으나 태도의 문제로 성과가 나지 않는 직원이라면 동기 저하의 원인을 파악하여 그것에 맞게 조치해야 한다. 뉴노멀 시대의 리더는 무차별적 개입을 자제하고, 구성원 개개인에 맞는 핀셋형 접근을 통해 성과관리를 해야 한다.

낄끼빠빠 파워

앞서 설명한 바 있듯이, 성과관리는 Plan-Do-See 3단계로 이루어진다. 리더는 이 과정에서 공정성을 유지하고 구성원과의 상호 작용 수준을 높여야 한다는 점은 주지의 사실이다. 하지만 상호작용 수준을 높인다고 해서 관계의 밀착도를 높이라는 뜻은 아니다. 아무리 좋은 의도라도 리더가 부하직원에게 가까이 다가가면 반 갑게 맞이하기보다는 부담을 느끼는 경우가 더 많다. 특히 개인화에 익숙한 젊은 세대는 자기 일에 지나치게 간섭하는 사람을 태생적으로 싫어한다. 부하직원에게 문제가 있다고 해서 무조건 불러서 지적하고 해결책을 조언한다 한들 곧장 행농이 개선되는 것도 아니다. 그렇다고 문제가 있는데 무작정 방치하거나 '나 몰라라' 해서도 곤란하다. 그래서 리더는 성과관리에 있어 '낄끼빠빠(낄 때 끼고 빠질 때 빠지는 것)'를 잘해야 한다. 성과관리도 타이밍의 예술 이다.

언제 끼고(들어가고) 언제 빠져야 할까? 리더가 '낄끼빠빠'를 잘 하기 위해서는 전체적인 상황판단을 잘해야 한다. 여기서 상황판 단이란 성과 부진의 원인을 잘 파악한다는 뜻이다. 구성원의 성과 가 부진한 원인에는 여러 가지 있을 수 있고, 그것에 따라 제공되 는 해결책도 달라야 한다. 일반적으로 구성원의 성과가 부진할 경 우, 다음 그림의 성과분석 프로세스에 따라 원인을 분석하고 그에 맞게 해결책을 제공하는 게 좋다.

구성원에게 성과 문제가 있을 때는 성과 지도에 앞서 기준과 목 표가 명확한지를 검토해야 한다. 구체적인 목표 수준이나 목표달 성 기한이 명확히 제시되지 않았다면, 해당 구성원을 불러서 문제

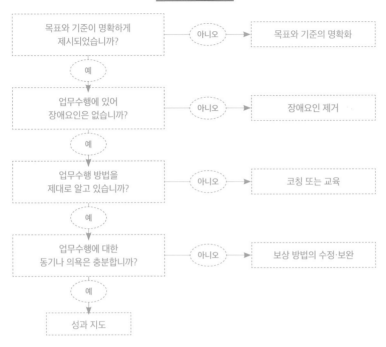

성과분석 프로세스

목표와 기준이 명확하게 제시되었습니까? — 아니오 → 목표와 기준의 명확화

예 ↓

업무수행에 있어 장애요인은 없습니까? — 아니오 → 장애요인 제거

예 ↓

업무수행 방법을 제대로 알고 있습니까? — 아니오 → 코칭 또는 교육

예 ↓

업무수행에 대한 동기나 의욕은 충분합니까? — 아니오 → 보상 방법의 수정·보완

예 ↓

성과 지도

를 지적하고 야단칠 것이 아니라 기준과 목표를 명확히 제시하는 것이 선행되어야 한다. 만약 기준과 목표가 명확히 제시되었음에도 성과가 부족하다면 업무를 수행하는 데 장애요인이 없는지 검토해야 한다. 업무를 수행하는 데 있어 장애요인이 있음에도 그것을 방치한 채 결과만 이야기하면 부하직원은 공정하다는 인식을 갖기 어렵다.

특별한 장애요인이 없는데도 성과에 문제가 있다면 다음으로는 구성원의 업무처리 방식을 검토해야 한다. 구성원은 해당 업무에 대한 올바른 방법을 숙지하고 있는지, 해당 업무를 수행하는 데 필요한 지식과 스킬을 갖추었는지를 확인해야 한다. 만약 그렇지 못한 상황이라면 해당 업무수행에 필요한 교육이나 코칭을 실시해야 한다. 리더는 관찰과 질문을 통해 업무수행 과정에서 구성원의 부족한 부분을 파악하고, 개선해야 할 포인트를 구체적으로 확인하여 명확한 피드백을 제공해야 한다.

지금까지 아무런 문제가 없음에도 성과가 부진하다면 마지막으로 동기나 의욕의 문제를 의심해봐야 한다. 업무를 수행할 때 장애요인도 없고 능력도 충분한데 성과가 나지 않는다면 동기가 저하되었거나 해당 업무에 의욕을 갖지 못했을 가능성이 높다. 이 경우라면 리더는 구성원과의 진솔한 대화를 통해 동기나 의욕 저하의 원인을 파악한 후, 보상 방법 등의 보완을 통해 동기와 의욕을 높일 방안을 마련해야 한다.

요컨대 리더는 성과 문제가 발생한 경우, 성과 저하의 원인이 되는 목표나 기준의 명확화, 장애요인, 업무수행 능력, 동기나 의욕 저하 요인 등에 대해 사전 점검을 진행한 후에 성과 지도에 임하는 것이 바람직하다. 이처럼 성과분석 프로세스에 따라 리더가 성과 문제를 분석하고 적절한 해결책을 제공하게 되면 구성원들은 지나치게 간섭한다는 느낌 없이 자연스럽게 리더의 개입을 수용하게 된다. 이는 리더가 '낄끼빠빠'를 잘한 결과이기도 하다.

| 피드백, 단기 성과보다는 장기 육성을 목표로

우리는 뭔가를 표현하고 싶을 때 언어를 사용한다. 언어는 자신이 표현하고 싶은 지시대상을 나타내는 일종의 기호다. 가령, 아기가 배가 고프면 울음을 터트리는데, 이때 엄마는 아기가 보낸 신호(기호)를 해석하여 "얘가 지금 배가 고픈가 보네" 하며 아기의 기호를 해석한다. 이때 아기의 울음은 일종의 언어인 셈이다. 하지만 모든 언어가 지시대상을 명료하게 나타내는 것은 아니다. 아기의 울음을 듣고도 아빠는 아기가 배가 고픈지, 기저귀를 갈아달라는 것인지, 어디가 아픈지 잘 모르지 않는가.

언어의 기호는 기표(記標)와 기의(記意)라는 두 성분으로 구성되어 있다. 기표는 기호를 지각하고 전달하는 물질적 부분을 뜻한다. 그것은 소리일 수도 있고 표기일 수도 있다. 아기의 울음이 바로 기표다. 기의는 기호가 의미하는 바, 즉 기호의 개념적 부분에 해당한다. 아기의 울음이라는 기호가 '밥 달라'는 뜻으로 이해될 때 그 해석된 부분이다. 예컨대 어떤 사람이 '강아지'라고 썼을 때 '강아지'라는 문자 자체는 기표이며, 그 문자의 발화를 보고 우리의 머릿속에 떠오르는 개념이나 이미지가 기의에 해당한다.

사람들은 특정한 기표를 보면 동일한 이미지나 개념(기의)을 떠올릴 것 같지만 실상은 그렇지 않은 경우가 많다. 가령, '명예퇴직'이란 단어를 떠올려보자. 이 단어를 보면서 '명예로운 퇴직'이라거나 '퇴직은 명예롭다'고 느끼는 근로자가 있을까? 경영자에게는 그 표현이 상당히 긍정적으로 해석될지 모르겠지만, 근로자에게 '명예퇴직'은 결코 명예로운 말이 아니다. 이처럼 언어의 두 측면인 기표와 기의는 명료하게 연결되어 있는 것 같지만, 실상은 그렇지 않다. 기표와 기의가 불일치하는 현상인데, 말하는 이의 의도와 듣는 이의 해석이 불일치하는 것이다. 이런 배경 때문에 동일한 표현이라도 그것을 해석하는 사람에 따라 전혀 다른 느낌을 주기도 한다.

기표와 기의의 불일치, 의도와 해석의 불일치는 식상에서도 흔히 발견되는 현상이다. 이번 장에서 다루고 있는 '성과관리'라는 표현도 마찬가지다. 성과관리란 성과목표를 달성하기 위한 목적으로 이루어지는 일련의 활동이지만 입장에 따라 그 의미나 느낌은 사뭇 다르다. 리더에게는 성과를 '관리하는' 행위지만, 구성원에게는 '관리를 당하는' 행위이다. 리더에게는 적극적으로 수행해야 하는 활동이지만, 구성원에게는 가급적 피하고 싶은 행위다. 성과관리를 위해 구성원에게 피드백을 하는 행위도 마찬가지다. 리더는 구성원을 올바른 방향으로 이끌어주고 싶은 마음에 피드백을 건네지만, 구성원은 그것이 질책이나 간섭처럼 느껴진다. 따라서 리더는 성과관리를 위해 피드백을 할 때도 세심한 주의를 기울여야 한다.

어떻게 하면 리더의 의도와 구성원의 해석 간의 불일치를 없앨 수 있을까? 피드백의 관점을 바꾸어야 한다. 피드백은 리더가 구성원의 행동을 개선하기 위하여 제공하는 가르침의 일환이다. 이

때 리더는 '구성원을 위해서' 피드백을 제공한다고 생각하지만, 구성원은 그것이 '조직의 성과를 위한(또는 리더 자신을 위한)' 것이라고 생각하기 쉽다. 따라서 리더는 당장의 성과개선이 아니라 장기적인 육성에 초점을 맞추어 피드백을 실시할 필요가 있다. 말하자면 '비판적 피드백'이 아니라 '지도적 피드백'으로의 전환이 필요하다.

지도적 피드백이란 구성원의 수행 문제에 대해서 육성의 관점에서 행하는 것으로, 이를 통해 구성원의 역량을 향상시킴으로써 장기적인 성과를 담보할 수 있는 지원 방법을 말한다. 리더가 피드백의 관점을 문제점 지적이나 비판보다는 육성과 지도에 맞추게 되면, 구성원의 수용 정도가 넓어져 업무개선 효과가 높아진다. 요즘 젊은 세대들은 자신의 역량 향상에 도움을 주는 피드백에 대해서는 긍정적으로 생각하고 적극적으로 받아들이려는 경향이 있다. 그렇다면 지도적 피드백을 잘하기 위해서는 어떻게 해야 할까? 다음의 다섯 가지 관점으로 피드백을 하면 된다.

가능한 빨리, 한 번에 한 가지 주제로 피드백하라

문제를 개선하기 위한 피드백은 적시성(適時性)이 중요하다. 피드백은 문제행동에 대해 서로 명확히 인식하고 있는 시점에서 진행하는 것이 효과적이다. 업무 중에 발생한 문제들을 모아 두었다가 한꺼번에 피드백하면 당사자는 그것을 받아들이기도 어렵고("아니, 내가 그렇게 잘못한 게 많단 말인가!") 부정적인 인상마저 심어주어 관계가 나빠질 위험이 높다("팀장이 나를 좋지 않게 보고 있구나!"). 따라서 리더는 피드백을 할 때 가능한 빨리 하는 것이 좋다. 주제도 한 가지로 국한하는 것이 좋다. 특히 피드백을 하다 보면 이것저것 추가로 덧붙이게 되는데, 그렇게 되면 피드백의 초점이 흐려지고, 문제보다는 사람에 대한 비난으로 흘러가 감정이 상하거나 관계가 악화될 수 있다. 피드백은 가능한 빨리, 한 번에 한 가지 주제에 대해 하는 것이 효과적이다.

직접 대면하고 피드백하라

피드백은 대체로 불편한 이야기를 전해야 하는 경우가 대부분이다. 리더 중에는 불편함을 피하려고 구성원을 직접 대면하지 않고 메일이나 문자메시지 등으로 피드백을 하는 경우가 있는데, 이는 득보다 실이 더 큰 잘못된 방법이다. 이 경우 잠깐은 불편한 상황을 피할 수 있어서 마음이 편할지 모르지만, 피드백의 목적은 달성하기 어렵다. 커뮤니케이션에 있어 언어적 요소인 문자내용 자체가 차지하는 비율은 매우 낮다(매라비언의 법칙에 따르면, 7%다). 대신 얼굴표정이나 음성, 보디랭귀지 등 비언어적 요소를 보고 판단하는 것이 훨씬 많다. 따라서 청각적·시각적 요소가 생략된 방법으로 피드백을 진행하게 되면 리더의 의도가 제대로 전달되지 못할 뿐만 아니라 내용이 왜곡되거나 오해될 여지가 있다. 싫은 소리일수록 직접 대면하여 전달하는 것이 좋다.

개인의 인격이나 가치관이 아닌 업무행동에 초점을 맞추라

피드백을 할 때 개인의 인격이나 가치관에 대해 이야기하기 시작하면 논의가 옆길로 샐 수 있다. 피드백의 목적은 사람에 대한 비난이 아니라 역량 향상을 통한 업무의 개선이다. 아무리 좋은 의도로 피드백을 하더라도 개인의 인격이나 가치관 등을 언급하게 되면 당사자는 비난으로 해석하게 되고, 그 결과 긍정적인 행동 변화를 이끌어내기가 어렵다. 나아가 리더에 대한 불신으로 이어질 수 있다. 그리고 개개인의 인격이나 가치관은 절대 피드백의 대상이 될 수 없다. 그것은 쉽게 바뀌지 않을뿐더러 리더가 바꿀 수 있는 대상도 아니다. 구성원의 성격이나 가치관이 리더와 다르다면 이는 개선할 것이 아니라 서로 다름을 인정해야 할 영역이다. 리더는 업무수행 과정에서 드러난 지식이나 스킬의 부족에 초점을 맞추어 피드백해야 한다.

리더 자신의 경험이 아닌 객관적 사실을 바탕으로 피드백하라

피드백에서 피해야 할 대표적인 것이 "나 때는 말이야"이다. 물론 조직생활을 오래한 리더가 업무에 대한 경험이 더 많은 것은 사실이다. 하지만 피드백의 근거가 리더의 경험이어서는 곤란하다. "나 때는 말이야"를 남발하게 되는 것은 자신의 주장에 다른 근거가 부족하기 때문이다. 이는 '꼰대'가 되어간다는 신호이기도 하다. 리더가 자신의 경험만으로 피드백을 하면 구성원은 잔소리로 느끼기 쉽고, 그 결과 아예 귀를 닫아버리는 경우도 생긴다. 리더는 자신의 경험이 아니라 현재의 객관적 사실을 기반으로 모두가 공감할 수 있는 근거를 가지고 피드백을 진행해야 한다.

리더보다 구성원이 더 많은 말을 하게 하라

피드백을 한다고 해서 리더 혼자만 떠들고 구성원은 고개를 푹 숙이고 있는 모양새는 좋지 않다. 피드백은 일방적인 커뮤니케이션 과정이 아니다. 상호 의견을 주고받으면서 최종적인 개선 방향에 대해 합의를 이끌어내는 과정이다. 리더가 혼자서 문제를 제기하고 해결방안까지 나열해서는 곤란하다. 리더는 단정적인 표현보다는 질문과 경청을 통해 구성원이 스스로 문제점을 인식하도록 만들어야 한다. '현재 상황이 바람직한 상태인지', '지금 상태가 지속되면 어떠한 결과가 예상되는지' 등의 질문을 통해 문제를 인식하게 만들고, '왜 그런 문제가 발생하게 되었는지'에 대한 이유나 배경을 스스로 말하게 해야 한다. 해결방안도 '이 문제에 대해 어떻게 하면 좋을지' 먼저 구성원에게 아이디어를 구한 뒤에 자신의 생각을 추가해야 한다. 올바른 피드백이 되려면 리더보다는 구성원이 더 많은 말을 해야 한다. 이를 위해 리더는 자유로운 분위기와 함께 질문과 경청 스킬을 잘 활용해야 한다.

물론 지도적 피드백의 원칙을 지키는 것은 쉬운 일이 아니다. 리더도 감정을 가진 사람이며, 피드백을 해야 할 상황은 개선해야 할 문제가 있는 상태이기 때문에 시간적 여유가 없을 수도 있다.

하지만 바쁘다고 서두르면 일을 그르치기 쉽다. 구성원의 역량을 향상시켜서 장기적인 성과를 이끌기 위한 피드백이라면 조금 시간이 걸리더라도 제대로 하는 것이 더 효과적이다. 따라서 리더는 위 다섯 가지 원칙을 지키면서 지도적 피드백을 실시해야 한다.

이번 장의 주제인 '성과관리'는 리더가 해야 할 가장 중요한 역할이면서 동시에 가장 달성하기 어려운 과제이기도 하다. 특히 불확실성과 저성장 기조가 지속되는 뉴노멀 시대에 리더 혼자의 힘으로 성과를 낸다는 것이 어불성설처럼 여겨지기도 한다. 뉴노멀 시대의 성과관리는 '무한도전'이면서 동시에 '무모한 도전'이기도 하다. 하지만 조직은 리더에게 주어진 성과관리의 책임을 면제해주거나 낮추어줄 것 같지 않다. 성과를 내야 하는 것은 조직의 본질이기 때문이다. 따라서 리더는 상황변화와는 무관하게 무모한 도전을 계속해야 한다. 어차피 인생이 맨땅에 헤딩이거나 죽기 아니면 까무러치기 아니던가.

15장

회의운영 :
언택트 시대에 회의 생산성을 높이는 법

회의를 할 때마다 회의감이 든다

담당 임원이 주관하는 주간회의를 마치고 자리로 돌아온 영업기획팀 김 팀장. 그는 곧바로 팀원들을 회의실로 불러 회의를 시작했다.

[김 팀장] 모두들 회의실로 들어와요. 잠깐 회의 좀 하지.

[이 대리] 팀장님 무슨 일 있으세요? 지금 강 과장과 최 대리는 외출 중인데 어떻게 하죠?

[김 팀장] 전부 있으면 좋은데 어쩔 수 없지. 일단은 있는 사람들은 전부 다 들어와요.

(회의실에 모인 팀원들)

[김 팀장] 정 상무님께서 회사의 비용절감 방침에 따라 팀별로 구체적인 실천계획을 수립해서 보고하라고 하셨어. 뭐 좋은 생각들 없어요. 회의를 통해 여러 사람의 의견을 들어보는 게 필요할 것 같아서 말이야.

(아무런 말 없이 고개를 숙이고 수첩만 쳐다보고 있는 팀원들)

[김 팀장] 왜 다들 말이 없어. 그럼 이 대리부터 돌아가면서 한 가지씩 이야기해봐요.

[이 대리] 너무 갑작스러워서 딱히 말씀드릴 게 생각나지는 않지만, 거래처에 납품단가 인하를 요구하는 것은 어떨까요?

[김 팀장] 그건 이미 할 만큼 하고 있는 것 아닌가? 정 대리는 뭐 다른 아이디어 없어?

[정 대리] 지금 준비하고 있는 판촉행사 중에 한두 개를 취소하는 건 어떨까요?

[김 팀장] 그건 당장 매출에 영향을 줄 수 있어서 곤란하지 않을까? 다른 의견은?

(순서대로 한 명씩 이야기하지만 마음에 드는 아이디어는 나오지 않고 시간만 흐른다)

[김 팀장] 딱히 좋은 방안이 나오지 않네. 좀 더 의논해봐야 할 것 같아요. 생각들 해보고 나중에 다시 회의합시다.

김 팀장은 팀원들의 아이디어가 부족하다고 생각하고, 팀원들은 바쁜 업무가 쌓여 있는데 팀장이 별 중요하지도 않은 일에 전체 회의를 소집하여 아까운 시간만 낭비했다고 생각한다. 사실 이런 경우가 이번이 처음은 아니다. 거의 모든 회의가 이런 식이나. 회의를 진행해도 아이디어나 결론은 없고 시간만 낭비된다. 회의 생산성을 높이는 방법은 무엇일까?

업무 중에서 가장 비효율적인 시간은 언제일까? 바로 '회의 시간'이다. 이 대답은 2018년 '디지털 업무혁신 포럼'에서 미국의 징보통신 기업인 시스코(Cisco)가 미국과 호주에서 진행한 회의실태 설문조사 결과 발표를 통해 보고한 것이다. 발표에 따르면, 조사 대상자들은 업무시간 중 무려 37%를 회의에 할애하고 있다고 밝혔으며, 응답자의 47%는 회의 시간이 비효율적인 논의에 쓰인다고 답했다. 또한 '너무 많은 회의에 참석한다'(47%), '불필요한 회의에 참석하고 있다'(39%) 등의 부정적인 답변이 주를 이루었다. 상하 위계가 느슨하고 수평적 조직문화가 정착된 미국 기업에서도 회의문화만큼은 문제점이 많음을 짐작할 수 있다.

서구에 비해 수직적 조직문화를 가지고 있다고 평가되는 한국 기업의 상황은 어떨까? 2016년 잡코리아가 조사한 '직장 내 회의 실태'에 따르면, 한국 기업 근로자 10명 중 7명은 불필요한 회의가 많다고 응답하면서 회의문화에 불만인 것으로 나타났다. 응답자의 41.5%는 불필요하다고 생각되는 회의에 하루 1회 이상 참여하고 있다고 답변했다. 서구와 마찬가지로 한국 기업에서도 회의문화에 대한 부정적 인식이 강하게 나타났다. 상황이 이렇다 보니 국내에서도 기업문화를 혁신한다고 하면 빠지지 않고 등장하는 과제 중 하나가 '회의문화 혁신'이다. 지금도 많은 기업의 사무실 벽에는 회의문화를 혁신하자는 포스터가 붙어 있는 것을 보면, 회의문화는 많은 혁신 노력에도 쉽게 개선되지 않는 고질병에 가깝다.

조직이란 둘 이상의 사람이 함께 힘을 합쳐 공동의 목표를 달성하기 위해 만들어진 공동체이다. 따라서 타인과 머리를 맞대고 아이디어를 구하는 회의는 반드시 필요한 활동이다. 만약 구성원끼리 전혀 회의를 하지 않는다면 조직으로 존재할 이유가 없다. 하지만 사람들은 회의가 가장 비용이 많이 드는 커뮤니케이션 수단이라는 사실을 종종 잊는다. 그 결과, 걸핏하면 "회의실로 모여"를 남발한다. 굳이 회의를 하지 않아도 될 상황에도 회의를 하고, 회의에 참석할 필요도 없는 사람을 무턱대고 불러 모으고, 결론도 나지 않는 회의를 정해진 시간도 없이 질질 끌기 일쑤다.

회의는 여러 사람이 함께 모여 의견을 교환함으로써 결론을 이끌어내는 활동이다. 한마디로 쌍방향 커뮤니케이션이 이루어지는 자리다. 하지만 현실에서는 회의 주관자(주로 리더다)가 일방적으로 떠드는 경우가 많다. 주관자만 말을 하고 나머지 멤버들은 묵묵부답인 경우라면 쌍방향 커뮤니케이션으로서의 회의 취지를 전혀 살리지 못하는 셈이다. 생산적인 회의가 되기 위해서는 참석자들이 활발하게 자기 의견을 개진하고, 다른 사람과 논의하는 가운데 의미 있는 결론이 도출되어야 한다.

앞의 사례처럼, 참석자들이 회의의 목적도 모른 채 아무런 준비 없이 참석하여 머릿수만 채우고 있다면 원하는 결과를 얻는다는 건 처음부터 불가능하다. 따라서 리더는 회의를 열 때 어떻게 하면 생산성을 높여 회의의 목적을 달성할 수 있을지를 고민해야 한다. 그렇지 않으면 회의(會議)는 언제나 회의(懷疑)감이 드는 시간이 될 것이다. 회의 참가자들이 자발적으로 자신의 아이디어나 견해를 이야기하고, 다양한 의견을 바탕으로 올바른 결론을 도출하여 향후 실천계획을 합의해 나가는 효율적인 회의를 운영하는 것도 오늘날 리더가 반드시 실천해야 할 과제인 셈이다. 회의 생산성을 높이는 것도 뉴노멀 시대에 리더에게 주어진 과제이다.

언택트 상황에서도 회의는 계속되어야 한다

뉴노멀 시대가 되면서 가장 많이 달라진 조직 풍경 중 하나가 회의문화다. 비대면이 일상화되면서 오프라인 회의가 점점 어려워지고 있기 때문이다. 물론 뉴노멀 시대 이전에도 비대면 '화상회의'가 없었던 것은 아니다. 하지만 과거의 비대면 회의는 어쩔 수 없는 상황, 즉 오프라인 회의가 불가능한 경우에만 예외적으로 실시됐다. 회의 참석자가 해외에 있거나 물리적인 이동이 불가능한 상황에만 불가피하게 실시하는 비상조치였다. 게다가 화상 회의를 할 수 있는 공간도 별도로 마련되어 있었다. 중역 회의실 등

화상 회의 시스템이 갖추어진 일부 공간에서만 가능했고, 화상 회의를 실시하기 위해서는 관련 기술자들이 사전에 시스템을 세팅하고, 작동 여부를 확인한 후에야 비로소 실시할 수 있었다. 즉 비대면 회의란 준비된 공간에서 특별한 사람들(주로 중역이다)만 참석하는 예외적인 이벤트였다. 말하자면, '귀족(?)'을 위한 회의문화였다.

뉴노멀 시대가 되면서 비대면 회의는 일상화되었다. 팀 단위에서도 누구나 언제든지 실시할 수 있게 되었다. 게다가 비대면 회의를 위한 별도 시스템을 갖출 필요도 없다. 인터넷만 연결되어 있으면 각자 자신이 가진 노트북이나 태블릿, 스마트폰으로 참여가 가능하다. '귀족'들의 전유물이었던 화상 회의가 대중화된 셈이다. 하지만 이러한 대중화를 리더는 반가워하지 않는 경우가 많다. 오프라인 공간에서 얼굴을 맞대고 회의를 해도 결론이 나지 않는 경우가 많은데, 조그마한 모니터 속에서 얼굴만 보고 소통하는 것이 쉽지 않기 때문이다. 이처럼 점점 오프라인 회의가 사라지고 비대면 화상 회의가 일상화되면서 리더는 새로운 선택을 요구받고 있다. 이제 리더는 새롭게 바뀐 환경에 어떻게 대처해야 할까?

환경이 변했다고 모든 것을 새로운 변화에 맞추어야 하는 것은 아니다. 때로는 변화를 거부해도 괜찮다. 가령, 전기자동차 대세 시대에 나는 내연기관 자동차를 계속 타겠다 해도 별문제 되지 않는다(물론 모든 자동차 회사가 전기자동차만 생산한다면 어쩔 수 없겠지만). 그럼 회의문화가 오프라인에서 비대면으로 바뀌는 변화에 대해서는 어떨까? 따라야 할까, 거부해도 좋을까? 여기에는 이견이 있을 수 없다. 무조건 따라야 한다. 변화를 거부하고 독자노선을 걸을지, 아니면 변화에 적응할지를 잘 판단하는 것도 지혜다. 회의문화가 비대면으로 변하는 것은 선택의 문제가 아니라 적응의 과제일 뿐이다.

어떻게 하면 비대면 회의를 잘할 수 있을까? 일단 많이 해봐야 한다. 부딪히면서 방법을 찾아야 한다. "Learning by doing(실행에 의한 학습)"이란 말도 있지 않은가! 《탈무드》에도 비슷한 말이 나온다. "어디로 가야 할지 전혀 모른다면 어느 길이든 그대를 이끌어 줄 것이다." 어떻게 해야 잘할 수 있을지 고민하기보다는 일단 하다 보면 저절로 그대를 이끌어 줄 것이다. 물론 처음에는 여러 가지 불편하고 미흡한 점이 생길 수밖에 없다. 하지만 여러 차례 반복하다 보면 그 과정에서 새로운 방법이나 노하우가 만들어질 것이다.

비대면 화상 회의의 장점도 적지 않다. 가장 큰 장점은 시간을 절약할 수 있다는 점이다. 회의장으로 모이는 데 소요되는 시간이 절약된다. 불필요하게 늘어지는 회의를 방지할 수 있다. 가령, 현재 가장 대중적인 화상 회의 시스템인 줌(Zoom)의 경우 무료로 사용하는 대신 40분이 지나면 회의가 종료된다(유료로 사용할 경우에는 시간제한이 없다). 이것은 잘만 사용하면 장점이 될 수 있다. 모든 회의를 40분 이내로 끝내자는 암묵적인 그라운드룰(ground rule)로 활용할 수 있다. 또 각자 자신의 자리에서 회의를 진행하기 때문에 필요한 자료를 찾거나 정보를 검색하는 데도 유리하다. 결국 오프라인 회의가 비대면 화상 회의로 바뀐 것은 좋은 방향으로 진화한 셈이다. 다만 새로운 시스템에 적응하는 문제가 남아 있을 뿐이다. 새로운 시스템에 적응하지 못하면 최신기기는 오히려 불편한 제약으로 오해되기 십상이다.

뉴노멀 시대에 회의문화가 바뀐 것에는 사람의 변화도 무시할 수 없는 요인으로 작용했다. 과거 기성세대에 비해 요즘 젊은 세대는 개성이 강하고 다양한 색깔을 가지고 있다. 개인마다 생각과 가치관, 관심사가 다르다. 과거에 비해 조직 구성원들의 다양성이 증가한 것이다. 회의에서 구성원의 다양성은 자칫 논쟁이 많아지고 합의를 이끌어내는 데 장애요인으로 작용하기 쉽다. 그 결과, 특정 사안에 대해 의견만 분분하고 결론을 내지 못한 채 배가 산으로 가는 경우도 있다. 그래서 참을성이 부족한 리더 중에는 회의에서 구성원들의 다양성을 억압하는 경우도 종종 발생한다. 하지만 이는 결코 바람직한 처사가 아니다.

회의에서는 구성원의 다양성이 높을수록, 다시 말해 참가자의 생각이나 가치관, 경험이나 역량이 다양할수록 보다 생산적인 결과를 얻을 확률이 높다. 모두가 같은 생각 같은 주장이라면 굳이 회의가 필요없다. 회의를 해봤자 결과는 한 사람의 머릿속에서 나온 것과 크게 다르지 않기 때문이다. 문제는 리더가 구성원의 다양한 의견과 주장을 잘 조합하여 의미 있는 결과를 도출하는 퍼실리테이션(facilitation) 스킬을 가졌는가에 달렸다. 뛰어난 리더는 회의를 진행할 때 구성원의 아이디어를 촉진하고, 다양한 의견을 조율하여 최상의 결론을 이끌어 내고 합의를 도출하는 데 능숙하다. 뉴노멀 시대의 리더는 회의를 진행할 때 개성이 강한 구성원들의 생각과 아이디어를 촉진하여 의미 있는 결론을 도출할 수 있는 퍼실리테이션 능력도 갖추어야 한다.

결국 뉴노멀 시대의 리더가 달라진 회의문화 속에서 회의 생산성을 높이기 위해서는 두 가지가 필요하다. 일상화된 비대면 회의에 익숙해지는 것과 구성원의 다양성을 긍정적으로 활용할 수 있는 퍼실리테이션 역량이다. 오프라인 회의를 고집하지 않고 필요할 때 짧고 굵게 비대면 회의를 진행하면서도 회의 참석자의 다양한 의견을 잘 조합하여 의미 있는 결론을 이끌어내는 리더, 이것이 뉴노멀 시대 회의 능력자의 모습이다.

시대에 맞게, 비대면으로도 회의 생산성을 높이는 방법

│ 비대면 회의? 불편하면 차라리 매일 하라

앞서 언급했듯이, 뉴노멀 시대에는 오프라인 회의를 고집하기보다는 비대면 회의를 일상화해야 한다. 물론 이러한 변화가 낯설게 느껴질 수 있겠지만, 생각해보면 비슷한 경험이 없었던 것이 아니다. 스마트폰 보급 이전에는 대면 보고가 기본이었고 부득이

한 경우에만 전화 통화로 보고를 했다. 가령, 외근을 나갔다가 현지 퇴근하는 경우에는 전화로 상사에게 일과를 보고한 후 허락을 받아야 했다. 만약 이 상황에서 문자메시지로만 보고를 하면 버릇없는 행동으로 여겨졌다. 하지만 스마트폰이 보급되고 카카오톡 등 무료 메신저의 사용이 일상화되면서 어느덧 음성보다는 문자메시지로 의견을 전달하는 것이 일반화되었다. 비대면 화상 회의도 이와 비슷하게 정착될 가능성이 크다. 그래서 리더는 비대면 회의를 일상화하는 노력을 기울일 필요가 있다.

비대면 회의의 일상화를 위해 추천하고 싶은 방법은 매일 아침 '하루 10분 랜선 커피타임'을 갖는 것이다. 정규 출근 시간에 모든 팀원이 커피나 음료를 한 잔씩 들고 모니터 앞에 모이는 것이다. 서로 얼굴을 보면서 인사도 하고, 당일 공지사항이나 중요한 업무에 대해 공유하고, 사적인 환담을 나누는 시간을 갖는 것이다. 이때 시간은 10분을 초과하지 않도록 못 박아 두는 것이 좋다. 추가로 논의가 필요한 경우에는 필요한 사람만 별도의 화상 회의를 진행하면 된다. 요일별로 회의 주관자(호스트)를 정해두는 것도 좋은 방법이다. 호스트는 회의에서 자기 업무의 주요 사항을 공유하거나 팀원들에게 당부하고 싶은 말 등을 미리 준비하면 좋다. 이러한 화상 미팅을 정례화하면 화상 회의 시스템에도 익숙해지고, 개개인의 발언권이 보장되어 자유로운 소통문화도 만들 수 있다.

화상 회의 시스템은 어떤 것이든 상관없다. 요즘 웬만한 회사에서는 자체적으로 화상 회의 시스템을 갖추기도 하는데, 그것이 아니더라도 무료로 사용할 수 있는 애플리케이션이 많다. 직장인들이 자주 사용하는 화상 회의 애플리케이션과 각각의 특징을 간략히 소개하면 다음과 같다.

비대면 화상 회의 애플리케이션 비교

애플리케이션	줌 (Zoom)	웹엑스 (Cisco Webex)	MS 팀즈 (Microsoft Teams)	구글 미트 (Google Meet)
설치방식, 로그인 여부	웹기반 비로그인 (SW설치 필요)	웹기반 로그인 (운영자는 앱 다운로드)	로그인 (SW 설치 시)	웹기반 로그인 (SW 설치 필요)
운영체제 지원 여부	데스크톱(윈도우, 맥), 모바일(안드로이드, iOS)			
최대 접속 인원	무료 100명, 유료 1,000명	무료 100명, 유료 200명	250명	250명
특징	무료 사용시간 40분 제한, 보안성 취약, 파일 공유 허용	무료 사용시간 50분 제한, 서비스 안정성· 보안성 우수, 대용량 파일 전송 가능	무료 사용시간 60분 제한, MS오피스와 호환성 원활, 프로그램 사용법 숙지 필요	무료 사용시간 60분 제한, 대용량 클라우드 저장공간, 참가자 구글 아이디 필요

비대면 회의를 꼭 화상으로만 해야 하는 것은 아니다. 문자로 하는 비대면 회의도 좋다. 단체 채팅방을 만들어서 비대면 회의를 진행하는 것도 좋은 방법이다. 문자 비대면 회의는 심도 있는 토론보다는 공지사항 전달이나 정보 공유, 간단한 의견 청취 등이 필요한 상황에서 활용하면 좋다. 구성원의 의견을 제대로 확인하고 싶은 경우에는 온라인 설문조사 도구를 사용하면 좋다. 구글이

나 네이버의 실문지를 사용하여 간단한 설문지를 만들고, 이를 휴대폰 문자나 (카카오톡 같은) 모바일 문자메시지로 전달하여 설문에 응답하도록 하면 된다. 이렇게 하면 응답자의 설문 결과를 한눈에 확인하고 공유할 수 있다. 다음은 구글 설문지를 활용하여 회식 장소에 대한 구성원의 의견을 묻고 확인하는 과정이다.

구글 설문지를 활용한 설문조사 예시

① 설문 작성(Web)　　③ 설문 응답(Phone)　　④ 설문 결과 공유(Web/Phone)

② 설문 링크 전송

| 사전 준비가 회의 생산성의 80%를 결정한다

회의 생산성의 80%는 회의 준비에서 결정된다. 따라서 생산성 높은 회의를 위해서는 회의 준비부터 달라져야 한다. 회의를 주관하는 리더는 회의가 의미 없이 기회비용의 낭비가 되지 않도록 회의 준비 단계에서 다음과 같은 포인트를 점검해야 한다.

> **회의 생산성을 높이기 위한 사전 점검 포인트**
>
> 첫째, 회의가 꼭 필요한 상황인지 다시 한번 생각하라
>
> 둘째, 회의 목적과 결과를 명확히 하라
>
> 셋째, 필요한 사람만 회의에 참석시커라
>
> 넷째, 참가자의 역할을 명확히 인식시키고 사전 준비를 요구하라
>
> 다섯째, 시간 계획을 명확히 하라

첫째, 회의가 꼭 필요한 상황인지 다시 한번 생각하라

회의는 참가하는 모든 사람의 시간이 투입되는, 다분히 시간 소비적인 활동이다. 따라서 회의는 다른 커뮤니케이션 수단으로 해결할 수 없는 경우에 사용하는 최후의 보루라고 생각해야 한다. 전체 구성원의 의견을 수렴하는 것이 아니라 개별적인 의견을 확인하거나 단순한 정보전달이 목적이라면 굳이 회의를 할 이유가 없다. 그런 경우라면 보다 저렴하고 효과적인 방법을 찾는 것이 훨씬 바람직하다. 앞서 설명했듯이, 회의는 가장 비용이 많이 드는 커뮤니케이션 수단이기 때문이다. 현재 다루고자 하는 안건이 정말로 회의를 해야만 해결할 수 있는지를 고민하는 것이야말로 생산성 높은 회의를 운영하는 출발점이다.

둘째, 회의의 목적과 결과를 명확히 하라

회의는 목적에 따라 준비와 운영 방식이 달라진다. 아이디어를

모으는 회의라면 분위기를 자유롭게 만들어 가급적 많은 아이디어를 모은 후 판단은 나중에 하겠다는 계획을 세워야 한다. 문제해결을 위한 회의라면 중구난방으로 각자의 생각을 이야기하는 것이 아니라 문제해결 프로세스에 따라 객관적 사실정보 확인, 원인 탐색, 해결책 도출 등의 순서로 회의를 진행해야 한다. 의사결정을 위한 회의라면 판단 기준이나 최종결정 방법을 미리 정하고, 이를 사전에 합의한 후에 진행해야 한다. 그래야만 최종결정에 대한 구성원의 불만을 최소화할 수 있다.

셋째, 필요한 사람만 회의에 참석시켜라

회의의 생산성은 참여자의 숫자와 무관하다. 대체로 참석 인원이 많을수록 시간이 더 많이 소요되고, 그 결과 생산성은 낮아질 가능성이 높다. 따라서 회의에는 꼭 필요한 사람만 참석하는 것이 원칙이다. 업무와 무관한 사람이 회의에 참석하게 되면 회의의 긴장감과 몰입도만 떨어진다. 간혹 회의에 필요한 사람이 누구인지 판단하기 어려운 경우도 있다. 이 경우에는 회의 준비가 덜 된 상태일 가능성이 높다. 이때는 회의 주관자가 관련 정보를 좀 더 수집하고 상황을 파악한 뒤, 회의 목적과 기대하는 결과를 명확히 한 후에 참석 범위를 결정해야 한다. 회의에 필요한 사람인지 판단이 어렵다고 무작정 참석시킨 뒤에 판단하는 것은 회의 생산성을 낮추는 행위일 뿐만 아니라 타인의 시간을 뺏는 나쁜 습관이다.

넷째, 참가자의 역할을 명확히 인식시키고 사전 준비를 요구하라

생산적인 회의를 위해서는 회의 주관자의 철저한 준비가 선행되어야 하겠지만 참가자의 역할도 무시할 수 없다. 회의 참가자가 아무 준비 없이 참석하면 원활한 회의 진행이 어려울 뿐만 아니라 시간이 길어지는 요인이 된다. 회의 계획을 사전에 통보하여 참석자가 무엇을 준비해야 하며 회의에서 어떤 역할을 수행해야 하는지를 명확히 알려줘야 한다. 관련 자료가 있다면 사전에 배포해서 충분히 숙지할 수 있도록 해야 한다. 회의 참석자 모두가 회의 목적과 본인의 역할에 대해 명확히 인식하고 준비할 수 있어야 회의가 밀도 있게 운영된다.

다섯째, 시간 계획을 명확히 하라

참석자들은 회의 이외에도 본인의 중요한 업무과제를 수행하고 있다. 회의가 시간 계획대로 진행되지 않으면 각자의 업무에 지장이 생기고, 이는 회의의 몰입도를 떨어뜨리는 요인이 된다. 심한 경우 회의 도중에 자리를 떠나는 사람이 생기기도 한다. 따라서 회의 주관자는 회의 시작 및 종료 시간을 명확히 안내하고, 이를 철저히 지켜야 한다. 시간 계획에는 안건이 회의 시간 내 처리가 가능하지를 검토하고 세부 안건별로 적절하게 시간을 배정하는 것도 포함된다.

이상의 다섯 가지 사전 점검 포인트는 회의가 효율적으로 운영

되도록 회의 주관지가 준비과정에서 검토하거나 조치해야 하는 사항이다. 회의 성과의 80%는 사전 준비에서 결정된다. 사전 준비가 미흡한 상태에서 진행된 회의가 효율적으로 끝나기를 기대하는 것은 떡방아 소리 듣고 김칫국 찾는 격이다. 리더는 회의가 무엇보다 고비용 활동이라는 사실을 인식하고 회의 생산성을 높일 수 있도록 사전 준비를 철저히 해야 한다.

지금까지 살펴본 회의문화 개선 활동은 이미 많은 기업에서 업무혁신의 일환으로 시도하고 있는 활동이다. 그만큼 회의 생산성이 구성원 간의 시너지는 물론 조직 전체의 생산성에 결정적인 영향을 미치기 때문일 것이다. 하지만 이러한 노력에도 회의를 잘하고 있는 기업을 찾기는 쉽지 않다. 오죽하면 직장인들 사이에서 "회의하다가 회의주의자 된다"는 우스갯소리가 나올까. 한편 뉴노멀 시대가 되면서 회의의 효율성이 더욱 중요한 과제로 부각되고 있다. 비대면이 일상화된 상황에서 회의가 효율적으로 진행되지 못하면 업무 자체가 중단될 수 있기 때문이다. 따라서 뉴노멀 시대의 리더는 변화된 업무환경 속에서도 회의 생산성을 높일 수 있는 방안을 찾기 위해 끊임없이 고민해야 한다.

＊＊＊

지금까지 저성장과 전염병 위험으로 촉발된 뉴노멀 시대에 조직 리더가 실천해야 할 리더십 전략과 방법론에 대해 살펴보았다.

세상이 변하면 그에 걸맞는 새로운 표준이 요구되는 건 두말할 나위가 없다. 하지만 매번 환경변화에 맞추어 새롭게 변신한다는 것은 말처럼 쉬운 일이 아니다. 그것은 어쩌면 환골탈태의 고통을 안겨주는 일이 될 수도 있다. 하지만 위안이 되는 점도 있다. 뉴노멀로 인한 리더십 위기는 나 혼자만이 아니라 전 세계 모든 리더에게 공통적으로 주어진 숙제라는 점이다. 매도 함께 맞으면 덜 아프다는 점을 강조하려는 것은 아니다. 다만 뉴노멀로 인한 도전은 모든 리더에게 가해신 공통의 핸디캡이라는 점을 상기했으면 하는 바람이다. 만약 뉴노멀에 빨리 적응하기만 한다면, 그리하여 새로운 표준에 익숙해지기만 한다면 그것은 리더 본인에게는 새로운 기회의 땅이 될 것이다. '뉴노멀 드림(Dream)'이라고나 할까. 결국 뉴노멀 시대에도 평범하지만 만고불변인 진리를 다시 한 번 떠올릴 수밖에 없다. "No pain, No gain." 지금 이 시간에도 악전고투, 고군분투, 맨땅에 헤딩을 감행하고 있을 이 땅의 수많은 리더에게 다시 한번 격려의 박수를 보낸다. 파이팅!

DoM 003

팀장 혁명 :
뉴노멀 시대, 리더는 무엇을 바꾸고 무엇을 지켜야 하는가

초판 1쇄 인쇄 2021년 3월 25일
초판 1쇄 발행 2021년 4월 15일

지은이 이동배, 이호건
펴낸이 최만규

펴낸곳 월요일의꿈
출판등록 제25100-2020-000035호
연락처 010-3061-4655
이메일 dom@mondaydream.co.kr

ISBN 979-11-972053-4-7 (03320)

'월요일의꿈'은 일상에 지쳐 마음의 여유를 잃은 이들에게 일상의 의미와 희망을 되새기고 싶다는 마음으로 지은 이름입니다. 월요일의꿈의 로고인 '도도한 느림보'는 세상의 속도가 아닌 나만의 속도로 하루하루를 당당하게, 도도하게 살아가는 것도 괜찮다는 뜻을 담았습니다.

"조금 느리면 어떤가요? 나에게 맞는 속도라면, 세상에 작은 행복을 선물하는 방향이라면 그게 일상의 의미이자 행복이 아닐까요?" 이런 마음을 담은 알찬 내용의 원고를 기다리고 있습니다. 기획 의도와 간단한 개요를 연락처와 함께 dom@mondaydream.co.kr로 보내주시기 바랍니다.